JN092441

《知っておくべき職場のルール》シリーズ

人事・労務管理の
「相談です！ 弁護士さん」

I

― 契約・労働条件編 ―

UC労働判例研究会　著

北海道大学名誉教授・道幸哲也　監修

労働調査会

序文

　本書は、UC（ユナイテッド・コモンズ）労働判例研究会での議論を踏まえ重要な労働法の各論点につき検討をくわえるものである。

　同研究会は、UC法律事務所の淺野高宏弁護士が弁護士有志に呼びかけ結成したもので、原則として月2回、同事務所でその時々に判示された注目すべき判決を対象に研究してきた。私もアドバイサーとして発言、指導？してきた。

　学生と違い専門職である弁護士なので期待をしていたが、当初の発表の多くは、研究という観点からは不十分なものであった。事実関係や判決内容の理解はきわめて正確であったが、判例法上の位置や同判決内容の意義については必ずしも的確なものとはいえなかった。裁判所に出す「意見書」に類似しており、関連判例の紹介も自分の見解にとって有用なものに限定されており、その内容を多様な角度から議論するという姿勢に欠けるものもあった。

　この研究会につき、淺野弁護士から事件解決のノウハウを身につけるよりは法律家としてより広範な力量をつけることが重要であるとの示唆を得たので、北大の研究会の進め方を踏襲することにした。そのような経験しかなかったからである。関連裁判例については、基本的最高裁判決は当然として、下級審裁判例についても自分の主張との関連性は一応無視して「客観的に」紹介すること、対象判決の問題点と判例法上の位置を明確にすることを重視した。その後の議論においても、各弁護士の立場（使用者側か労働者側か）から自由に議論するようにつとめた。同時に、紛争の原因と裁判による解決の限界、さらに法理上の疑義についても幅広く議論の対象とした。現在では、それが研究会の文化となり自由活発な論議がなされている。とりわけ、法理的な解決の特徴や限界について共通の理解ができるようになったことを自負している。

　本書の内容は、弁護士が会社の人事担当者からの相談を受け、それに答えるとの形をとっている。①どのような紛争が生じ、クライアントがどのような問題関心を持っているか、②関連する裁判例の紹介と当該紛争の法的な解決の仕方、③その限界と実務的な意義について、検討している。とりわけ、相談者の意向や間違いやすいポイントについてまで目配りしているので教科書的な論述よりは身近であり理解を深めるものと思われる。

　基本的には、紛争の特質、どのような筋で紛争を法的に解決するかに着目している。同時に、判例法理自体の限界や実務的なインパクトまで目配りをするようにしている。労働裁判に習熟した弁護士の見識といえるので、労働裁判のおもしろさや理論的な深みを感じてくれることを期待している。

　　令和3年10月

北海道大学名誉教授　道幸哲也

CONTENTS

第1章　契約の主体

　労働契約は労働者と使用者間の契約である。

　最近、業務委託契約等が実際は労働契約ではない
かと争われる紛争が多くなっており、労働者の概念
が問題となっている（相談01）。

　同時に、企業組織の変貌等から誰が使用者に当た
るかも争われている（相談02）。

「チラシ配布を業務委託で」
～業務委託契約と労働者性の問題～

労働基準法上の労働者か否かは
労働実態に着目して判断される

　労働契約を締結した場合、労務を提供する者は、当然に「労働者」と呼ばれ、労働法が適用される。それでは、「労働契約」ではなく、「業務委託契約」や「請負契約」を締結すれば、労働法が適用されないのだろうか。

　契約の形式だけで判断すれば、本来労働法により保護されるべき労働者に適切な保護がなされないことになりかねない。このため、「業務委託契約」や「請負契約」であっても、その契約の実質的な内容を考慮して、「労働者」であるか否か判断がなされる。

　それなら、いかなる場合に労働者であると認められるのだろうか。

　働き方改革においても、雇用関係によらない働き方が議論されているところ、最近の裁判例を中心にこの問題の考え方を見ていく。

　　　執筆／弁護士・倉茂尚寛（ユナイテッド・コモンズ法律事務所）

「労働者とは何か」という観点から
最近の裁判例とその影響を紹介する

　本書は、労働法を「もっと身近に、わかりやすく」理解してもらえるよう実務に携わる弁護士の視点から問題になる点やよくある相談内容を踏まえ、直近の裁判例を紹介する。また、裁判例の実務的な影響を正確に理解するためには、労働法全体の理解を身に着けることも肝要である。

　このため、本連載では、「労働者とは何か」という観点から、労働契約の締結から終了までに関して、最近の裁判例の内容や影響をわかりやすく紹介する。

プロローグ

　ここは、某地方都市に事務所を構えるＵＣ法律事務所である。所長の藻岩弁護士（以下「藻岩」）は、労働法を専門としており、弁護士会内でも労働法に詳しいことで有名な弁護士である。

　本日は、顧問先Ａ社の樽前部長（以下「部長」）が来所し、法律相談をする予定となっている。どうやら「労働者性」が問題となる相談のようであるが…。

Q1　チラシ配布を業務委託したいのですが…

業務委託契約の形式を取っただけで労働法の規制回避できるわけではない

藻岩：本日は、御来所頂きありがとうございます。新しい事業のことで、何かご相談をされたいとのことですが、どのようなお話でしょうか？

部長：先生もご存知の通り、当社は宣伝広告業をしております。当社では、現在、お客様の代わりにチラシ広告を各ご家庭のポストに配布する事業を始めることを検討しています。

　ある程度事業計画も固まりつつあったのですが、突然、会長から、「大量のチラシ広告をいかに安い単価で配布するかということが重要だからもっとコストを抑えられないのか！」だとか、「良い人材を確保するための工夫はしているのか！」などとお叱りを受けてしまいました。

藻岩：会長にも困ったものですね。それで、何かご検討されているのですか？

部長：今回の事業で、最も大きくコストがかかってしまうのが人件費です。当初は、アルバイトを大量に雇ってチラシ広告を配布しようと考えていました。しかし、そうすると残業代や労災保険料などの支払いが必要となるため、その分だけ人件費がかかってしまいます。そこで、チラシ広告の配布をするためにアルバイトを雇

うのではなく、業務委託でチラシ広告の配布をしてもらうことで準備を進めたいと考えております。業務委託であれば、チラシ配布に時間がかかってしまっても残業代を支払う必要がないので人件費を抑えられると思います。また、働きぶりがよくない方がいても、すぐに業務委託を終了してしまうこともできると思います。

　とはいえ、付け焼刃的な案ですので、何か法的に問題は生じないかと心配になり、先生にご相談をお願いしたのです。

藻岩：なるほど、業務委託を活用しての事業展開ですか。

　これは「労働者性」という問題として議論されている問題であり、業務委託契約の形式を取っただけで、労働法の規制を回避できるわけではないので、注意が必要ですね。

部長：えっ！そうなのですか！業務委託であれば労働法は関係なくなると思っていました。

Q2　労働基準法上の労働者性は、なぜ問題となるのですか？

契約の名称や形式で労働基準法の適用が決まるなら簡単に回避できてしまう

部長：しかし、契約書には雇用契約書ではなくて、業務委託契約書と明記する予定です。それなのに、なぜ労働法が関係してくるのですか？

藻岩：労働基準法9条では、『「労働者」とは、職業の種類を問わず、事業又は事務所に使用される者で、賃金を支払われる者をいう。』と定めており、労働基準法上の労働者に該当するか否かは、契約の名称や形式に左右されることなく、労働実態に着目して判断するものとされています。

　　　労働基準法は、労働条件の最低の基準を定めたものとされており（同法1条2項）、これに違反した場合には罰則が課されることがあります。

　　　「業務委託契約書」といった契約の名称や形式でこの労働基準法の適用の有無が決まるなら、使用者は簡単に労働基準法が定めた規制を回避することができてしまいます。このため、労働基準法9条では、使用者と労働者の実質的な関係性に着目して、適用の有無を判断することにしているのです。

部長：そうですか…。でも、裏を返せば、労働者と認められない場合もあるわけですよね。先生、何とかなりませんか？

業務委託であれば
労働法は関係なくなる
と思っていました。

Q3　労働基準法上の労働者性の判断枠組みはどうなっているのですか？

全体的な傾向としては使用者の指揮命令の程度が重要視されている

藻岩：まずは、どのような場合に労働者と認められるのかご説明しましょう。

　　　労働者性の判断について一般的な基準を示した最高裁判例はありません。労働基準法上の労働者性の判断基準に関しては、「労働基準法研究会報告（労働基準法の『労働者』の判断基準について）」が参考になります。この報告書は、具体的に労働者性の判断をすることが困難な事例が多いことから、どの様な判断基準で労働者性を検討するべきかをまとめたものです。

　　　多くの裁判例でも、本報告書に沿って、①仕事の依頼への諾否の自由、②業務遂行上の指揮監督、③時間的・場所的拘束性、④代替性、⑤報酬の算定・支払方法を主要な判断要素とし、補足的に、⑥機械・器具の負担、⑦報酬の額等に現れた事業者性、⑧専属性等を判断要素とする判断枠組みが用いられています。

部長：色々な要素が考慮されるのですね。その労働者性の判断では、特にどのような考慮要素が重要になるのでしょうか？

藻岩：判例の全体的な傾向としては、使用者の指揮命令の程度（特に①から③）

が、重要視されているといえます。ただし、事案類型次第で、考慮要素の評価の仕方が変わるので、注意が必要です。

この点、業務委託契約との関連で労働者性が問題となった最高裁判例としては、横浜南労基署長（旭紙業）事件（最判平成8年11月28日労判714号14頁）、藤沢労基署長（大工負傷）事件（最判平成19年6月28日労判940号11頁）があります。

横浜南労基署長（旭紙業）事件では、運送という業務の性質上当然に必要とされる運送物品、運送先及び納入時刻の指示をしていた以外に業務の遂行に関して特段の指揮監督を行っていたとはいえないこと（②業務遂行上の指揮監督）などを指摘し、労働者性を否定しています。

また、藤沢労基署長（大工負傷）事件でも、寸法、仕様等につきある程度細かな指示を受けていたものの、具体的な工法や作業手順の指定を受けることはなく、自分の判断で工法や作業手順を選択することができたこと（②業務遂行上の指揮監督）などを指摘し、労働者性を否定しています。

本件は、業務委託契約に関して、保険会社の外務員や電力・ガス会社の検針員といった外勤勤務者の労働者性が問題となる事案類型であり、そもそも時間的・場所的拘束性が緩やかであるという特徴があります。

これに対し、上記2つの最高裁判例は、トラック運転手や大工など独立事業者としての性質が類型的に強いという特徴がある事案類型であり、事業者としての性質の程度（⑥機械・器具の負担、⑦報酬の額等に現れた事業者性）をより勘案しなければなりません。ただし、業務委託契約において②業務遂行上の指揮監督の程度をどのように評価すべきかという点では、いずれの最高裁判例も本件の参考になります。

Q4　近時の裁判例には、どのようなものがありますか？

NHK堺営業センター（地域スタッフ）事件では「労働者性」否定されたが

部長：先生のお話から、当社が行うチラシ広告事業の具体的な業務委託の方法次第で、その「労働者性」が認められてしまうことがわかりました。最近問題になった事件で、本件に事案が近いものがあればわかりやすいのですが、何かありませんか？

藻岩：最近では、NHK堺営業センター（地域スタッフ）事件（大阪高判平成28年7月29日労判1154号67頁）において、労働者性が問題とされました。この事件は、結論として「労働者性」を否定した事件ですが、労働者性が認められてもおかしくなかったような事件だと思います。

部長：そうなんですか。全然知りませんで

した。そのNHK堺営業センター（地域スタッフ）事件というのは、どのような事件だったのでしょうか？

藻岩：まず、被告（Y）は、放送法に基づき設立された法人だったのですが、地域の営業部・センターにおいて、放送受信料の契約・収納業務を個人又は団体に業務委託していました。

　原告（X）は、Yとの間で業務委託契約を締結していた方で、業績が悪いことなどを理由として、Yから業務委託契約を解約されてしまいました。このため、Xが、Yに対して、労働契約法上の労働者に当たり、業務委託契約の解約は無効であるなどと主張し、労働契約上の地位の確認などを求めました。

　まず、本判決でも労働者性の判断枠組み自体は、先ほどご紹介した昭和60年12月19日付「労働基準法研究会報告」に沿っているといえます。

　本判決では、Xは業務委託契約に基づきYが設定した目標数を達成するように業績確保に努める義務を負っているもののこれは具体的な仕事の依頼や業務従事の指示等ということはできないこと（①仕事の依頼への諾否の自由がある）、地域スタッフがYの指導・助言や特別指導に応じなかったとしても債務不履行責任や経済的不利益を課されたりすることはなく、稼働日、稼働時間、訪問区域、経路等は地域スタッフの裁量に基づき決定されていること（②業務遂行上の指揮監督の否定、③時間

的・場所的拘束性は緩やか）などを指摘しています。

　そして、本判決は、結論として、「使用従属性の存在を認める方向の事実は認められず、地域スタッフのYに対する使用従属性を認めることはできない。したがって、Xが、労働基準法及び労働契約法上の労働者であるということはできない」と判断しました。

　本判決で労働者性が否定されたポイントは、本業務委託契約上の権利義務関係と労働者性判断を峻別している点にあると思います。Xは目標を達成するために努力しなければならず、Yから一定の指導助言を受けることになるとしても、それは業務委託契約で定められた義務なので、これをもってただちに労働者であるとは認められないということですね。

　このような観点は、先ほどご紹介した横浜南労基署長（旭紙業）事件や藤沢労基署長（大工負傷）事件でもみてとることができます。

事実関係はほぼ同じでもその事実の評価次第で判断が分かれ得る

　他にも、本判決と同じYの地域スタッフの労働者性が問題となった事案として、日本放送協会事件（大阪高判平成27年9月11日労判1098号5頁）があります。大阪高裁では労働契約法上の労働者性が否定されましたが、第1審判決ではYが地域スタッフの業務の内容を一方的に決定

していること（①仕事の依頼への諾否の自由がないこと）、Yが地域スタッフに対して行う助言指導には業務命令に類似した実質的強制力が否定できないこと（②業務遂行上の指揮監督の程度）を指摘し、労働契約法上の労働者性が肯定されていました。日本放送協会事件の第1審では、XとYの実質的な関係性をより重視したものといえるでしょう。

　事実関係はほぼ同じであっても、その事実の評価次第で労働者性の判断が分かれ得るので、労働者性の検討は慎重に行う必要があることがわかりますね。

部長：もともとはアルバイトを雇用する前提で、事業計画を立てていたので、その労働者性が問題になるかもしれませんね…。

Q5　業務委託契約において労働基準法上の労働者性が認められた場合、法的にどのような違いが生じるのでしょうか？

業務委託は原則的に費用を支払えれば足り契約解除は可能

部長：業務委託契約で、労働基準法の労働者と認められた場合とそうでない場合で、どのような違いが生じるのでしょうか？

藻岩：まず、業務委託契約の場合の法的効果について整理しましょう。

　業務委託契約は、民法上どのような契約に該当するかというと、請負契約や委任契約に該当します。

　金銭的な支出に関しては、請負契約や委任契約では、基本的には契約で定められた報酬の支払いをすれば足ります。

　また、契約の終了に関して、請負契約では損害の賠償さえすればいつでも契約を解除することができます（民法641条）。委任契約でも、いつでも契約を解除することができますが（民法651条）、受任者の責めに帰すことができない事由で契約が終了した場合には既にした履行の割合に応じて報酬を支払う必要があります（民法648条3項）。

　このため、業務委託契約では、原則として定められた費用の支払いをすれば足り、契約の解除自体は、比較的自由に行うことができるといえます。

部長：当社でも、そのような取扱いを念頭に業務委託契約を考えていました。

残業代、労災保険料の支払いが必要不当な契約解除が無効になる場合が

藻岩：これに対し、労働基準法上の労働者であると認められた場合、残業代の支払いに関しては、労働基準法37条が時間外、休日及び深夜労働の場合に割増賃金を支払うと定めているので、同法に基づき労働者に残業代を支払う必要があります。また、判例では、労災保険法上の労働者性は労

働基準法９条の労働者性と一致するとされているので（前掲横浜南労基署長（旭紙業）事件、前掲藤沢労基署長（大工負傷）事件）、労災保険料の支払いをする必要もあります。

さらに、労働契約法上の労働者性は、基本的には労働基準法と同様の判断枠組みで労働者性の検討を行うと考えられています。

この労働者性が肯定される事案では、契約期間が定められている場合やむを得ない事由がある場合でなければ契約を終了させることができないと考えられます（労働契約法17条１項）。契約期間の定めがない場合でも、解雇権濫用法理を定めた労働契約法16条により不当な契約の解除が無効になる場合がありえます。

Q6 労働組合法上の労働者性はどのように考えたらよいのでしょうか？

同じ「労働者」という語を使用していても意味が全て同じわけではない

藻岩：そういえば、御社には労働組合がありましたね。

部長：そのとおりです。私は、労働組合との団体交渉も担当しているのですが、組合からの毎年の賃上要求への対応には、大変気を遣っています。

藻岩：業務委託契約でも、労働組合法で労働者として保護される場合がありま

すから、注意してくださいね。

部長：そうなんですか。どのような場合に労働者に該当するのかは、先ほどご説明してもらった判断枠組みで考えればよいでしょうか？

藻岩：そうとはいえません。労働組合法３条では、『「労働者」とは、職業の種類を問わず、賃金、給料その他これに準ずる収入によって生活する者をいう』と定めており、労働基準法や労働契約法と比較して労働組合法上の労働者性は広く認められています。勘違いをしやすい話なのですが、各法律によって同じ「労働者」という語を使用していても、その意味が全て同じというわけではないのです。

「労働者性」は、各法律によって検討する必要がありますよ。

「労働組合法」上の労働者性は肯定される範囲が広い

藻岩：労働組合法上の労働者性は、近年、新国立劇場運営財団事件（最判平成23年４月12日労判1026号６頁）やINAXメンテナンス事件（最判平成23年４月12日労判1026号27頁）で問題となりました。

そして、これらの最高裁判例にお

ける労働者性の考慮要素を整理したものとして「労働関係法研究会報告書（労働組合法上の労働者性の判断基準について）」があります。

　この報告書では、労働組合法上の労働者性の判断枠組みにつき、基本的判断要素として①事業組織への組み入れ、②契約内容の一方的・定型的決定、③報酬の労務対価性を考慮し、補充的判断要素として、④業務の依頼に応ずべき関係、⑤広い意味での指揮監督下の労務提供、一定の場所的時間的拘束、消極的判断要素として、⑥顕著な事業者性──を総

合的に考慮するべきとしています。

　この判断枠組みは、ビクターサービスエンジニアリング事件（最判平成24年2月21日労判1043号5頁）でも用いられているとみることができます。

　以上の判断枠組みによれば、本件のような外勤勤務者の場合、労働組合法上の労働者性が肯定される可能性は高いといえます。

部長：そうすると業務委託契約を締結した方について、団体交渉や不当労働行為が問題になるということですね。

藻岩：おっしゃるとおりです。

✅ 本日のチェックポイント

● 　労働基準法上の労働者に該当するか否かは、契約の名称や形式ではなく、労働実態に着目して判断されることになります。

● 　「労働者性」の範囲は、各法律によって検討する必要があり、特に労働組合法上の労働者性の判断枠組みは、他の法律と比べて労働者と判断される範囲が広いことに、注意が必要です。

※　登場する人物名や団体名は、仮名であり実在する方とは一切関係ありません。

倉茂尚寛（くらしげ・なおひろ）【弁護士・ユナイテッド・コモンズ法律事務所】

　平成22年3月　新潟大学法学部卒業、平成25年3月　北海道大学法科大学院修了、平成26年12月　弁護士登録。札幌弁護士会、日本労働法学会、北海道大学労働判例研究会、UC労働判例研究会、労働法学会に所属。

相談 02

「私はあなたの『使用者』ですか？」
～労働法における「使用者」の問題～

労働契約の当事者以外も当該労働者の「使用者」に該当することがある

　一般に、「使用者」というと、当該労働者との間で「労働契約」を締結している他方当事者のことをいう。

　もっとも、「労働契約」を締結している者だけが「使用者」とされるわけではなく、また、労働法関係の全ての法律において「使用者」という法概念が統一されているわけでもない。

　「使用者」という法概念を検討する際には、大きく「労働契約法上の使用者」と「労働組合法上の使用者」という2つに分けて、それぞれで検討する必要がある。

　本稿では、「使用者」概念が問題となる場面を整理した上で、「労働契約法上の使用者」及び「労働組合法上の使用者」が、問題となる場面を検討していきたい。

執筆／弁護士・庄子浩平（ユナイテッド・コモンズ法律事務所）

プロローグ

　ここは、某地方都市に事務所を構えるUC法律事務所である。所長の藻岩弁護士（以下「**藻岩**」）は、労働法を専門としており、弁護士会内でも労働法に詳しいことで有名な弁護士である。

　某日、顧問先H社の円山部長（以下「**部長**」）がUC法律事務所を訪れて打ち合わせを行っていた。打ち合わせがひと段落したところ、部長から、「少し聞きたいことがある。」と切り出された。なんでも、「使用者」の範囲について聞きたいことがあるとのことだが…。

Q1　労働法の「使用者」とは、どのような場合に問題になるのですか？

労働法では「労働者」概念と「使用者」概念が問題となる場面が分かれる

部長：先生、すみません、急に…。ただ、どうしても気になることがありまして。

藻岩：いえいえ、お気になさらず。それで、労働法における「使用者」の範囲が気になるとのことでしたが…？

部長：実は、うちと懇意にしているF社の

社長と先日飲みに行く機会がありまして、そのとき、Ｆ社の社長が、「労働契約を締結していない者との間でも『使用者』として、雇用責任を負わなければならない場面があるんだ。」と、得意げに話していました。

　その場では、私も「そうなんですか。」と相槌を打っていたのですが、労働契約を締結していない以上、「使用者」としての雇用責任を負う必要はないと思うのです。ただ、Ｆ社の社長が自信ありげに話していましたので、ちょっと気になってしまい…。

藻岩：なるほど、それで先ほどの、「労働法における『使用者』って、どの人のことを言うのですか。」という質問につながるのですね？

部長：そうなんです。先生、よろしければ、労働法における「使用者」について教えていただけないでしょうか？

藻岩：わかりました。それでは、労働法における「使用者」がどういうものなのかを、一緒に整理していきましょう。

　まず、労働契約とは、「労働者が使用者に使用されて労働し、使用者がこれに対して賃金を支払うことについて、労働者及び使用者が合意することによって成立」するものです（労働契約法６条）。

　そのため、労働契約の当事者としては、「労働者」と「使用者」が出てきますが、労働法では「労働者」概念が問題となる場面と「使用者」概念が問題となる場面が分かれるのです。

部長：「使用者」だけではなく、「労働者」が問題になることもあるんですね？

その者が労働法による保護を受けられるか区別するのが「労働者」概念

藻岩：そうです。「労働者」という概念は、その者が労働法規による保護を受けるかどうかを区別する概念です。「労働者」に該当すれば労働法による保護（労働時間規制や解雇権濫用法理など）が与えられ、「労働者」に該当しなければ労働法による保護は与えられません。その意味で、「労働者」概念が問題となるのは、当該労務提供者が、「労働法」で保護されるのか、それとも保護されないのかを確定するという場面です。

　例えば、Ａ社と「業務委託契約」を締結しているＢさんが、実態としてはＡ社の具体的な指揮命令を受けて働き、その労務の対価として「業務委託料」を貰っているとします。このような場合には、Ｂさんには、契約形式に合わせて、「業務委託契約」だから労働法による保護を与えないのか、それとも実態では「労働契約」を締結しているような働き方をしているので労働法による保護を与えるべきかが問題となります。このとき、Ｂさんが「労働者」といえるのかという形で、「労働者」概念が問題となるのです。

部長：なるほど。

誰が労働者に対し雇用責任を負うのかを問題にするのが「使用者」概念

藻岩：次に、「使用者」概念が問題となるのは、Ｂさんが「労働法による保護

を受ける」べき「労働者」であることを前提に、「誰」がBさんに対して労働法上の雇用責任を負うべきなのかという場面です。

「使用者」概念を説明するために、先ほどの例を少し変えて、例えば、清掃業を営むA社が、C社から注文を受けて、BさんをC社内の清掃業務に従事させたとします。

このとき、A社とBさんとの間の契約は「労働契約」であったとすると、Bさんは、当然「労働者」として労働法による保護を受けます。

ただ、A社は名ばかりの企業で実態を伴っておらず、Bさんが仕事を行うに当たっての具体的な指揮命令はC社から出ており、Bさんがもらう「給料」も実質的にC社から拠出されていたとします。

このとき、「形式的に労働契約を締結しているA社」がBさんに対する関係で雇用責任を負うべきなのか、それとも「実態としてBさんを労働者として利用しているC社」がBさんに対する関係で雇用責任を負うべきなのか、このような場面で問題となるのが「使用者」概念なのです。

部長：そうすると、①Bさんがそもそも労働法による保護を受けられるのかを問題にするのが「労働者」概念で、②Bさんが労働法による保護を受けるとして、誰がBさんに対して雇用責任を負うのかを問題にするのが「使用者」概念——という整理で良いのでしょうか？

藻岩：部長のおっしゃるような整理をして

いただければ、「労働者」が問題となる場面と「使用者」が問題となる場面がわかりやすいかと思います。

また、「使用者」が問題となる場面では、請負企業A社、A社と労働契約を締結している労働者B、注文企業C社というように、登場人物が３者構造となっている場合が多いです。

「使用者」概念は複数に分かれていてその具体的な範囲は各法律で異なる

藻岩：改めて整理しますと、一般的には「使用者」とは、労働法の規制対象又は責任主体のことをいいます。もっとも、この具体的な「使用者」の範囲については、各労働法規の趣旨・規制方法によってかなり異なりますので、それぞれに分けて検討する必要があります。

「使用者」の範囲を検討する際には、大きく「労働契約法上の使用者」と「労働組合法上の使用者」に分けます。

部長：なぜ、同じ「使用者」なのに、法律によって具体的な「使用者」の範囲が異なるのでしょうか？

藻岩：労働法における各種の法律は、それぞれの目的ごとにどのように労働者を保護するかを規律しています。そのため、各法律において、労働者を保護するためには誰を規制すればより労働者保護につながるのかが異なりますので、規制対象又は責任主体である「使用者」の具体的な範囲が各法律で異なるのです。

「個別的労使関係」の法律と「集団的労使関係」の法律に大きく二分される

藻岩：先ほど、大きく2つに分けて検討するというのは、労働法分野の法律が、労働契約法などの「個別的労使関係」を規律する法律と労働組合法などの「集団的労使関係」を規律する法律に大きく分かれていることによります。

労働者と「労働契約」を締結している者は「使用者」に該当する

部長：一口に「使用者」といっても、法律によって範囲が異なるのですね？

藻岩：そうですね。もっとも、労働者と「労働契約」を締結している会社は、「労働契約法上の使用者」にも「労働組合法上の使用者」にも該当します。

　　　そのため、従業員との間で労働契約を締結している場合は、この「使用者」の概念については、あまり問題になりません。

　　　「使用者」の概念が問題となるのは、先ほど説明したような登場人物が3者となったときに、当該労働者と形式的に「労働契約」を締結していない者も、労働法の規制対象又は責任主体とすべきかという場面で問題となります。

部長：そうすると、当社との間で労働契約を締結している従業員との関係では、当社は「労働契約法上の使用者」及び「労働組合法上の使用者」の両方に当たるので、それぞれの責任を負わなければならないということですね。

Q2　「労働契約法上の使用者」は、どのようなときに問題になるのですか？

「黙示の労働契約の成立」と「法人格否認の法理」が問題になる場合が

部長：「労働契約法上の使用者」が問題となるのは、どのような場面なのでしょうか？

藻岩：先ほどもお話ししたとおり、「使用者」の概念が問題となるのは、登場人物が3者となった際に、労働者と労働契約を締結していない者についても、労働法に基づく規制を及ぼしたり、雇用責任を負わせたりすべきかという場面です。

　　　そこで、まずは、「労働契約法上の使用者」、すなわち、労働契約における雇用責任を、当該労働者との間で労働契約を締結していない者にも負わせるべきかが問題となる場面を整理したいと思います。

部長：お願いします。

藻岩：問題となる場面としては、例えば、①会社が自社の従業員だけではなく社外の労働者も利用して経営を行っている場合、②子会社（A社）の労働者が労働組合を結成し労働組合活動を行っていた（組合活動を行っていた労働者を「Bら」とします。）ところ、A社の親会社（C社）が、組合活動を嫌悪するあまり、A社を解散した上で、A社が営んでいた事業をC社が引き継ぐこととし、A社の

13

元労働者のうち労働組合活動を行っていない者だけを新規にC社に採用し、Bらを採用しなかったような場合——があります。

　①と②の場合で、問題状況やそこで検討されている法律構成などが違います。①については「黙示の労働契約の成立」という法律構成が問題となり、②については「法人格否認の法理」という法律構成が問題となりますので、それぞれに分けて検討したいと思います。

● 黙示の労働契約の成立が問題となる場合（①の場合）

問題になるのは労働者派遣や請負などの形式を脱法的に用いている場合

部長：先生、それでは、①の場合（黙示の労働契約の成立が問題となる場合）をお聞きしても良いですか？自社以外の従業員を使うということは、当社でも社外労働者を受け入れていることから気になるところです。

藻岩：企業（受入企業）が、形式的には他の企業に雇用されている社外労働者を利用する場合として、労働者派遣や請負などがあります。

　このような社外労働者の利用によって問題となるのは、適法にこれらの形式を用いて社外労働者を利用しているのではなく、脱法的にこれらの形式を用いている場合です。

　例えば、清掃業務の請負を例にしますと、清掃業を営むA社が、C社から注文を受けて、A社の労働者であるBをC社内の清掃業務に従事させたとします。

　このとき、Bは、C社内で業務を行いますが、C社の具体的な指揮命令に従って働くのではなく、あくまでもA社の具体的な指揮命令によって清掃業務を行います。このような場合、Bの「労働契約法上の使用者」はA社であって、C社ではありません。

　しかし、中には、A社が実態を伴わず、形式的にBと労働契約を締結するためだけの企業であり、実質的には、Bは、C社の具体的な指揮命令に従って業務に従事するということがあります。

　このような場合、形式的には、Bは請負企業A社の労働者ではありますが、労働の実態からみればC社の労働者として扱われており、C社がBに対する雇用責任の主体となるべきではないかと考えられます。

　このような場面で、C社とBとの間に、「黙示の労働契約」が成立し、C社がBに対する雇用責任を始めとした使用者としての責任の主体となるべきではないかが問題となります。

部長：実態は、自社の労働者として働かせているにも関わらず、請負元の企業から派遣されてきた社外労働者としての形式を整えているという場合に、社外労働者との関係で「労働契約上の使用者」が問題となるのですね？

藻岩：そうですね。この点、偽装請負の場合に注文者とその下で働く労働者との間に雇用契約関係が成立するかが争われた判例として、パナソニックプラズマディスプレイ（パスコ）事

件（最判平成21年12月18日労判993号5頁）があります。

　同判例は、「前記事実関係等によれば、上告人はCによる被上告人の採用に関与していたとは認められないというのであり、被上告人がCから支給を受けていた給与等の額を上告人が事実上決定していたといえるような事情もうかがわれず、かえって、Cは、被上告人に本件工場のデバイス部門から他の部門に移るよう打診するなど、配置を含む被上告人の具体的な就業態様を一定の限度で決定し得る地位にあったものと認められるのであって、前記事実関係等に現れたその他の事情を総合しても、平成17年7月20日までの間に上告人と被上告人との間において雇用契約関係が黙示的に成立していたものと評価することはできない。」と判示して、使用従属関係の有無に加え、勤務や雇用管理の実態、賃金の決定・支払方法、採用形態等を総合的に考慮したうえで、黙示の労働契約の成立を否定しました。

　また、黙示の労働契約の成否を判断するにあたって、「労働契約は、使用者が労働者に対して賃金を支払い、労働者が使用者に労務を提供することを基本的な要素とする契約であるから、賃金の支払いの具体的な態様、労務提供の具体的な態様および当事者の契約意思を具体的に推認させる事情を考えることが、黙示の労働契約の成否を決するということができる」（白石哲編『労働関係訴訟の実務〔第2版〕』（商事法務　2018年）28頁）などともいわれています。

黙示の労働契約が成立するかどうかは事例ごとに判断するしかない

藻岩：これらの判例や解説を踏まえると、黙示の労働契約が成立するかどうかは事例ごとに判断するしかなく、使用従属関係（指揮命令関係）、勤務・雇用管理の実態などの労務提供の状況、賃金の決定・支払方法などの賃金支払関係などの状況などに着眼して、総合的に判断して検討するしかないといえます。

部長：そうなんですね。うちの会社も、社外労働者を利用していますので、戻りましたら、さっそく、社外労働者の実際の働き方や給与の支払われ方など確認してみます。確認できましたら、改めてご相談させていただいてもよろしいですか？

藻岩：もちろんです。

● 法人格否認の法理が問題となる場合（②の場合）

親会社が脱法目的で子会社に対する支配力を行使しているような場合

部長：なるほど。わかりました。先生、それでは、②の場合（法人格否認の法理が問題となる場合）を教えていただいてもよろしいですか？

藻岩：現在の企業では、労働契約の一方当事者である「使用者」に関連会社が多数存在したり、「親会社」という関係がある企業が存在したりすることがあります。

例えば、子会社に雇用されている労働者については、子会社との間で労働契約関係が形成されている以上、基本的には、当該労働者にとっての使用者はその子会社ということになります。そのため、親会社は、当該労働者との関係では「労働契約法上の使用者」には当たらず、雇用責任の主体とはなりません。

ただ、親会社等が子会社に対する支配力を行使して、子会社の人事労務を担っているような場合には、実質的には、親会社に子会社の労働者に対する雇用責任を負わせるべきではないかと考えざるを得ないケースがあります。先ほど述べたケースは、まさに、親会社が子会社に対する支配力を行使して労働組合に加入している者だけを、親子会社で構築された全体の組織体制から排除しようとするものであり、労働組合排除という労働法の潜脱という脱法目的に行われたものと評価できます。このような場合、親会社に雇用責任を負わせるために「法人格否認の法理」と呼ばれる法律構成が問題となるのです。

部長：そうすると、親会社が脱法目的で子会社を利用している場合に問題となるのですね。具体的には、親会社がどのように子会社を利用していると法人格否認の法理が問題となるのでしょうか？

藻岩：法人格否認の法理は、「形骸化ケース」と「濫用ケース」の２つに分けて検討されています。

形骸化＝子会社が名目的存在で およそ会社としての実体がない場合

藻岩：「形骸化ケース」とは、ある法人に独立した法人格の実態がなく、その法人とその背後にあってその法人を支配する者とが実質的に同一であるという場合で、例えば、その法人が名目的存在でおよそ実体がないペーパーカンパニーのような場合や、その法人の実体が実質的にその法人を支配する法人の一事業部門に過ぎない場合が挙げられます。法人格が形骸化されているかどうかは、「支配会社による従属会社の実質的支配に加えて、財産の混同、取引・業務活動の混同の反復・継続、株主総会・取締役会の不開催などの事情を要する」とされて（土田道夫著『労働契約法　第２版』（有斐閣　平成28年）70頁）おり、かなり厳格に判断されています。

濫用＝法的な責任を違法・不当に回避 する目的で子会社を利用する場合

藻岩：一方、「濫用ケース」とは、その法人を背後から支配する者が、本来負うべき法的責任を違法・不当に免れ、あるいは、法的規制を違法・不当に回避する目的で、法人格が異なることを意図的に利用する場合です。法人格が濫用されているかどうかは、①支配する者が、従属法人を意のままに道具として支配・利用していることという「客観的要件（支配の要件）」、②本来負うべき法的責任を免れようとする等の違法・不当な目的

を有しているという「主観的要件（目的の要件）」──が必要であるとされています。先ほどお話ししたような労働組合を壊滅させるために子会社の法人格を利用するようなケースは、この濫用ケースとして整理されることが多いです。

　この点、法人格の濫用を認めたケースとして、第一交通産業ほか（佐野第一交通）事件（大阪高判平成19年10月26日労判975号50頁）があります。この事件は、労働組合を壊滅させる目的で子会社が解散された場合に、子会社の従業員が、親会社又は解散された子会社から事業を承継した別の子会社に対し、法人格否認の法理によって、労働契約上の責任を追及することができないかが争われたものです。

　裁判所は、「親会社が、子会社の法人格を意のままに道具として実質的・現実的に支配し（支配の要件）、その支配力を利用することによって、子会社に存する労働組合を壊滅させる等の違法、不当な目的を達するため（目的の要件）、その手段として子会社を解散したなど、法人格が違法に濫用されその濫用の程度が顕著かつ明白であると認められる場合には、子会社の従業員は、直接親会社に対して、雇用契約上の権利を主張することができるというべき」と判示しています。

「使用者」として負わなければならない責任は不当に回避できない

部長：丁寧にご説明していただき、ありが

とうございました。これまでの先生のお話を聞いていると、使用者として負わなければならない責任を回避するためにいろいろな手を尽くしたとしても、結局は、それを免れることはできないのですね？

藻岩：そうですね。使用者が、労働者を利用して利益を上げるということは、それに対応する義務も果たさなければなりません。その義務を免れるためにいろいろな手を使ったとしても、法はそのような脱法は許しません。

　ですから、使用者としては、労働者を雇用する責任からどう逃れるのかではなく、労働者を雇用する責任を当然に負わなければならないことを前提に、その責任をどう管理していくかを考えるべきだと思います。

> ## Q3　「労働組合法上の使用者」は、どのようなときに問題になるのですか？

現実的かつ具体的に支配・決定することができる地位にある者が該当

部長：「労働組合法上の使用者」の範囲について教えていただけますか？

藻岩：「労働組合法上の使用者」についても、基本的には当該労働者と労働契約を締結している者が該当します。

　もっとも、時には、実質的には労働者の労働条件等を支配している者が労働契約上の使用者以外に存在する場合があります。

例えば、「派遣社員」等は、派遣先の企業の中で派遣先から具体的な指揮命令を受けて労働を行うため、労働時間や休憩時間、休憩室などの施設の利用などについては、派遣先の企業が実質的に決定しているといえます。

このような労働条件について、いくら労働契約を締結している派遣元の企業と交団体交渉をしても、派遣元の企業は実質的な権限を持っていません。

そこで、「労働契約」を締結している使用者以外にも、労働条件等について「現実的かつ具体的に支配・決定することができる地位にある者」がいる場合には、その限りにおいて、その者も不当労働行為の主体である「労働組合法上の使用者」に当たると解されています。

労働組合法上の使用者は同時に複数存在することが認められている

藪岩：ここで注意をしてほしいのは、労働条件等について「現実的かつ具体的に支配・決定することができる地位にある者」がいるからといって、労働者と「労働契約」を締結している使用者が、「労働組合法上の使用者」でなくなるというわけではありません。労働者と「労働契約」を締結している使用者も、「労働組合法上の使用者」であることには変わりませんので、「労働組合法上の使用者」が複数存在することになります。

「使用者」が同時に複数存在するこ

とに違和感があるかもしれませんが、「労働組合法上の使用者」は、当該労働者との間で同時に複数存在することが認められているのです。

これまで説明した「労働組合法上の使用者」についての考えを述べたのが、朝日放送事件（最判平成7年2月28日労判668号12頁）です。

この事件は、下請企業が独立した企業としての実態を有しており、労働組合と団体交渉を行って賃金を決定するなど使用者としての機能も果たしていたという事実関係があったにもかかわらず、元請企業が下請企業から派遣された労働者を受け入れて就業させ、実際の作業の進行や作業時間・休憩の予定やその変更を元請企業のディレクターの指揮監督の下で行っていたという実態があった事案です。

この判例は、次のように判示して、元請企業も一定の範囲で「労働組合法上の使用者」に該当するとしました。

「一般に使用者とは労働契約上の雇用主をいうものであるが、同条が団結権の侵害に当たる一定の行為を不当労働行為として排除、是正して正常な労使関係を回復することを目的としていることにかんがみると、雇用主以外の事業主であっても、雇用主から労働者の派遣を受けて自己の業務に従事させ、その労働者の基本的な労働条件等について、雇用主と部分的とはいえ同視できる程度に現実的かつ具体的に支配、決定するこ

とができる地位にある場合には、その限りにおいて、右事業主は同条の『使用者』に当たるものと解するのが相当である」としています。

部長：そうすると、当社が雇用している従業員でない社外労働者についても、例えば社外労働者の一部の労働条件の決定権限が当社にあると、その労働条件については、団体交渉に応じなければならないのですね。当社の従業員ではないとの理由で、団体交渉に応じないとする可能性もありましたので、勉強になりました。

本日は、急なお願いにもかかわらず、色々教えていただき、ありがとうございました。大変勉強になりました。今後ともよろしくお願いします。

☑ 本日のチェックポイント

● 「労働者」概念が問題になる場合と「使用者」概念が問題になる場合との違いを整理しましょう。

● 労働法において、「使用者」が問題となる場面は、「誰」が、労働法の規制対象になったり、（雇用）責任を負う主体になったりするべきなのかという場面で問題になります。

● 当該労働者と労働契約を締結している企業は、「労働契約法上の使用者」及び「労働組合法上の使用者」の両方に該当しますので、それぞれの法律における規制の対象になったり、責任を負う主体となったりします。

● 当該労働者と労働契約を締結していない企業であっても、「労働契約法上の使用者」に当たる場合や「労働組合法上の使用者」に当たる場合があるので、注意しましょう。

※　登場する人物名や団体名は、仮名であり実在する方とは一切関係ありません。

庄子浩平（しょうじ・こうへい）【弁護士・ユナイテッド・コモンズ法律事務所】

　平成25年３月 北海道大学法学部卒業、平成27年３月 北海道大学法科大学院既修者コース修了、平成28年12月 弁護士登録。札幌弁護士会、日本労働法学会、北海道大学労働判例研究会、札幌弁護士会「雇用と労働に関する委員会」に所属。

第2章　契約の締結

　労働契約締結過程については、採用内定（相談03）と試用期間（相談04）に関する紛争が多い。

　いずれの場合も新規学卒者と中途採用者とでその処理に若干の違いがみられる。

相談 03　「労働者の採用は使用者の自由？」
～採用内定のポイントと注意点～

採用内定は使用者が自由に取り消せるわけではない

　労働相談の中では、採用に関するトラブルの相談も少なくないが、採用のトラブルといっても、採用内々定の取消し、採用内定の取消し、試用期間満了後の本採用拒否など、様々なバリエーションがある。

　労働者の採否に関して、正式な採用（本採用）までは使用者に完全な自由が認められ、解雇規制の影響を受けないと誤解していると思われる例も少なくない。

　そこで、採用内定におけるポイントや注意点、とりわけ採用内定に伴う制約について整理していくことにする。

執筆／弁護士・横山浩之（北海道合同法律事務所）

プロローグ

　ここは、某地方都市に事務所を構えるUC法律事務所である。所長の藻岩弁護士（以下「藻岩」）は、労働法を専門としており、弁護士会内でも労働法に詳しいことで有名な弁護士である。

　本日は、大学時代の友人の乙山が、自分の経営する会社（SYNT社）の採用手続について法律相談をする予定となっている。

　どうやらSYNT社の採用手続を抜本的に変更したいようであるが…。

Q1　採用手続の流れを教えてください。

書類・面接審査、内定通知、入社辞令交付等を経て入社に至るのが一般的

乙山：今日は、時間を取ってくれてありがとう。

　　　今日は、我が社の社員の採用について相談したいんだ。

　　　我が社は、主にコンピューターのシステム開発やコンサルティングを手掛けていることは前に話したこと

があったよね。これまでは、新規学卒者を対象に求人広告を出して、応募してきた新規学卒者と一度面接をして採否を決めていて、毎年2〜3名を採用してきたんだ。

　大きな会社のように何次面接などといった細かい手続は設けておらず、俺が面談をしたときの直感で採否を決めて、採用する場合には面接のときに採用する旨を伝え、その後は特に何の手続も行わないで、4月1日から働いてもらっていたんだ。

藻岩：何か問題でもあるのかい？

乙山：それが、最近、採用した新入社員の中に、面接時の説明よりパソコンが使えない者、会社の業務手順を守れないでミスを連発する者、他の社員と馴染めずにトラブルを起こす者など、困った新入社員が増えてきているんだ。

藻岩：一度の面接の中での君の直感で採否を決めているからじゃないのかい？

乙山：そのとおりさ。

　それだけじゃなくて、クライアントからのオーダーも年々専門性が上がってきているので、新規学卒者だけではなくて、即戦力になりそうな人材の中途採用も積極的に進めていきたいと考えているんだ。

　そこで、この機にうちの会社の採用手続もきちんと整備して、新規学卒者の採用と即戦力の中途採用を同時に進めるために、採用手続のポイントや注意点を教えてほしいんだ。

藻岩：事情はわかったよ。今日は時間の関係で正社員の採用手続に絞らせてくれ。まずは、新規学卒者の場合の採用手続から説明しよう。

　会社が行う採用手続について、行うべき手続や順番などが法定されているわけではないが、新規学卒者の場合は、一括採用の方式が採られていることが多く、通常、次のような採用手続の流れが一般的なんだ。

　すなわち、大学の3年生の時期に就職説明会を開催して募集を開始し、エントリーしてきた新規学卒者の履歴書などの提出書類を審査、採用面接などを行って、採用内定の通知を行う。

　その上で、内定者に誓約書、身元保証書などの書類を提出させた上で内定式を実施し、その後に、健康診断や入社前の研修などを経て入社辞令を交付し、入社日から正式に社員として稼働し始めるという感じだ。

　会社によっては、3か月とか半年とかの試用期間を設けて、試用期間満了時に本採用とする手続を設けている会社もある。

乙山：中途採用者の場合はどうかな？

藻岩：中途採用者の場合は、そもそも募集のタイミングや求める人材なども会社毎に異なるので、新規学卒者の場合のように一般化はできないが、労働者からのエントリー、書類審査や面接審査、採用内定通知、誓約書、身元保証書などの提出、入社辞令交付という流れが通常だと思うよ。

Q2 労働者の選択や採用条件の設定、調査事項などは、使用者の自由でしょうか?

労働者の選択や採用条件については法律や判例・裁判例による制約がある

乙山：採用手続の前提として、労働者の選択や採用条件、調査事項などは、使用者が自由に決めて良いんだよね?

藻岩：そうとは言えないね。確かに、雇用契約においては契約自由の原則が妥当するため、使用者がどの労働者と雇用契約を締結するのか、どのような採用条件を設定するのかについては、原則として使用者の裁量が認められるよ。

　　　ただし、労働組合に加入せずもしくは労働組合から脱退することを雇用条件にすること（いわゆる「黄犬契約」の禁止〔労働組合法第7条1項〕）、性別を理由とした採用差別（男女雇用機会均等法第5条）、障害を理由とする採用差別（障害者雇用促進法第34条）などは禁止されており、労働者の選択や採用条件については一定の制約がある。

　　　法律上の禁止規定に定められる事情を調査事項にすることは原則として許されないし、これらの事情を理由に採用しないことも原則として許されないわけだ。

　　　また、今挙げた法律上明記されている禁止のほか、採用手続上の調査が問題になることがあり、例えば、採用に際し、労働者に無断でHIV検査をしたり、HIV感染の有無を確認することは許されないと判示した裁判例もある（札幌地判令和元年9月17日労判1214号18頁）。

乙山：使用者の方で自由に採用条件を決めて良いという訳ではないんだね。

Q3 「採用内々定」や「採用内定」とは、どういう意味を持つのでしょうか?

採用内定に至っていれば始期付解約権留保付雇用契約が成立する

乙山：一般的な採用手続の流れや採用条件等の注意点はわかったけど、「採用内々定」や「採用内定」というのはどういう意味だい?

　　　正式に採用することとどう違うのかな?

藻岩：「採用内定」というのは、会社の求人に対して労働者から入社の申込み（エントリー）があり、これに対して会社が採用内定通知を送るなど、労働者からの入社の申込みを承諾した段階のことを意味するんだ。

　　　ただし、会社が承諾したといっても、通常、採用内定から就労の始期までは期間が空くのが通常だ。その間に健康診断や各種研修などが予定されている場合には、新規学卒者がこれらの手続をきちんと履践できる

ことが条件になっていると考えられる。そのため、最高裁は、この採用内定を、始期付解約権留保付雇用契約と位置づけ、採用内定により雇用契約は成立するが、解約権が留保された雇用契約であると判断したんだ（最判昭和54年7月20日民集33巻5号582頁）。この判例の立場は、現在の裁判実務では、定着したものとなっているよ。

乙山：「採用内定」についてはどうかな？

藻岩：「採用内々定」というのは、正式な採用内定通知に先立ち、採用を決定した旨の連絡が口頭でなされているような段階を意味することが多いね。

　採用内々定は、採用手続の比較的早い段階で行われることが多く、新規学卒者も就職活動を継続して複数の会社から採用内々定を取得することが多い実態があることに加え、その後に正式な採用手続が予定されていることなどから、採用内定のように雇用契約（始期付解約権留保付雇用契約）が成立したとまでは評価できないとことが多いだろうね。

乙山：うーん。採用内定と採用内々定の意味はわかったけど、どこまで手続が進めば採用内定と評価されるのかがよくわからないな。何か明確な基準はないのかな？

藻岩：わかりにくくて申し訳ない。

　しかし、先ほど説明した新規学卒者の採用手続も、一般的な流れの例を説明したものに過ぎず、例えば、採用内定の通知方法や内容など、具体的な手続の内容は会社によって異なるため、「これがあれば採用内定」という明確な基準を示すことはできないんだ。

　もっとも、採用内定通知書の発送など、通知を受けたときの状況、通知の具体的内容、その後に予定されている手続の内容などに照らして、通知の後に更に採否を判断する手続が予定されていない段階に至っていれば、通常は採用内定と評価されるよ。

乙山：なるほど。

　そうすると、採用する旨の連絡があったとしても、後にまだ採否を判断する手続が予定されている場合には採用内々定に留まり、雇用契約が成立しているとは言えないけど、採用内定通知が発送されているなど、その後にさらに採否を判断する手続が予定されていない場合には、採用内定と評価して雇用契約（始期付解約権留保付雇用契約）が成立していると考えれば良いわけだね？

藻岩：そうだね。

乙山：「中途採用」の場合はどうかな？

藻岩：「中途採用」の場合の採用内定についても、裁判例上、同じ法理が妥当すると考えられているよ（東京地判平成9年10月31日労判726号37頁など）。したがって、採用内定に至っていれば、その時点で雇用契約（始期付解約権留保付雇用契約）が成立していることになる。

Q4 「採用内々定」や「採用内定」は、自由に取り消して良いのでしょうか？

解雇規制による制約を受けるほか損害賠償責任を負う場合がある

乙山：会社が採用内々定や採用内定を出したあとに、これを取り消すことはできるのかな？

藻岩：採用内定を出したあとに、会社が自由に採用内定を取り消せるわけではないよ。

採用内定の場合には始期付解約権留保付雇用契約が成立しているから、解約権を行使することができるのは、判例上、①「採用内定当時知ることができず、また知ることが期待できないような事実であって」、②「これを理由として採用内定を取消すことが解約権留保の趣旨、目的に照らして客観的に合理的に認められ社会通念上相当として是認することができるもの」の両方が備わっていることが必要とされている（前掲最判昭和54年7月20日民集33巻5号582頁、最判昭和55年5月30日民集34巻3号464頁）。

これは、採用内定取消しの場面においても、解雇権濫用法理が妥当するという立場を採用したもの言われている（解雇については、相談04（33〜43ページ）を参照）。解約権の行使が無効となる場合は、採用内定を受けた労働者との雇用契約は継続され

ることになるので、予定どおり入社日から就労することになるね。前掲最判昭和54年7月20日民集33巻5号582頁は、採用内定者が「グルーミーな印象」だったとの理由により採用内定が取り消された事案なのだが、最高裁は、このような事情による内定取消しは無効であると判断しているよ。

乙山：確かに、採用内定者からすれば、思いもよらない事情で一方的に採用内定を取り消されたらたまったものではないね。

藻岩：新規学卒者に対する採用内定通知に関しては、「新規学校卒業者の採用に関する指針」（平成5年6月24日 労働省発職134号）が出されており、会社は、新規学卒者に対して内容内定を出す場合には、文書により採用内定取消事由等を明示する必要があるよ。

乙山：採用内々定の場合は、どうなるのかな？

藻岩：採用内々定の場合は、まだ雇用契約が成立していない段階だから、これを取り消した場合には、当該新規学卒者との間に雇用契約は成立しないことになるよ。

乙山：そうすると、採用内々定の場合には、取り消しても会社には何の不利益もないわけだ。

藻岩：いや、そうではないよ。採用内定にも共通する部分があるので、採用内定及び採用内々定を取り消した場合の法的効果について整理しておこう。

まず、採用内定について、解約権の行使が無効な場合には、雇用契約が継続するだけではなく、会社が損害賠償責任を負う場合がある（前掲最判昭和54年7月20日民集33巻5号582頁など）。

内定取消し自体は有効な場合であっても、解約権を行使したときの方法、態様等により、契約締結過程で形成された採用内定者の信頼を損ない、その法的保護に値する利益が侵害されたと評価される場合には会社に不法行為責任が認められ、損害賠償責任を負う場合があるんだ（大阪地判平成16年6月9日労判878号20頁など）。

採用内々定の場合も、取り消した場合には雇用契約は成立しないが、その態様等によって損害賠償責任を負う場合がある点は同様だね（福岡高判平成23年3月10日労判1020号82頁など）。

なるほど！契約に対する労働者の信頼を裏切るような形で、採用内定や採用内々定の取消しをしてはいけないということか。

乙山：なるほど。採用内定や採用内々定を有効に取り消すことができるかだけを考えていれば良いわけではなく、契約に対する労働者の信頼を裏切るような形で取消しをしてはいけないということか。

Q5　採用内定後は、業務命令を与えて良いのでしょうか？

入社前に研修等への参加を命じるためには、別途、合意が必要になる

乙山：先ほどの説明だと、採用内定の場合は始期付解約権留保付雇用契約が成立しているということだから、採用内定のあとは、入社日の前でも業務命令として研修等への参加を命じても良いんだよね？

藻岩：一概にそうとは言えないよ。これもケースバイケースではあるのだが、判例・裁判例は、先ほどの始期付解約権留保付雇用契約を、事案によって、「就労の始期」と解釈するもの（前掲最判昭和54年7月20日民集33巻5号582頁など）と、「雇用契約の効力発生の始期」と解釈するもの（前掲最判昭和55年5月30日民集34巻3号464頁など）に分かれているんだ。

どちらに解釈されるのかは、採用内定の際にどのような合意を締結したのかにより判断される。

「就労の始期」と解釈される場合には、採用内定の時点で雇用契約自体

は効力が発生していることになるので、入社日前であっても、就業規則中の就労を前提としない条項（守秘義務など）は適用される。例えば、会社の名誉・信用の保持や企業秘密の保持といった条項は適用されることになる。

　一方、研修等の参加については、採用内定に基いて業務命令を出すことまでは認められないと考えられる。採用内定者と、研修等に参加することについて別途合意を取り付けるなどが必要になると考えてくれ。

　次に、「雇用契約の効力発生の始期」と解釈される場合には、入社日まではそもそも雇用契約の効力が発生していないことになるので、採用内定者に対して就業規則の適用はなく、業務命令を出すこともできない。

　この点について、採用内定が「雇用契約の効力発生の始期」と解釈された事案において、会社は、採用内定者に対して、本来は入社後に業務として行われるべき入社日前の研修等を業務命令として命ずる根拠はないというべきであり、研修等の実施は採用内定者の任意の同意に基づいて実施されるものに過ぎないと判断された事案があるよ（東京地判平成17年1月28日労判890号5頁）。

　この事案では、入社日前の研修等の不参加や研修中の出来事を理由に採用内定を取り消すことはできないとされている点にも注意が必要だ。

乙山：そうすると、採用内定の時点で、採

用内定日をもって雇用契約の効力が発生することを明記しておかないと、そもそも雇用契約による拘束が生じない上、いずれの場合であっても、就労日前に研修等の参加について業務命令を出すためには、別途、合意が必要になるということだね？

藻岩：そうだね。新規学卒者の場合、入社日前までは学生だからね。別途、合意を取り付けた場合であっても、きちんと採用内定者の学業に支障を与えないように配慮しないといけないよ。

Q6　試用期間満了後の本採用拒否は、許されるのでしょうか？

試用期間満了後の本採用拒否は解雇規制による制約を受ける

乙山：採用内定や採用内々定の意味や注意点は大体わかったけど、先ほど藻岩が説明してくれた「試用期間」についても教えてくれないか？

藻岩：そうだね。まずは、新規学卒者の場合から説明しよう。

　「試用期間」とは、通常は、実際に就労させた上で社員としての適格性を判断し、本採用するか否かを決定するために設けられる期間のことをいうんだ。

　雇用契約や就業規則等に試用期間が設けられている会社では、試用期間中の就労状況により本採用に至らない場合があることが定められてい

ることがある。

　このように試用期間が設けられている雇用契約については、判例上、「留保解約権の行使は、…解約権留保の趣旨、目的に照らして、客観的に合理的な理由が存し社会通念上相当として是認されうる場合にのみ許されるものと解するのが相当である。」と考えられており、①「採用決定後における調査の結果により、または試用中の勤務状態等により、当初知ることができず、また知ることが期待できないような事実を知るに至った場合」であって、②「そのような事実に照らしその者を引き続き当該企業に雇傭しておくのが適当でないと判断することが、上記解約権留保の趣旨、目的に徴して、客観的に相当であると認められる」ことの両方が備わっている場合に解約権を行使することができるとされている（最判昭和48年12月12日民集27巻11号1536頁）。

試用期間中であっても、新規学卒者の場合は、単に使用者が思ったより仕事ができないというだけで解約権を行使することは難しいだろうね。

藻岩：これは、試用期間の定めがある雇用契約については、試用期間満了まで解約権が留保された雇用契約が成立しているという理解に立った判断なんだ。この判例は、その後の裁判例でも踏襲され、実務において定着しているよ（東京高判平成21年9月15日労判991号153頁、大阪高判平成24年2月10日労判1045号5頁など）。

乙山：実際に試用期間中に働かせてみた結果、思っていたより仕事ができないことが判明した場合、仕事ができるかどうかは働かせてみてからじゃないと知り得ないことだから、本採用を拒否しても良いのかな？

藻岩：新規学卒者の場合は、単に使用者が思ったより仕事ができないというだけで解約権を行使することは難しいだろうね。

　就労経験がないことが前提になっているから、少なくとも、使用者の方で必要な指導・教育を十分に施したにもかかわらず有意な改善が見られないことが必要になるだろう。

乙山：①及び②が認められないにもかかわらず解約権を行使した場合にはどうなるのかな？

藻岩：①及び②を満たさなければ解約権の行使は無効になるので、そのまま本採用に至ることになる。裁判例では、会長に声を出して挨拶しなかったという些細な理由で本採用を拒否した事案（東京地判平成13年2月27日労判809号74頁）、遅刻や誤字脱字、命令不服従など教育によってたやすく矯正

しうる欠陥を何ら矯正することなく本採用を拒否した事案（東京地判昭和44年１月28日民労集20巻１号28頁）では、いずれも本採用拒否（解約権の行使）は無効と判断されているよ。

Q7　中途採用の場合には、何か違いはありますか？

中途採用者の本採用拒否の場合は必ずしも指導・教育が要求されていない

乙山：中途採用の場合には、何か違いはあるのかな？

藻岩：先ほど説明した本採用拒否の判例の立場は、中途採用のケースにおいても妥当すると考えられているので（東京地判平成21年８月31日労判995号80頁など）、中途採用の場合でも、解約権を行使するためには①及び②が備わっている必要があるよ。

　もっとも、ケースバイケースではあるが、中途採用で試用期間が設けられている場合、実務経験の年数や専門的知見、資格等が採用条件として定められており、いわゆる即戦力としての採用が予定されていたと評価されるケースが少なくない。その場合、新規学卒者の場合と比べて、解約権の行使が有効と判断される傾向があるんだ。裁判例によっては、新規学卒者の場合とは異なり、「改善指導を当然の前提とすることも相当でなく」（東京地判平成31年１月11日

労判1204号62頁）、「試用期間が３か月間と設定され、時間的制約があることにも鑑みれば、比較的短期間に複数回の指導を繰り返すことを求めるのは、使用者にとって必ずしも現実的とは言い難い」（東京地判令和元年９月18日労経速2405号３頁）と判示したものがあり、必ずしも試用期間中に指導・教育を施すことが要求されていないんだ。

　一つ、比較的最近出た裁判例（東京地判平成31年２月25日労判1212号69頁）を紹介しておこう。被告会社は、大手金融系企業の関連会社から委託を受けて事業を営むことを目的とする特例有限会社であり、中途採用者については３か月の試用期間が設けられていたという事案なんだ。

　この事案では、金融業務における５年以上の実務経験、複雑な金融商品・機能に関するデータ分析等の業務経験などが採用条件になっていたことから、即戦力採用が前提であったと認定されたんだ。そして、被告会社の業務が、監督官庁等に対して法令に基づいた正確な報告書等の提出が要求されていたこととの関係で、原告労働者が業務上のミスを連発していたこと、連日に亘って被告会社の上司が面談や指導を施していたにもかかわらず有意な改善が見られなかったことなどを理由に、解約権の行使が有効だと判断されている。

　これらの裁判例の傾向を踏まえると、中途採用の場合は、ケースバイ

ケースではあるが、採用条件等から即戦力採用が前提になっていたと評価できる場合において、会社の要求水準に達してない場合には、必ずしも指導・教育を施すことが要求されていないと言えるね。

Q8　試用期間中に、解約権を行使することはできますか？

解約権の行使の判断が早過ぎると無効と判断される場合がある

乙山：試用期間中の働き方などを見て、満了まで待たなくてももう本採用はできないと会社が判断することはあると思うんだけど、試用期間の途中で解約権を行使することはできるのかな？　今までの話を聞いていると、自由に解約権を行使できるわけではなさそうだけど。

藻岩：わかってきたね。試用期間中の解約権の行使は、本採用後の解雇に比べて広い範囲で認められると考えられている（前掲最判昭和48年12月12日民集27巻11号1536頁など）。もっとも、試用期間は、その期間内で技能や経験などを身に着けて能力を養っていくことが予定されており、その判断のために設けられた期間なんだ。そのため、試用期間途中の解約権の行使は、時期が早すぎるとして有効性が問題になることがあるから注意が必要だね。

裁判例においても、試用期間を残して解約権を行使された事案で、適格性の判断の時期を早すぎるということで解約権の行使が無効と判断されたケースもある（東京地判平成14年8月9日労判836号94頁、東京地判平成21年10月15日労判999号54頁など）。

乙山：これまでは人材の採用は会社の自由だと思っていたけど、注意しなければいけない点がたくさんあるんだね。

藻岩：そうだね。会社にエントリーしてくる労働者、特に新規学卒者の場合は、会社から採用内定をもらったら、通常、他の会社への就職は断ってくることになるからね。労働者からすれば、採用内定が取り消されてしまうと、他の会社も含めて就職先が無くなってしまうことになる。労働者にとってこの不利益はとてつもなく大きいよ。だからこそ、これまで説明してきた制限が出てくるわけだ。乙山も会社の代表者として人材採用を行う以上は、今日説明したことをしっかりと認識してほしいね。

乙山：わかったよ。早速会社に戻って、しっかりと採用手続を整備するよ。

人材の採用は会社の自由だと思っていたけど、注意しなければいけない点がたくさんあるんだね。

☑ 本日のチェックポイント

● 採用条件の設定や労働者の選択については、法律上の禁止や制限、裁判例上の制限があります。

● 採用内定を出した場合には、その時点で雇用契約（始期付解約権留保付雇用契約）が成立します。

● 採用内定を出した場合には、その後は会社が自由に採用内定を取り消すことはできず、取消しを行った場合には、その態様等によっては会社が損害賠償責任を負う場合があります。

● 採用内々定を出した場合に、会社がこれを取り消すことはできますが、取消しの態様等によっては、損害賠償責任を負う場合があります。

● 採用内定を出した場合であっても、採用内定とは別に合意がなければ入社日前に研修等への参加の業務命令を出すことはできません。

● 試用期間を設けている場合であっても、会社が自由に本採用を拒否できるわけではありません。

● 試用期間を設けた中途採用で、即戦力採用が前提になっている場合の本採用拒否については、新規学卒者の場合と異なり、必ずしも教育・指導を行うことが要求されるわけではありません。

● 試用期間中の解約権行使は、判断が早すぎる場合には、無効になることがあります。

※　登場する人物名や団体名は、仮名であり実在する方とは一切関係ありません。

横山浩之（よこやま・ひろゆき）【弁護士・北海道合同法律事務所】

平成27年 北海道大学法科大学院修了、平成28年12月 弁護士登録。北海道大学労働判例研究会、UC労働判例研究会に所属。

相談 04 「出来の悪い新入社員を首にしたい」
～試用期間中の解雇の問題～

試用期間中はしっかりと労働者の適性を見極めなければならない

　試用期間中の解雇は、「試用期間満了時の本採用拒否」と「試用期間途中の解雇」にわけて考える必要がある。一般的に、解雇の有効性は、「試用期間途中の解雇」が最も認められにくく、「試用期間満了時の本採用拒否」が最も認められやすい。つまり、「試用期間満了後の普通解雇」は、「試用期間満了時の本採用拒否」よりも有効性が認められにくいが、「試用期間途中の解雇」よりは認められやすいといえよう。試用期間中は、労働者をしっかりと観察し、改善の機会を与えるべく注意・指導を行うことが重要である。解雇といった極限状況になる前に、普段の労務管理からしっかりと専門家に相談することで、リスクを抑えることが出来る。

執筆／弁護士・大山　洵（高田英明法律事務所）

プロローグ

　ここは、某地方都市に事務所を構えるUC法律事務所である。

　所長の藻岩弁護士（以下「**藻岩**」）は、労働法を専門としており、弁護士会内でも労働法に詳しいことで有名な弁護士である。

　本日は、以前近所の居酒屋で知り合ったA社の春光台部長（以下「**部長**」）が、法律相談をする予定となっている。

　今年の新入社員に頭を抱えているとのことであるが…。

Q1　「試用期間」とは、何なのでしょうか？

試用期間満了時の本採用拒否と試用期間途中の解雇にわけて考える

藻岩：先日は、ありがとうございました。本日は、新入社員についての相談があるとお聞きしましたが、どのような問題が生じているのでしょうか？

部長：こちらこそ、先日はありがとうございました。早速相談のための時間を頂戴いたしまして、大変恐縮です。

実は、3か月前に入社した社員が使い物になりません。本人だけの問題ならまだ良いのですが、周りの社員の士気にも影響するので、どうにかしたいと考えています。先生から、試用期間とはいえ首を切ることはなかなか出来ないということをお聞きして、今後どのような対応をしていくか不安になりまして…。新入社員の試用期間中の解雇は、通常の解雇より広く認められやすいということであったと思うのですが、違ったでしょうか？

藻岩：ここでは試用期間満了時の本採用拒否と試用期間満了を待たずにする試用期間途中の解雇の2つにわけて考えておくことが必要です。一般論として試用期間の場合には地位が不安定だといわれますが、これはもっぱら試用期間満了時の本採用拒否を念頭においていることが多いと言えます。

部長：ど、どういうことでしょうか？

藻岩：まず、試用期間満了時の本採用拒否がどういうものなのかについて、整理しましょう。

試用期間というのは、一般的には、労働者にどのような適性があるのかを実験観察し、OJTや研修を通じて教育する期間です。もし、試用期間を正社員の労働契約とは別の契約期間の定めのある試用契約（有期雇用）であると考えると、会社は、その契約期間の満了後に改めて、その労働者を採用するかどうかを決定することになるのでしょうから、本採用拒否は、通常の採用拒否と同じように使用者に広い裁量が認められることになるでしょう。しかし、判例はこうした考え方をとらず試用期間の段階から、特別な解約権を留保した労働契約が成立しているために、本採用の拒否は、使用者の採用の自由にゆだねられるのではなく、解雇と評価するという立場に立っています。

具体的にご説明すると、試用期間満了時の本採用拒否についてのリーディングケースである三菱樹脂事件（最判昭和48年12月12日民集27巻11号1536頁）では、採用決定当初にはわかり得ない一定の事由につき労働契約の解約権が使用者に留保されており、この点において、試用期間経過後の解雇よりも広く解雇が認められるとしています。そのため、採用時の面接や履歴書の記載によってわかり得ない事項に基づいて、解約権の行使として解雇をすることが認められます。

部長：そうすると、たとえば、業務遂行能力や協調性は、採用決定当初にはわかり得ない事項になるので、その欠如を理由として解雇をすることは認められるということになりますね？

採用決定当初わかり得ない事項でも必ず解雇が認められるわけではない

藻岩：いいえ、そうとも限りません。留保解約権の行使とはいえ、三菱樹脂事件の判旨は、解約権留保の趣旨、目的との関係で合理的理由と社会通念上の

相当性を要求しています。つまり、採用決定当初にはわかり得ない事項であっても、必ずしも解雇が認められるわけではありません。たとえば、業務遂行能力の不足の場合には、使用者としても、労働者を奮起させたり、場合によっては研修などで不足している部分を補ったりすることが求められます。そういった意味では、通常の解雇と類似する枠組みを採用しているということにはなります。

部長：試用期間満了時の本採用拒否についても、通常の解雇と変わらず、有効性が判断されるということでしょうか？

試用期間満了時といっても解雇には慎重な態度を取らなければならない

藻岩：さきほどお話ししたとおり、判例は試用期間満了時における本採用拒否を、通常の解雇と全く同一に論ずることはできないと言っていますので、解雇の有効性は本採用後の解雇よりは緩やかに認められるというのが素直な考え方です。使用者の立場からすると、いったん本採用したならば、その後解雇が厳しく制約される以上、せめて本採用するかどうかの判断の段階では使用者の裁量を尊重して欲しいという気持ちになるのも頷けます。もっとも、最近の裁判例では、試用期間満了時の本採用拒否については、通常の解雇よりも広く認められるとしながらも、通常の解雇とほとんど変わらない判断がなされているのではないかという指摘もあるほか、

ライトスタッフ事件（東京地判平成24年8月23日労判1061号28頁）では、試用期間満了時の本採用拒否は、広く認められる余地があるにしても、その範囲はさほど大きいものではないと指摘しています。実際に試用期間満了時の本採用拒否事案の判断はライトスタッフ事件の判旨が指摘するように、本採用拒否しなければならないほどの理由があるかを比較的厳格にみているというのが実務の実感ですので、三菱樹脂事件が指摘するように解雇が認められる余地がどの程度違うのかについては、明確な結論が出ていないというのが正しいのかもしれません。

ですから、試用期間満了時とはいえ、解雇には慎重な態度を取らなければならないといえるでしょう。

Q2　試用期間途中に解雇しても良いのでしょうか？

試用期間途中の解雇は通常の解雇よりも難しいとさえいえる

藻岩：ところで、新入社員は、どのような問題を起こしているのでしょうか？

部長：弊社では、33名の新卒の新入社員が入社致しましたが、そのうちの3名（A、B、C）が様々な問題を起こしています。また、同時期に中途採用の者を4名雇い入れましたが、そのうちの2名（D、E）にも頭を悩ま

せています。

藻岩：いずれの労働者も、解雇を考えているということでしょうか？

部長：はい。いずれの労働者も、解雇したいと考えております。来月には、解雇予告通知を送ることを検討しております。

藻岩：試用期間は、あとどのくらいでしょうか？

部長：残り３か月あります。今日で、ちょうど半分を過ぎたところです。

藻岩：そうなのですか…。さきほど申し上げたとおり、試用期間の途中の解雇は、試用期間満了時の本採用拒否と区別して理解してことが重要です。

部長：どういうことなのでしょうか？

藻岩：試用期間の設定により、使用者には広く試用期間満了後の解雇が認められる反面、使用者はその期間中は、しっかりと労働者の適性を見極めなければならないことになります。解雇を広く認める代わりに、しっかりと観察しなければならないわけです。改善見込みが全くないといえる程度にまで指導して、初めて試用期間途中の解雇が認められることになります。そのために、試用期間途中の解雇は、通常の解雇よりも難しいとさえいえるかもしれません。使用者は、少なくとも試用期間満了までは、労働者の能力や適性をしっかりみてあげなさいということでしょう。使用者が、自らお試し期間として設定した期間満了を待つことができないくらい酷い状態、つまり解雇する高度

の合理性と相当性がある場合に、試用期間途中での解雇が認められると理解しておくことが重要です。

　たとえば、試用期間を６か月として、その途中である３か月を経過した時点で解雇がなされたニュース証券事件（東京高判平成21年９月15日労判991号153頁）では、６か月の試用期間の経過を待たずに会社が解雇するときには、試用期間満了時の留保解約権の行使に比べて、より一層高度の合理性と相当性が必要であるとの判断がなされ、試用期間の途中の解雇を無効であるとしています。

　まぐまぐ事件（東京地判平成28年９月21日労経速2305号13頁）では、結論としては、試用期間の３分の２程度の期間が経過した時点での解雇が有効との判断がなされていますが、リスク回避という観点からは、解雇はやや早急であったのではないかと思われます。

部長：そうすると、ひとまず、試用期間の満期である６か月間を待てばいいわけですね？

教育期間としての性質もあり改善に向けた具体的な注意・指導が必要に

藻岩：待っているだけでは足りません。試用期間満了時の合理的理由と社会通念上の相当性を基礎づけるものとして、労働者にどこが悪くて、どこを直さなければならないのかを知らせる必要があります。通常の解雇と同様に、「解雇の最終手段性」という観

点から、解雇をするに至るまでに様々な指導や注意を行う必要があるほか、試用期間には、教育期間としての性質もあるために、改善に向けた具体的な注意・指導がなければ、留保された解約権の行使としての解雇も認められないことになってしまうでしょう。

Q3　問題となっている社員は、どのように対処すればよいのでしょうか？

藻岩：御社の従業員について、どのようなことに頭を悩ませているのでしょうか？

部長：うちの人事部が作った表を一部持ってきておりますので、ご覧ください（下表参照）。

部長：A、B、Cは新卒の社員でして、D、

E は中途採用となります。

藻岩：これまでに、この5人の方に指導や教育を行ってきているのでしょうか？

部長：Aに関しては、上司が何度も指導しています。また、CやDについては、上司がミスを指摘したこともあるという程度です。ただ、BやEについては、経営会議でしばしば問題に上がるものの、具体的な指導には至っておりません。

CさんDさんには改善の動機づけをAさんには解雇もありうる旨伝える

藻岩：まず、CさんやDさんについては、そのようなミスをしないよう改善する動機づけをすることが必要です。現状のままでは良くないということをしっかりと労働者に認識していただきながら、教育をすることが重要です。改善計画を出してもらうなど

A	遅刻が多い。ただし、数分の遅刻であることが多い。上司が何度も叱っているが、一向に改善の見込みはない。
B	協調性がない。特に非正規社員へのあたりが強く、彼が原因で2人の者が辞職した。取引先からも少なからず苦情を受けた。
C	細かいミスが多い。注意力が散漫で、将来的に大きい仕事を任せることは現状ではできないと考えている。
D	細かいミスが多い。新入社員よりは仕事ができるが、支払っている給料に見合った仕事ではない。
E	履歴書や面接でプログラミングに詳しいとのことで雇い入れたが、全くの嘘であった。仕方なく現在は事務職を行っている。

しながら、客観性のある様々な方法を模索することが重要です。

　また、Aさんについては、このまま遅刻を繰り返すようであれば、試用期間満了時に解雇をすることも視野に入れる必要があります。

　今後の指導としては、このまま遅刻を繰り返すようであれば、解雇という事態もありうることをしっかりとAさんに認識してもらうことも重要です。Aさんも学生気分が抜けていないだけのようにも見受けられますので、上記の指導により、改善が見込まれるかもしれません。

部長：Bについては、どのように対応するのが良いのでしょうか？

一方的な決めつけや配置換えなどの強硬策では無用な紛争生むことに

藻岩：Bさんは、非常に対処が難しいものになることかと思います。協調性の有無は、人によって判断がまちまちになることも多く、本当に協調性が欠如しているといえるかは、慎重な確認が必要です。まずは、Bさんとの話し合いを通じて、具体的な事実を指摘しながら改善の可能性を模索し、場合によっては配置換えを行うことが考えられるでしょう。

　いずれにせよ、一方的な決めつけや配置換えといった強硬策では、無用な紛争を生むことになりかねませんので、対話をすることが肝要です。

部長：では、Eについては、どのように対応するのが良いのでしょうか？

能力詐称したEさんについては雇用時どのように応対したか整理し直す

藻岩：Eさんはプログラミングが一切できないのに、できると詐称して御社に入社しています。

　この詐称は、具体的な業務に関わる嘘であり、使用者が労働者の採用の可否を判断するにあたって重要な指標となる点についての嘘となります。まさに、採用決定当初には判明し得ない事項であるうえ、判明しなかったのはEさんの責任でありますので、解雇が認められる見込みは高いでしょう。

　KPIソリューションズ事件（東京地判平成27年6月2日労経速2257号3頁）でも、会社との雇用関係において、重要な職歴等を偽って雇用契約を締結したとして、能力不足に基づく解雇を有効であると判断しています。

　Eさんについては、雇用時に、どのような応対をしたのかを整理し直すといいでしょう。

Q4　中途採用者も新卒の社員と同じような対応が必要となるのでしょうか？

新卒よりも高い能力水準が要求されより広く解雇することが認められる

部長：我々としては、Dを即戦力として期

待して採用したのですが、この場合にも、たとえば、Cと同じような指導が必要なのでしょうか？

藻岩：いいえ。中途採用の場合には、新卒の社員と同じような指導が要求されるとまではいえません。

　新卒の社員は、これまでの業務経験がなく、業務外の経験や性格、資質を元に採用を決定するために、試用期間において行う実際の業務について、丁寧な指導が必要となるでしょう。

　他方で、中途採用者は、多くの場合、実際の業務経験を元に採用されます。そのために、試用期間内において、新卒の社員の場合には教育期間としての性質が強くなるのに対して、中途採用者の場合には実験観察期間としての性質が強くなるといえるでしょう。

　そうすると、高い期待のもとに採用された中途採用者については、新卒の社員よりも高い能力水準が要求され、細かな教育・指導が伴わなくとも、より広く解雇することが認められるといえるでしょう。

　労働者の労働力に対する使用者の期待は、新卒の社員に対しては抽象的なものにならざるをえないのに対し、中途採用者に対しては、ある程度具体的なものになります。その意味では、中途採用者の能力不足を理由とする解雇については、試用期間中の解雇が広く認められるという三菱樹脂事件最判の判示がもっとも当

てはまるといえるのではないでしょうか。三菱樹脂事件最判は、新卒の社員についての判断であるので、少し違和感がありますが…。

部長：そうすると、我が社では、Eを試用期間の満了をもって解雇してもよいのでしょうか？

賃金が安いとか全く異業種の場合は能力不足による解雇認められにくい

藻岩：その点は、労働者の職位や労働者に対する使用者の期待がどの程度採用面接時などに示され、かつ、その期待が賃金等の労働条件において反映されているかによります。

　たとえば、労働者の能力に使用者が高い期待を有し、これが労働者に対して示され、かつ高額な賃金が支払われているような場合には、解雇の有効性が認められやすいです。逆に賃金が安い場合であるとか、中途採用者とはいえ、全くの異業種の場合には、能力不足による解雇というのは認められにくいです。

　中途採用者に対する能力不足に基づく解雇については、当該労働者に期待された労働力はどの程度のものであったか、その期待に対して見合った労働条件が与えられているか、が重要な要素になります。

　Eさんについては、期待された能力に見合った賃金が支払われているのであれば、解雇をすることも可能であるといえるでしょう。

Q5　今後の労務管理は、どのようにすればよいのでしょうか？

試用期間中の解雇と本採用後の解雇との間に明確な差異を見出しにくい

部長：そうすると、我々としては、様々な指導や観察を通じて試用期間満了時に解雇をすることになるわけですから、試用期間中の解雇と本採用後の解雇は、中途採用者の能力不足に基づく解雇以外に違いがほとんどないのですね？

藻岩：そのように感じています。解雇という手段を取ることが相当であるか否かの判断において、試用期間中の解雇の方が相当であるといえる範囲が広いというのは大前提ですが、実際の裁判例の言い回しからは、本採用後の解雇との間に明確な差異を見出しにくいといえると思います。実際に、ライトスタッフ事件（東京地判平成24年8月23日労判1061号28頁）では、留保解約権の行使は、試用期間の実験観察期間としての性質から、通常の解雇よりも広く認められる余地があるとしながら、その範囲はそれほど広くはないと明確に判示しています。

　実際の訴訟では、和解で解決する場合も多く、特に試用期間中の解雇であることは、解雇であることには違いないという点で使用者を説得しやすく、試用期間であるという点で

労働者を説得しやすいために、和解が成立しやすい土壌が出来上がっていると思います。

　そのため、裁判例を見ただけではわからない部分も多く、全く違いがない、とまでいうのは躊躇するところです。

部長：そうすると、試用期間中の解雇も、本採用後の解雇と大きく変わらず、しかも試用期間途中の解雇がよりいっそう難しいものになりうるとすると、我々としては、新入社員に対して試用期間という期間を設定するメリットはないのかもしれませんね。

藻岩：そうですね、試用期間と解雇との関係ですと、春光台様のいうようにメリットはあまり無いのかもしれません。もっとも、試用期間満了時の本採用拒否については、本採用後の解雇より広く認められるというのは、一般的な理解であり、実務でもあります。全くメリットがないとはいえないのではないでしょうか。

部長：もっと試用期間を活かす方法は、ないのでしょうか？

求人票との記載の相違は可能な限りなくすことが望ましい

藻岩：過去には、有期労働契約を試用目的で設定し、その後本採用として無期労働契約を締結するということも行われてきました。有期労働契約であれば、契約期間の満了とともに労働契約が終了するので、本採用拒否ならそのまま契約を終了し、本採用で

あればその後に無期労働契約を締結するというものです。

神戸弘陵学園事件（最判平成2年6月5日民集44巻4号668頁）という判例がリーディングケースとなっていますが、適性評価のために期間の定めが設けられた場合には、期間の満了により当然に契約が終了する旨の明確な合意が当事者間に成立しているなどの特段の事情が認められる場合を除き、その期間の定めは、契約の存続期間ではなく、試用期間であると判断されています。

期間の満了により契約が終了する旨の合意があればいいだろうということで、試用目的での有期労働契約も締結されているところではありますが、無期労働契約として採用されたのに、契約形態が有期労働契約になっているということで、問題がしばしば発生しています。特に求人票との記載の相違が問題になることが多いようです。

近時、求人票記載の労働条件が、実際に提示され、署名押印した労働条件通知書の労働条件に優先するとされたデイサービスA社事件（京都地判平成29年3月30日労判1164号44頁）なども出てきているところで、求人票との記載の相違は、可能な限りなくすことが望ましいでしょう。

部長：なるほど、試用期間と一口にいっても様々な類型があるのですね。試用期間だからといって、首を切るのは危ないことを痛感させられます。

解雇は試用期間途中が最も認められにくく満了時が最も認められやすい

藻岩：一般的に、労働者の解雇の有効性は、試用期間途中の解雇が最も認められにくく、試用期間満了時の本採用拒否が最も認められやすいです。試用期間満了後の普通解雇は、試用期間満了時の本採用拒否よりも有効性が認められにくいですが、試用期間途中の解雇よりは、解雇が認められやすく、両者の中間に位置しているといえるでしょうか。解雇を考えるときは、この3つのうちのどの場面であるか、ということを念頭に置く必要があります。

いずれにしても、解雇に対し、労働者が争わない場合には、特に問題が生じないため、安易に首を切ってしまう経営者の方も少なからず見受けられます。しかし、争われた場合には、働いてもいない労働者の賃金等の支払いや訴訟対応のリスクもありますので、十分な準備が必要であるかと思います。

ちなみに、御社には、試用期間の延長の定めがあるのでしょうか？

部長：試用期間を3か月間延長する場合があるとする定めがあります。

試用期間の延長によって一層明確に現状では良くないことを知らせる

藻岩：そうすると、今後の3か月間の指導次第ではありますが、労働者の改善が見られない場合には、試用期間の

延長をするのも手段として有効です。

部長：どういうことでしょうか？

藻岩：試用期間の延長によって、より明確に、労働者に現状では良くないということを知らせることになるため、改善に向けたインセンティブを与えることができます。特にAさんは、遅刻気味で学生気分が抜けていないと思われるので、有効といえるのではないでしょうか。試用期間の延長については、延長することについて、合理的な理由が必要とされますが、改善の見込みがなく、解雇事由に該当しかねない場合の観察期間として、合理的な理由があるといえるでしょう。

部長：なるほど。

勤務態度は本人が危機意識を欠いていることを発端としているものも

藻岩：勤務態度は、労働者が危機意識を欠いていることを発端としているものも多く、協調性や労働能力の欠如といった意識して変えることが難しいものとは、対処の方法も異なります。懲戒や勤怠管理次第でも、改善する

勤務態度は
懲戒や勤怠管理次第で
改善する可能性が
あるでしょう。

可能性があるといえるでしょう。

解雇のみに解決を求めるのではなく、柔軟な対応を考えたいところです。

部長：とはいっても、Bのような協調性の欠如やC、Dのような能力不足の場合には、解雇せざるを得ないのではないでしょうか？

どうすれば解雇を回避してうまく職場が回るか検討するのは有意義

藻岩：そこは、会社それぞれの人事や考え方次第ですが、様々な方策があるでしょう。協調性の欠如にしても、能力不足にしても、職種や職場の配置転換次第では、うまく回る場合もあるかと思います。解雇後に起こりうる紛争のリスクを考えると、どのようにすれば解雇を回避してうまく職場が回るかを検討するのは、有意義なことであると思います。

部長：人事管理は本当に難しいですね。

藻岩：つくづくそう思います。特に試用期間は、期間の満了時が1つの区切りで、そこに至るまでの様々な対応が求められる点で重要な期間となりますので、厳密に対応するとなると難しいと思われます。

部長：もう少し早く相談していれば、状況は変わっていましたかね？

試用期間については早め早めに改善の機会を与えることが重要

藻岩：ええ、この手の問題には早めに手を打つことが重要です。こと試用期間

については、早め早めに労働者に改善の機会を与えることが重要になってきますし、Aさんのような解雇事由が不明瞭な場合には、法的にどのような形で情報収集できるのか、アドバイスが出来たものと思われます。

また、Eさんのような特殊な技能が問題となる場合には、職務限定社員などの法的仕組みも踏まえて、制度自体の枠組みの提案も出来たものと思います。来年度以降の人事管理を含めて、今後ご相談いただければと思います。

いずれにせよ、このタイミングでお話を聞けて、良かったです。

部長：極限状況になってから対処することになってしまいがちですが、事前に防止することが重要なのですね。

藻岩：そうですね。

部長：今日はありがとうございました。相談時間も過ぎてしまったので、そろそろ失礼致します。今度、人事関係の資料を持ってきますので、また相談させてください。

藻岩：ぜひ、またお越しになってください。お待ちしております。

☑ 本日のチェックポイント

● 「試用期間満了時における本採用拒否」は、「本採用後の解雇」よりも広く認められるとされていますが、明確な相違を見出すことは難しいです。

● 中途採用者か新規採用者かによっても、試用期間における解雇が認められるか否かの判断が変わりうることになります。

● 試用期間中には、労働者をしっかりと観察し、改善の機会を与えるべく注意・指導を行うことが重要です。

● 解雇といった極限状況になる前に、普段の労務管理からしっかりと専門家に相談することで、リスクを抑えることが出来ます。

※　登場する人物名や団体名は、仮名であり実在する方とは一切関係ありません。

大山　洵（おおやま・じゅん）【弁護士・高田英明法律事務所】

　平成22年3月 北海道大学法学部卒業、平成24年3月 北海道大学法学研究科法科大学院既修者コース修了、平成27年12月 弁護士登録。札幌弁護士会に所属。

第3章　契約の変更

　労働条件の変更は、労働契約、就業規則、労働協約によってなされるが、一般的なのは就業規則であり、不利益変更の合理性が主に争われている。

相談
05

「若手のため成果主義的制度にしたい」
〜賃金体系の変更と就業規則の不利益変更の問題〜

「従業員の納得感があるか」との 観点から合理性と手続きの検討を

　契約内容を一方的に変えられることは、本来あってはならないことだ。しかし、労働契約については、未だに会社の都合で変更できると考える使用者も少なくない。労働条件の不利益変更は、原則的に同意が必要であり、例外として就業規則の不利益変更制度が法定されているが、賃金のような重要な労働条件の変更には、高度の必要性に基づく合理性が必要だ。従業員の納得感があるかとの観点から、変更後の就業規則の合理性と取るべき手続きを検討する視点が重要となる。

執筆／弁護士・伊藤昇平（佐藤・小川法律事務所）

プロローグ

　ここは、某地方都市に事務所を構えるUC法律事務所である。所長の藻岩弁護士（以下「藻岩」）は、労働法を専門としており、弁護士会内でも労働法に詳しいことで有名な弁護士である。

　本日は、市内の卸売市場で野菜の卸売業を経営しているW社の奈須社長（以下「社長」）が、法律相談にくる予定となっている。

　事前の連絡では、就業規則の変更についての相談とのことだが…。

藻岩：いつもお世話になっております。今日は就業規則の変更についてお聞きしたいとのことですが、どのようなお話でしょうか？

Q1　年功的な制度を成果主義的な制度に変更したいのですが…

社長：では、前置きはなしにして早速、相談の目的から話をしたいと思います。

　わが社は、先代から受け継いだ社員20人ほどの小さな会社です。賃金体系については、創業以来、在籍年数

が長い社員ほど会社への貢献度が高いという考え方に立ち、いわゆる年功序列型の賃金体系を採用しています。

　しかし、最近、若い社員から成果に応じた支給額になるような制度にしてほしいと要望がありました。

藻岩：なるほど。

社長：確かに、当社の若手社員の指摘も、もっともなところがあると思っています。同業他社との競争も激しくなっており、賃金制度等を年功序列ではなく努力して多くの売上を上げた者にはより多く賃金を支給し、働きぶりの良くない者には激励の意味も込めて、賃金は簡単には上がらないという制度のほうが、社員全体のモチベーションが上がるのではないかと思っています。

　最近、耳にしたところでは、すでに他の同業者も、成果主義的な制度を取り入れており、これに触発された若い社員が、海外の農家と直接大口の契約を締結したり、インターネットを活用して販路を大幅に拡げたりして活躍しているそうなのです。

藻岩：それで、社長も、成果を評価する賃金制度を取り入れたいというわけですね。

社長：ただ問題がありまして…。わが社は、今までの賃金体系を維持しつつ、成果に対してプラスして支給できるほど財源がありません。もちろん多少賃金支給総額が増加するのは仕方がないと思っていますが、限界もあります。

　ですから、一部の社員は今より稼げるとは思いますが、一部の社員、特に年功序列制度によって働きの割には賃金額だけが高額になっている中高年層の賃金については、昇給停止はもとより、期待した成果が上がらない場合に、10％から15％程度基本給が下がるという賃金体系も考えています。それを、先日、社員の全体会議の場で述べたところ、一部の社員から反対されました。

Q2　一部の社員から反対があっても変更は可能でしょうか？

かなり高いハードルが課されている
例外は合理的なものに限られる

社長：一部社員の反対があっても、就業規則を変更することは可能でしょうか？

藻岩：一部不利益を伴う、就業規則の不利益変更ということですね。

社長：不利益と言われてしまうと、悪いことのように聞こえますが、私は、会社の将来のために、社員の成果を正当に評価したいと考えています！

藻岩：社長のお気持ちはよくわかります。

　ただ、やはり労働者にとって賃金はもっとも重要な労働条件と言えますから、一部の社員であっても、現実に賃金減額といった不利益を受ける場合には、そう簡単には変更はできません。

　これは労働契約法という法律にも明確に規定されています。就業規則

で定めた労働条件も労働契約の内容となった以上は、原則として労働者の同意を得ず就業規則を一方的に不利益に変更することはできないわけです。ただし、例外として当該就業規則の不利益変更が合理的なものである場合に限り、個々の労働者からの同意を得ずに使用者が労働条件を変更できるとしたわけです。

社長：合理的な変更…ですか。どういう場合が合理的なのでしょうか？

藻岩：使用者が一方的に労働契約の内容を労働者に不利に変更するわけですから、かなり高いハードルが課されていると思ってください。契約内容を一方的に変えられることは、本来あってはならないわけですからね。

　労働契約の変更ではなくて、たとえばマンションの賃貸借契約で家賃を月７万円と決めているのに、家主さんの都合で、「来月から家賃は月10万円です」と言われたら、借主の立場からすると「それはないでしょ！約束違反だし、そんな変更は認められない！」と言いますよね。労働条件の不利益変更も同じことなわけです。

Q3　若手社員の納得や意欲の向上が改定を考えた要因ですが…

第三者が見ても労働者が納得の上で同意したと言えるような事情が必要

社長：なるほど、確かに。

藻岩：ですから就業規則の不利益変更というのは、契約は守られなければならないという原則からすると、言わばウルトラＣ難度の技だといえます。少し表現が古いですね。

　労働契約法10条に規定されている合理性の判断にあたっては、①労働者の受ける不利益の程度、②労働条件の変更の必要性、③変更後の就業規則の内容の相当性、④労働組合等との交渉の状況、⑤その他の就業規則の変更に係る事情——等で判断がなされます。ただ実際の裁判では、これら要素がどのように考慮され合理性を基礎づけることになるのかというのは、判断が難しく、予測が難しいと言えます。

　私が、よくこうしたご相談で最初に確認させていただくのは、「変更の必要性がどの程度あるのか」、言い換えると「変更がどの程度切迫したものなのか」という点です。少し法律論を離れて、社員の納得という点から考えてみて頂けますか？

社長：ええっと、必要性は、冒頭にお話したように、年功序列型の賃金から成果主義型の賃金制度に変えたいということですが、改めて必要性と言われると、うちの会社は、特に経営難というわけではありませんが、若手社員の納得とか、モチベーション向上ということが、今回改定したいと考えた大きな要因となっています。

藻岩：なるほど。

　では、若手社員の納得やモチベー

ション向上という必要性に対し、社長が実施しようとしている方策が、必要性に応じた合理的な方法と言えるかという点を検討してみましょう。

たとえば、成果次第でボーナスに差をつけるという場合、もちろん程度の問題はあるかもしれませんが、個々人の成果や業績に応じてボーナスの金額に変動がありうるということは、社員の方達も理解しやすいと思いますので、納得感は得られやすいかもしれないですね。

また、昇給との関係で、成果主義を取り入れて、大きな成果を出した者には年齢や在籍年数に関係なく大幅に昇給し、そうした成果が上がらない場合にはあまり昇給しないという制度にするというのも、従業員のモチベーションを向上させて業績の拡大や営業上のイノベーションを期待するという意味では、納得感は得やすいかもしれません。

ただ、こうした賃金制度の変更にあたり、成果の上がった従業員に対して加算する賃金原資を確保するために、他の従業員の基本給を引き下げるというのは、引き下げられる従業員にとっては納得がいかないだろうということは、容易に想像できます。

年功序列型賃金体系から成果主義型賃金体系への就業規則の不利益変更の合理性が認められたハクスイテック事件（大阪高判平成13年8月30日、第一審・大阪地判平成12年2月28日）は、「いわゆる年功序列型賃金体系から、能力・成果主義型賃金体系に給与規定を変更した会社の措置は、賃金の不利益変更に当たるといえるが、国際競争力が要求される中で労働生産性と直接結びつかない形の年功序列型賃金体系は合理性を失いつつあり、本件会社では各部門にインセンティブの制度が導入され、これを支えるためにも能力・成果主義に基づく賃金制度を導入する必要があり、高度の必要性が認められる一方で、変更による不利益性は小さく、交渉の経緯も妥当であり、適法である。」としました。

ただ、この事件では新給与規定による不利益の程度は小さく（具体的な減額幅は3％程度）、8割程度の従業員は賃金が増額していること、調整給を設定して不利益変更の緩和に配慮していたこと、赤字経営になる等賃金制度改定の高度の必要性があったこと、労働組合との団体交渉が重ねられていたこと——等の事情から本件変更を合理的なものとしています。

最高裁判決（第四銀行事件・平成9年2月28日、みちのく銀行事件・平成12年9月7日）では「賃金や退職金といった労働者にとって重要な権利についてなされる場合には、かかる不利益を労働者に受忍させることを法的に許容できるだけの高度の必要性に基づいた合理性がなければならない」旨を述べており、これは

労働契約法10条の解釈にあたっても当然あてはまりますので、賃金体系の変更についてはしっかりとシミュレーションを行い、賃金減額もやむを得ないと考えられる高度の必要性があるのか、必要性と実施手段との間に合理的な関連性があるのか、不利益を緩和する十分な配慮が行われているか、という点を慎重に検討した上で、労働者に対して説明し、協議していくことが必要になります。

社長：なるほど。やはり、就業規則の変更という形で賃金体系を変更しようとしても、不利益変更にあたるかぎりは、かなり慎重な対応が必要になるのですね。ずいぶんと難しいなあ。

しかも合理的かどうかの判断の予測も難しいとなると裁判のリスクも大きいですね。こうなったら一方的変更ではなくて、社員全員に、変更した就業規則を回覧して、変更に異議なく同意しますというサインをも

【資料】

「労働契約の内容である労働条件は、労働者と使用者との個別の合意によって変更することができるものであり、このことは、就業規則に定められている労働条件を労働者の不利益に変更する場合であっても、その合意に際して就業規則の変更が必要とされることを除き、異なるものではないと解される（労働契約法8条、9条本文参照）。もっとも、使用者が提示した労働条件の変更が賃金や退職金に関するものである場合には、当該変更を受け入れる旨の労働者の行為があるとしても、労働者が使用者に使用されてその指揮命令に服すべき立場に置かれており、自らの意思決定の基礎となる情報を収集する能力にも限界があることに照らせば、当該行為をもって直ちに労働者の同意があったものとみるのは相当でなく、当該変更に対する労働者の同意の有無についての判断は慎重にされるべきである。そうすると、就業規則に定められた賃金や退職金に関する労働条件の変更に対する労働者の同意の有無については、当該変更を受け入れる旨の労働者の行為の有無だけでなく、当該変更により労働者にもたらされる不利益の内容及び程度、労働者により当該行為がされるに至った経緯及びその態様、当該行為に先立つ労働者への情報提供又は説明の内容等に照らして、当該行為が労働者の自由な意思に基づいてされたものと認めるに足りる合理的な理由が客観的に存在するか否かという観点からも、判断されるべきものと解するのが相当である（最高裁昭和44年（オ）第1073号 同48年1月19日第二小法廷判決・民集27巻1号27頁、最高裁昭和63年（オ）第4号平成2年11月26日第二小法廷判決・民集44巻8号1085頁等参照）」

らったり、押印欄を設けて異議なく同意する者にハンコを押してもらうという形で進めるしかないかな。

藻岩：そうですね。社員全員からしっかりと納得を得られるように、変更後の就業規則の内容の合理性や相当性を精査して、説明の上、提案して同意を得るというのは、手堅い手続きと言えます。

　　　ただ、ここでも注意して欲しいのは、同意の取得にあたっても十分な説明と協議が要求されるという点です。

　　　最高裁（山梨県民信用組合事件・平成28年2月19日）は、合併により消滅する信用協同組合の職員が、合併前の就業規則に定められた退職金の支給基準を変更することに同意する旨の記載のある書面に署名押印をしたという事例で、東京高裁が上記の変更に対する当該職員の同意があるとした判断を違法として、原判決を破棄し、更に審理を尽くさせるため、原審に差し戻しました。この事件で最高裁は同意の取得にあたって次のように述べています。

　　　今、判例の該当部分を【資料】としてお渡ししますね（50ページ参照）。要するに、変更に同意してもらうにあたって、使用者の方で、労働者にもたらされる不利益の内容及び程度を良く説明し、わかりやすく情報提供をして、第三者の目で見ても、労働者が納得の上で同意したと言えるような事情が必要だと言っている

わけです。

社長：えっ、それじゃあ、同意をとる場合も、就業規則の不利益変更の手続きと実質的にはほとんどかわらないような対応が必要になるということになりませんか？

藻岩：そう感じるのは、もっともだと思います。実際、学説にも先ほどの最高裁は実質的に賃金の不利益変更にあたっての同意の有無の判断について労働契約法10条の考え方を取り入れているのだという指摘があるほどです。

社長：う〜ん、なかなか難しいですね。少し頭がクラクラしてきました。ただ、冷静に考えてみると、中高年の社員も、現状の賃金体系を基に生活を設計しているわけですし、マイホームのローンや子どもたちのための学資の捻出にあたっても、少なくとも今の賃金を基礎に将来を考えているでしょうからね。ため息が出てしまいますが、当面は業務効率を上げる労務管理の工夫で対応しようかと思います。ただ、長期的な視点で徐々に成果主義型の賃金体系に移行していくという方針で、腹をすえて取り組んでいこうと思っています。藻岩先生のほうでも都度相談に乗っていただけますか？

藻岩：もちろんです。そのための顧問弁護士ですからね。むしろ、こうした難しい問題こそ、依頼者と二人三脚で一緒に検討するのが顧問弁護士の仕事だと心得ています。不利益を被る

社員の生活に急な支障がでないように一定期間、手当を支給するなどの「激変緩和措置」を設けたりするにあたっても、その内容をどの程度にしていくかという点は、過去の裁判例などを分析しながら、社会的に見て相当だと評価してもらえる措置を考えていく必要がありますしね。

社長：なるほど。

藻岩：それに社員の方への説明内容、説明用資料の作成なども必要ですし、社員の方たちに納得してもらうための説明会の開催や協議の進め方についても、事前にスケジュールを組んで対応してく必要がありますので、時間がかかるかもしれませんが、じっくり取り組んでいきましょう。

社長：そうですね。これからが第一歩ですね。まずは変更の必要性からよく検討して、社員の納得感という観点から冷静に変更案を見直してみたいと思います。

Q4　就業規則を棚に備え付けてあるだけではダメですか？

就業規則を周知していなければ、無効になる可能性も

社長：ところで、藻岩先生。以前、就業規則は従業員が誰でも見れるような状態にしなければならないと聞きました。わが社の就業規則は社長室の金庫の中に置いてあるのですが、これ

は問題ないでしょうか？

藻岩：就業規則の周知の問題ですね。労働基準法106条１項・労働基準法施行規則52条の２では、周知の方法として、①常時各作業場の見やすい場所へ掲示し、又は備え付けること、②書面を労働者に交付すること、③磁気テープ、磁気ディスクその他これらに準ずる物に記録し、かつ、各作業場に労働者が当該記録の内容を常時確認できる機器を設置すること、という３つの方法が規定されています。

社長：あれ？　もしかして、社長室の金庫の中だと周知したとまでは言えませんか？

藻岩：上記①の「常時各作業場の見やすい場所」に備え付けているといえるかどうかが問題になると思いますが、金庫の中だと従業員がいつでも見れるような場所とは言い難いので、周知にはならないと思います。

社長：やっぱりそうですよね。従業員用の休憩スペースに棚が設置されているので、そこに置いたほうがいいかもしれないなぁ。

藻岩：そうですね。また、就業規則の周知は、先ほど説明した労働契約法10条の要件にもなっています。就業規則の変更の合理性が認められたとしても、周知がなされていなければ、就業規則の変更は無効になってしまいます。

社長：就業規則の周知って大事なんですね。

藻岩：はい、就業規則を変更する際には、合理性の問題に目が行きがちですが、

周知の問題も忘れてはいけません。ただし、労働契約法の周知は、上記の労働基準法で定められた周知手続によるものに限られず、従業員が知ろうと思えば知り得る状態にしておくこと、すなわち、実質的周知で足りるというのが、裁判例・学説のほぼ一致した見解です。

社長：それだと、従業員用の休憩スペースに就業規則を置いておけば、従業員が就業規則を棚から引っ張り出して見ることができるので、大丈夫そうですね。

藻岩：安心するのは、少し早いですよ。中部カラー事件（東京高判平成19年10月30日）は、会社が退職金制度の変更につき全体朝礼で概略的に説明しただけで、説明文書の配布や説明会の開催など全従業員に具体的に説明する努力を払っておらず、また、就業規則を休憩室の壁に掛けているが、退職手当の具体的な決定・計算方法に関する規定を添付していなかったことから、実質的周知は行われていないとして、就業規則の変更は無効であると判断しました。

社長：従業員に説明したり、就業規則を掲示していたりしても、従業員が理解できる内容でないと周知したとまではいえないのかぁ。従業員の目線で考える必要がありそうですね。

藻岩：従業員にわかりやすく情報提供をして、従業員の納得を得るよう努力することが、周知の問題においても重要であることがご理解いただけたと思います。

Q5　就業規則を変更する際に、どのような手続きが必要ですか？

届出や意見聴取もお忘れなく

社長：少し気が早いかもしれませんが、仮に社員の納得を得られて、いざ就業規則を変更する時に、手続きはどうすればいいでしょうか？

藻岩：そこは手続きが法定されています。条文を簡単にいうと、労働基準法89条・90条は、就業規則の届出と労働者からの意見聴取を義務付けています。

社長：これらの手続きを怠ると、どうなるのでしょうか？

藻岩：先ほどお話しした労働契約法10条には、届出や意見聴取まで言及しておりませんので、届出や意見聴取を怠ったからといって当該就業規則が直ちに無効とはなりませんが、やはり、「手続きがずさんだ」という印象はもたれますし、合理性判断に一定の影響はあるでしょう。また当然のことながら、これらの手続きを怠ることは労働基準法違反となりますので注意が必要です。

社長：なるほど。いずれにしても納得を得るために、意見聴取も含めて社員とよく話し合うことは必要ですね。

☑ 本日のチェックポイント

● 労働条件の不利益変更は原則、同意が必要です。

● 例外として就業規則の不利益変更制度が法定されているが、賃金のような重要な労働条件の変更には高度の必要性に基づく合理性が必要です。

● 同意を取得する場合にも、慎重な手続きが必要です。

● 従業員の納得感があるかという観点から、変更後の就業規則の合理性と取るべき手続きを検討する視点が重要です。

※　登場する人物名や団体名は、仮名であり実在する方とは一切関係ありません。

伊藤昇平（いとう・しょうへい）【弁護士・佐藤・小川法律事務所】

　平成24年3月 京都大学総合人間学部卒業、平成26年3月 京都大学法科大学院修了。平成27年12月 弁護士登録（札幌弁護士会）。経済産業大臣認定経営革新等支援機関、札幌弁護士会「雇用と労働に関する委員会」、UC労働判例研究会に所属。

第4章　契約の履行過程

　労働契約の履行過程においては、多様な権利義務のあり方が問題になる。

　業務命令権のあり方との関連では、配転（相談06）や出向（相談07）や安全配慮義務（相談08）のあり方が問われている。同時に、多様なトラブルも発生している。

　パワハラ・セクハラ（相談10）以外に従業員間の暴行事案（相談11）も少なくない。

「『来月から沖縄』との配転を命じたい」
～配転命令にまつわる問題～

配転命令権はどんな内容でも許される わけではなく限界が存在する

　従来、日本の企業では、配転が労働者の能力の育成や昇進・昇格の手段として計画的に利用されていたことから、労働者に対し、配転を命じるのは当たり前であると思われていたかもしれない。しかし、配転命令は無限定に行えるものではなく、ときには労働者に配転を命じることが許されない場合もある。

　本稿では、配転命令権について、その限界が問題になる「職種又は勤務地限定合意がある場合」と「配転命令が権利濫用に当たる場合」について、検討していきたい。

執筆／弁護士・庄子浩平（ユナイテッド・コモンズ法律事務所）

プロローグ

　ここは、某地方都市に事務所を構えるUC法律事務所である。

　所長の藻岩弁護士（以下「**藻岩**」）は、労働法を専門としており、弁護士会内でも労働法に詳しいことで有名な弁護士である。

　某日、顧問先Y社の駒ヶ岳部長（以下「**部長**」）から相談したいことがあるとの連絡が入り、さっそく相談を行うこととなった。なんでも、「配転」についての相談とのことであるが…。

Q1　どのような場合に配転を行うことができるのでしょうか？

配転は「出向」や「出張」・「応援」等とは異なるもの

部長：今日は、お時間を取っていただき、ありがとうございます。実は、かなり急なのですが、人事部に配属されることになりました。肩書きが変わりましたので、新しい名刺をお渡しします。

藻岩：ありがとうございます。確かに、か

なり急な異動ですね。それにしても、今度から人事部ですか？

部長：ええ、ちょっと、社内でいろいろな事情がありまして…。そこで、先生にご相談があり、本日はお伺いしました。

　人事部に配属となったため、今後は社内の従業員の人事を取り扱うのですが、お恥ずかしながら「配転」などに関する知識が不足していまして…。

　そこで、今後の人事異動で困らないように、今のうちから知識を付けておこうと考えています。先生、配転について基礎的なことから教えていただけないでしょうか？

藻岩：わかりました。それでは、一緒に整理していきましょうか？

　配転は、一般に、同一使用者の下で、労働者の職種・職務内容又は勤務場所について、相当長期間にわたって変更することをいいます。

　よく「転勤」という言葉を聞くと思いますが、転勤も配転の一種であり、転居を伴うものを転勤と呼んでいます。

部長：労働者の職務内容や勤務場所を変更することを配転と呼ぶんですね。そうすると、よく「出向」という言葉も聞きますが、出向も配転なのですか？

藻岩：確かに、出向によっても労働者の職務内容や勤務場所が変わることもありますが、法的には出向と配転は区別されています。

　出向とは、一般に、現在の使用者との労働契約関係を存続させたまま、他の使用者の業務に従事することをいいます。そのため、「他の使用者の指揮命令下に基づいて働く」という点で、出向と配転は区別されています。

　また、長期間労働者の職務内容や勤務場所を変更することが配転ですので、短期間だけ職務内容や勤務場所が変わる「出張」や「応援」も、配転には含まれません。

部長：なるほど。わかりました。

配転を命じるには契約上の根拠が必要

部長：例えば、自社で雇用している従業員に対してであれば、就業規則や契約書などに配置転換に関する規定がなくても、配転を命じることができるのでしょうか？

藻岩：「東亜ペイント事件（最判昭和61年７月14日労判477号６頁）」は、労働協約及び就業規則に「業務上の都合により従業員に転勤を命ずることができる」との定めがあること、現に従業員の転勤が頻繁に行われていたこと及び使用者と労働者との間に勤務地を限定する合意がなかったことという事情から、「個別的同意なし」に配転を命じることができるとしており、当該事案における配転命令権の存在を確認しています。

　このような判例を踏まえ、現在は、使用者が労働者に対して配転を命じ

るためには、まずは労働協約や就業規則などに定めがあること等の事情から、労働契約上、使用者に配転命令権が与えられていることが必要です。

部長：なるほど。ちょっと、当社の就業規則を確認してみますね…。

あ、ありました。「会社は業務上の必要により配転を命ずることがある。従業員は正当な理由がなければこれを拒むことができない。」との定めがありました。

そうすると、当社では、就業規則のこの規定が、配転命令権の根拠となるということですね？

藻岩：そうなります。

部長：それなら安心して配転を命令できそうです。早速、A君には来月から沖縄に行ってもらおうかな。

藻岩：あ、部長、ちょっと待ってください。就業規則にそのような規定があって、使用者に包括的な配転命令権があったとしても、配転命令が許されない場合もあります。

部長：え？　そうなんですか？

藻岩：ええ、そうなんです。例えば、①職種や勤務地を限定する合意がある場合は、使用者の配転命令権はその合意の範囲内に限定されてしまいます。また、そのような合意がなかったとしても、②配転命令権が権利濫用に当たる場合には労働者に対して配転を命じることはできません。この点について、説明しますね。

部長：お願いします。

Q2　職種・勤務地限定合意がある場合の「配転命令の限界」とは、どのようなものでしょうか？

職種限定・勤務地限定合意の範囲内でしか配転を命じる権限がない

藻岩：先ほどもご説明したとおり、労働者に対して配転を命じるに当たっては、まず、使用者に配転を命じることができる契約上の根拠が認められなければなりません。そこで、就業規則等に配転を命じることができる旨の規定が必要であり、それがあれば配転命令権が認められると説明しました。

もっとも、これには例外があって、個別の労働者との間で職種を限定する合意や勤務場所を限定する合意がある場合は、この個別の合意が優先することになります。

部長：職種や勤務地の限定の合意ですか？　私が入社したときは、もちろんそのような合意をした覚えはないですし、私の同期にも、そのような合意をしたという者はいませんでした。

そのような合意があると、配転を命じることができないということでしょうか？

藻岩：はい。使用者に配転を命じることができる契約上の根拠があっても、職種を限定する合意や勤務場所を限定する合意がある労働者との関係では、その合意が優先する結果、使用者は、

当該労働者に対してはその合意の範囲内でしか配転を命じる権限がないことになります。

部長：そうなんですね。

でも、当社では、従業員の採用の際にそのような合意を結んではいないので、あまり気にしなくてもよさそうです。

職種限定・勤務地限定合意が認められるケースには「黙示の合意」も

藻岩：職種限定や勤務地限定合意については、もちろん労働契約書に明示されている場合もありますが、そのように明示されていなくても、黙示の合意として認められることがあります。

部長：え？　労働契約書に、「職務内容は●●に限定」とか「勤務場所は●●に限定」とか記載していなくても、職種や勤務地を限定する合意があったとされてしまうのですか？

例えば、長年同じ職務内容だったといった理由だけで認められてしまうのでしょうか？

藻岩：そうですね。例えば、日産自動車村山工場事件（最判平成元年12月7日労判554号6頁）は、機械工として十数年から二十数年間にわたって継続して勤務してきた労働者に対し、組立工への配転が命じられた事案ですが、使用者と労働者との間には、労働者を機械工以外の職種には一切就かせないという趣旨の職種限定の明示又は黙示の合意が成立したとは認められないとして、組立工への配転

命令を有効としました。

この判例は、単に長期間特定の業務に継続して従事してきたという事実だけでは、職種限定の黙示の合意が成立したとまでは認められないことを判示していると考えられています。

職種限定の合意等が認められるかどうかについてですが、これは、単に業務に従事してきた期間だけではなく、採用時、採用後の交渉経緯や職務・資格・技能等の専門性等といった諸般の事情を総合的に見て判断されています。

部長：職種限定の合意が認められやすい職種などは、あるのでしょうか？

藻岩：例えば、医師、看護師、ボイラー技士等特殊の技術、技能、資格を有する職種については認められやすいと考えられています。ただ、これらの職種であれば必ず認められるというものではなく、先ほど述べたような諸般の事情を総合的に見る必要があります。

最近、外科医師について黙示の職種限定合意を認めた裁判例があります。地方独立行政法人岡山市立総合医療センター（抗告）事件（広島高裁岡山支部決平成31年1月10日労判1201号5頁）は、外科医師という職業が、極めて専門的で高度の技能・技術・資格を要するものであること及び長年にわたり特定の職務に従事することが必要で、熟練度や経験が労務遂行上重要な意味を持つもので

あることから、「Xにとって、その技能・技術・資格を維持するために、外科医師としての臨床に従事することは必要不可欠であり、その意に反して外科医師としての臨床に従事しないという労務の形態は、およそ想定することができない」と判断し、さらに、「Y法人においても、Xの外科医師としての極めて専門的で高度の技能・技術・資格を踏まえて雇用したことは明らか」であり、Xの意に反して、「外科医師として就労させない勤務の形態を予定して」雇用したとは認められないと判断し、黙示の職種限定合意を認めています。

この裁判例は、単にXが長年外科医師として勤務していたという事実から職種限定合意を認めたものではなく、外科医師の高度な専門性や、それを維持するためにXが長期間業務に従事していたこと、そして、技能・技術・資格を維持するためにその業務を継続して行うことの重要性といった事情を考慮して合意を認めており、職種限定合意の成否の検討の仕方について、参考になると思います。

職種限定合意等が認められる労働者の配転については同意を得る必要が

部長：職種限定合意等がある場合に、従業員に配転を命じることができないことはわかりました。

　　　ただ、そのような合意がある従業員を別の職種などで働かせることは一切無理なのでしょうか？

　　　例えば、企業の経営判断としてある部門を廃止した場合に、そのような合意がある従業員を他の部門に異動させることはできないのでしょうか？

藻岩：職種限定合意等が認められる以上、使用者が、当該労働者に対し、一方的に配転を命じることはできません。

　　　この場合、使用者としては、労働者に対し、部門を廃止しなければならなくなった理由や、部門を廃止したことによって他の職種への配転を行わなければ雇用が維持できないこと等の事情について誠意をもって説明し、他職種への配転等について労働者の同意を得る必要があります。

　　　この労働者の同意に関連して、西日本鉄道事件（福岡高判平成27年1月15日労判1115号23頁）という裁判例があります。

　　　これは、バス運転士の業務に従事する旨の職種限定合意が締結されていた労働者について、本人からの同意を得た上でバスセンターの車両誘導業務に配転をしたという事案ですが、裁判所は、職種限定合意があったとしても、労働者の同意によって職種を変更することは可能であるとしながら、「一般に職種は労働者の重大な関心事であり、また、職種変更が通常、給与等、他の契約条件の変更をも伴うものであることに照らすと、労働者の職種変更に係る同意は、労働者の任意（自由意思）」である必

要があると判示しました。

　そして、任意性の有無を判断するに当たっては、職種変更に至る事情及びその後の経緯、すなわち、①職種変更の申出が、労働者が自発的に行ったのか、それとも使用者の働き掛けにより不本意ながら同意したのか、②後者の場合には、労働者が当該職種に留まることが客観的に困難な状況であったのか等、当該労働者が職種変更に同意する合理性の有無、③職種変更後の状況等を総合考慮して慎重に判断すべきであると判示しました。

　この裁判例では、結論として労働者の同意の任意性が認められていますが、職種限定合意がある労働者を他の職種に変更するに当たっての労働者の同意は、慎重に判断しなければならないことを述べており、参考になると思います。

> **Q3**　配転命令が権利濫用に当たる場合には、配転を命じることができないとの話について、詳しく教えてください。

配転命令権の権利濫用の判断には必要性、不当な動機、不利益などが

部長：配転命令と職種限定合意等について、詳しく教えていただき、ありがとうございました。

　先ほど、配転命令権が権利濫用に当たる場合には、労働者に対して配転を命じることができないとの話がありましたが、これについて教えていただけないでしょうか？

藻岩：先ほども触れた東亜ペイント事件が、配転命令権の権利濫用性判断のリーディングケースと言われています。同事件は、転居を伴う配転命令を拒否した労働者が、配転命令を拒否したことが懲戒事由に該当するとして懲戒解雇されてしまったという事案であり、配転命令が有効であるか無効であるかが争われました。

　裁判所は、「使用者は業務上の必要に応じ、その裁量により労働者の勤務場所を決定することができるものというべきであるが、転勤、特に転居を伴う転勤は、一般に、労働者の生活関係に少なからぬ影響を与えずにはおかないから、使用者の転勤命令権は無制約に行使することができるものではなく、これを濫用することの許されないことはいうまでもないところ、当該転勤命令につき業務上の必要性が存しない場合又は業務上の必要性が存する場合であっても、当該転勤命令が他の不当な動機・目的をもってなされたものであるとき若しくは労働者に対し通常甘受すべき程度を著しく超える不利益を負わせるものであるとき等、特段の事情の存する場合でない限りは、当該転勤命令は権利の濫用になるものではないというべきである。」と判示しました。このように、東亜ペイント事

件は、①配転命令に業務上の必要性が存在しない場合、又は、業務上の必要性が存在する場合でも、②他の不当な動機・目的をもってなされたものであるとき、もしくは、③労働者に通常甘受すべき程度を著しく超える不利益を負わせるものであるとき等、特段の事情が存在する場合でない限りは、配転命令は権利の濫用になるものではない、との判断枠組みを示しています。

部長：なるほど。先生、①から③について詳しく教えてもらえますか？

① 業務上の必要性について

どうしてその配転命令が業務上必要なのか説明できるようにしておく

藻岩：まず、業務上の必要性については、東亜ペイント事件が、次のように述べています。

すなわち、「当該転勤先への異動が余人をもっては容易に替え難いといった高度の必要性に限定することは相当でなく、労働力の適正配置、業務の能率増進、労働者の能力開発、勤務意欲の高揚、業務運営の円滑化など企業の合理的運営に寄与する点が認められる限りは、業務上の必要性の存在を肯定すべきである。」と判示しており、業務上の必要性は広く認められる傾向にあります。

例えば、定期人事異動、欠員の補充、余剰人員の再配置、労働者の成績不良と他職務での活用等といった理由での配転について、業務上の必要性が認められています。

部長：そうすると、あまり業務上の必要性が問題になることはないと理解してよいのでしょうか？

藻岩：いいえ。確かに、高度な業務上の必要性は要求されていませんが、単に使用者が「業務上の必要性がある」と主張したからといって認められるわけではありません。もちろん、業務上の必要性が否定される場合もあるので、配転命令を行うに当たっては、どうしてその配転命令が業務上必要なのかを説明できるようにしておく必要があります。

② 不当な動機・目的について

報復や嫌がらせ、退職に追い込むために行われた場合などが

部長：配転命令が不当な動機・目的で行われるというのはどういうことでしょうか？

藻岩：配転命令が、労働者に対する報復や嫌がらせのために行われたり、労働者を退職に追い込むために行われたりした場合は、不当な動機・目的による配転命令であるとされています。最近では、不当な動機・目的に基づく配転命令であるとして、配転命令が権利濫用に当たると判断されるケースが増えてきています。

なお、不当な動機・目的のうちで

も、不当労働行為（労働組合法7条）、差別的取扱い（労働基準法3条）、男女差別（男女雇用機会均等法6条）、不利益取扱い（公益通報者保護法5条）などに当たる場合には、権利濫用の検討を経るまでもなく、強行法規に違反する配転命令として無効になるとされています（佐々木宗啓ほか編『類型別労働関係訴訟の実務〔改訂版〕Ⅰ』（青林書院2021年）306頁）。

③　労働者への著しい不利益性について

どのような不利益の軽減・緩和措置を使用者が取ったかとの事実も踏まえる

部長：労働者への著しい不利益が認められる場合というのは、どのような場合なんでしょうか？

藻岩：これまでの裁判例の傾向については、以下のように整理されています。すなわち、「子の監護及び教育や親の療養及び介護の責任を担っている労働者に対する配転（転勤）命令」については、「労働者が単身赴任をしなければならない合理的な事情がある」という理由だけでは、直ちに労働者への著しい不利益とは認めにくいが、「配転命令によって、労働者本人の生命・健康に重大な支障を生じかねない場合」や、「被扶養者や被介護者の状態（要介護の程度など）に照らしてその者の生命・健康、監護及び教育に重大な支障を生じかねない場合」

には、「労働者に代替して扶養等を行えるものの有無、使用者が労働者に生ずる経済的・精神的不利益を軽減・回避するために行った措置の有無及び内容（別居手当・住宅手当の支給といった二重生活の負担軽減措置、一時帰省措置、単身赴任期間の短縮といった精神的負担の軽減措置）などを総合的に考慮」して、労働者への著しい不利益が認められるか否かに関する判断をしている（木納敏和「10　配転」『最新裁判実務体系7労働関係訴訟Ⅰ』（青林書院2018年）161頁）とされています。

そのため、労働者の不利益性を判断するに当たっては、労働者に生じる具体的な不利益だけではなく、それに対して使用者がどのような労働者の不利益を軽減・緩和する措置を取ったかという事実も踏まえる必要があります。

④　配転命令の権利濫用性における最近の傾向

労働者の私生活にどのような不利益が及ぶかを丁寧に検討する必要が

部長：先生のお話を聞いていると、労働者への配転命令が許されない場合は、かなり限定的な場合になりそうですね。

藻岩：これまでの裁判例からすると、配転命令が権利濫用に当たる場合は、かなり厳しく判断されていました。た

だ、最近では、このような傾向にも変化があります。

部長：それは、どのような変化なんでしょうか？

藻岩：1つ目は、労働契約法3条3項や育児・介護休業法26条の趣旨を重視して、生活上の不利益性をやや広く認める動きです（道幸哲也『ワークルールの論点』（旬報社2019年）87頁）。

この点については、育児・介護休業法26条や労働契約法3条3項の制定経緯や趣旨にも込められたワーク・ライフ・バランスを重視すべき社会的要請に照らし、労働者の不利益を軽減・緩和する措置がとられているか否かを考慮に入れつつ、「労働者に通常甘受すべき程度を著しく超える不利益を負わせる」ものか否かの判断において、労働者の私生活上の利益をより重視する方向にシフトさせていくべきであろう（水町勇一郎『詳解労働法』（東京大学出版会2019年）502頁）とも述べられています。

このような流れからすると、今後は、より労働者の私生活にどのような不利益が及ぶのかを丁寧に検討する必要があります。

部長：そうすると、従業員に配転を命じるに当たっては、きちんと従業員の生活状況なども聞き取ったほうが良いですね。

藻岩：また、2つ目は、配転の必要性の説明や命令の履行態様に着目する動きです（道幸哲也『ワークルールの論点』（旬報社2019年）88頁）。いわば、

配転命令の手続の妥当性を考慮するという動きです。

この点については、最近の裁判例では、「労働者に内示や意向聴取を行い家庭の事情等を考慮に入れたか、配転の理由や内容等について労働者に具体的に説明したか、労働組合等と真摯な態度で誠実に協議・交渉したかなど、配転に至る手続の妥当性を考慮に入れ、配転命令の権利濫用性を判断する傾向がみられる。」（水町勇一郎『詳解労働法』（東京大学出版会2019年）502頁）とされています。

少し特殊な例ではありますが、正式な配転命令の前に出された配転の内示自体の違法性が争われた裁判例（一般財団法人あんしん財団事件・東京高判平成31年3月14日労判1205号28頁）もあり、今後は、配転命令の実体的な要素だけではなく、配転命令を行うにあたっての手続自体にも気を付ける必要があります。

部長：なるほど。

藻岩：このような配転命令に関する裁判例の傾向については、「業務上の必要性と労働者サイドの不利益との考量をする東亜ペイント最判以前のアプローチに復帰しているように見受けられる」が、その理由としては、「配転をめぐる紛争がその無効を争うものから違法性を問題にするケース」になっていること、「働き方との関係における転勤慣行の見直し、なぜ会社の命じるがままに生活の本拠を変

えなければいけないのか、という意識の変化が生じている」ことが考えられる（道幸哲也『ワークルールの論点』（旬報社2019年）88頁）とされています。

　最近、働き方改革として労働基準法等の改正も行われましたので、日本における「働き方」自体を見直す

時期が来ているのかもしれませんね。

部長：本日は、詳しく教えていただきありがとうございました。本日教えていただいたことに気を付けながら、当社の人事異動を行っていきたいと思います。今後ともよろしくお願いします。

☑ 本日のチェックポイント

● 　労働者に対して配転命令を命じるには、契約上の根拠が必要となります。就業規則等に配転命令権が定められているかを確認しましょう。

● 　職種限定合意や勤務地限定合意がある場合、配転命令権はその合意の範囲内に制限されますので、注意しましょう。

● 　配転命令権があるとしても、配転命令が権利濫用に当たる場合は許されませんので、注意しましょう。

● 　配転命令が権利濫用に当たるかどうかは、業務上の必要性があるか、不当な動機・目的があるか、労働者に著しい不利益を課すものであるか、配転に至る手続きがしっかりと行われているか、といった観点から判断されます。

※　登場する人物名や団体名は、仮名であり実在する方とは一切関係ありません。

庄子浩平（しょうじ・こうへい）【弁護士・ユナイテッド・コモンズ法律事務所】

　平成25年３月　北海道大学法学部卒業、平成27年３月　北海道大学法科大学院既修者コース修了、平成28年12月　弁護士登録。札幌弁護士会、日本労働法学会、北海道大学労働判例研究会、札幌弁護士会「雇用と労働に関する委員会」に所属。

相談 07

「従業員を出向させたい」
～出向労働者の利益に配慮したルール整備～

労働者の利益に配慮したルール整備、労働者の個別状況への配慮が必要

　使用者は、労働者に対して広範な人事権を有しており、人事異動の一環として労働者に出向を命じることがある。

　しかし、出向によって出向労働者に不利益を及ぼすことがあるため、出向労働者の利益にも相応に配慮した明確なルールがないまま出向を命じたり、労働者の生活関係に与える影響や労働者の健康状態に配慮しないまま出向を命じたりすれば、その出向命令自体が法的に無効とされてしまうおそれがある。

　そこで、どういう場合に、使用者は、労働者の個別的同意なく出向を命じることができるのか、みていくこととする。

執筆／弁護士・迫田宏治（さこだ法律事務所）

プロローグ

　農産加工食品・海産加工食品の販売を目的とするY社は、東京都某区に本社があり、首都圏を中心に全国各地のデパート、スーパーマーケットに出店をし、子会社、関連会社を数多く有している株式会社である。

　Y社の蛤人事部長（以下「**部長**」）は、Y社が出そうとしている出向命令に異を唱える従業員の処遇に悩んでいるようであり、顧問弁護士である男爵弁護士（以下「**男爵**」）の元に相談にやってきた。

Q1　子会社への出向に異を唱える労働者の処遇をどうしたらよいですか？

出向には、在籍出向、転籍出向などがある

男爵：本日の相談は、どういう内容ですか？

部長：はい。当社は、全国各地に子会社、関連会社を抱えておりまして、子会社、関連会社とも人事交流があります。人事異動の一環として、従業員に、子会社、関連会社への出向を命

じることも、ままあります。

　今回、総務課長である磯縞を、当社の子会社であるＺ社が運営する北海道稚内市にある水産加工工場の工場長に任命することとなり、近々Ｚ社への出向を命じる予定である旨内々に磯縞に伝えたところ、磯縞は強硬に異を唱えたのです。

　そこで、磯縞の処遇についてどうすべきか、本日、相談にうかがった次第です。

男爵：なるほど。

　ところで、蛤部長のおっしゃる「出向」というのは、在籍出向にあたりますでしょうか、それとも、転籍出向にあたりますでしょうか？

部長：どういうことでしょうか？

男爵：いわゆる「出向」という用語は多義的に使われている面がありまして、出向元と従業員との労働契約関係を保持したまま出向先の業務に従事させる人事異動のことを在籍出向といい、出向元と従業員との労働契約関係を終了させて新たに出向先との労働契約関係を成立させる人事異動のことを転籍出向といいます。

　在籍出向のことを単に出向と呼び、また、転籍出向のことを単に転籍と呼ぶこともあります。また、在籍出向といいながら、内実は、出向先から出向元に戻ってくることを予定していない出向、すなわち、実質的転籍というべき出向もあります。

部長：その分類でいえば、磯縞については、数年後には、本社に呼び戻すことを

予定しておりますので、在籍出向にあたることになります。

Q2　労働者の個別的同意がなければ出向を命じられないのでしょうか？

労働者の個別的同意なくとも出向を命じることが可能な場合がある

部長：今回、磯縞は、会社が出す予定の出向命令に強硬に異を唱えており、そのような場合にも、出向を命じてよいものでしょうか？

男爵：会社の出す出向命令が法的に有効かどうかという問題については、多数の裁判例もあるところであり、実務上、よく問題となるところです。

　ちなみに、出向に関しては、このほかに、出向期間中、出向している従業員に非違行為があった場合に、出向元と出向先のどちらが当該従業員を懲戒処分できるか、という問題もありますよ。

　話が脱線してしまい、失礼しました。蛤部長の質問にお答えしないといけませんね。

　まずは、どのような場合に、出向命令が労働契約上認められるか、という観点からご説明しましょう。

　学説の中には、出向の都度、労働者の個別的同意が必要であるとする考え方があります。この考え方に立った場合、Ｙ社としては、磯縞さ

んに対する出向命令を出すことはできないことになります。

ただ、この問題については、重要な最高裁判決があり、新日本製鐵（日鐵運輸第2）事件（最判平成15年4月18日）は、「原審の適法に確定した事実関係等によれば、(1)本件各出向命令は、被上告人が八幡製鐵所の構内輸送業務のうち鉄道輸送部門の一定の業務を協力会社である株式会社日鐵運輸（以下「日鐵運輸」という。）に業務委託することに伴い、委託される業務に従事していた上告人らにいわゆる在籍出向を命ずるものであること、(2)上告人らの入社時及び本件各出向命令発令時の被上告人の就業規則には、「会社は従業員に対し業務上の必要によって社外勤務をさせることがある。」という規定があること、(3)上告人らに適用される労働協約にも社外勤務条項として同旨の規定があり、労働協約である社外勤務協定において、社外勤務の定義、出向期間、出向中の社員の地位、賃金、退職金、各種の出向手当、昇格・昇給等の査定その他処遇等に関して出向労働者の利益に配慮した詳細な規定が設けられていること、という事情がある。」「以上のような事情の下においては、被上告人は、上告人らに対し、その個別的同意なしに、被上告人の従業員としての地位を維持しながら出向先である日鐵運輸においてその指揮監督の下に労務を提供することを命ずる本件各出向命令を

発令することができるというべきである。」という判断を示しています。

この最高裁判決を踏まえ、近時有力なのは、採用時や就業規則、労働協約において、包括的同意ないし包括的規定があり、出向先の労働条件・処遇、出向期間、復帰条件が整備され、出向労働者の利益にも配慮している場合には、労働者の個別的同意なくして出向を命じることが可能であるとする考え方です。

Q3 どうすれば、労働者の個別的同意なくして、出向を命じられますか？

出向労働者の利益にも相応に配慮したルールを整備することが重要

男爵：そこでお聞きしますが、貴社においては、出向に関してどのようなルールが設けられていますか？

部長：はい。まず、従業員と入社時に取り交わす労働契約書において、会社の都合により、子会社、関連会社への出向を命じる場合がある旨明記されておりますし、就業規則にも、同様の規定があります。

さらに、出向命令については、従業員に不利益を与える場合があるということで、労働組合との間で協議が重ねられてきたという経緯があり、詳細な内容の労働協約が締結されています。

男爵：そうすると、その労働協約がどういう内容のものであるかが重要になってきますね。

まず、出向命令によって従業員がどういう会社に行くことになるか、出向後の仕事の中身は、予め明らかになっているでしょうか？

部長：はい。労働協約では、従業員が出向を命じられる可能性がある子会社、関連会社としてどういうものがあるか、会社の業務内容、出向を命じられる可能性がある地位や仕事の中身についても、明記がされています。

男爵：出向によって、従業員の賃金は下がりますか？

部長：出向先となる子会社、関連会社ごとに賃金体系が異なっているため、出向先から従業員に支払われる賃金が、出向前よりも少なくなることはあります。ただし、賃金が下がる場合には、その差額分を、出向元である本社が負担して支払いますので、結果として、出向を命じられた従業員の賃金水準は維持されることになります。

男爵：出向を命じられる従業員の出向期間がどの程度のものなのか、本社に復帰することが保障されているのかについては、どうでしょうか？

部長：出向期間の目安は3年程度であり、本人の希望によって出向期間を延長することもあります。出向期間が終われば、本社に復帰させる取扱いとするのが原則ですが、本人の希望によって出向が継続し、結果として、出向先に勤務したまま定年退職を迎

える従業員もおります。

男爵：なるほど。

今お聞きしたところでは、①出向命令によって従業員が行くことになる会社や出向後の仕事の中身は、予め明らかになっており、②出向によっても従前の賃金水準は維持され、③本社に復帰させる取扱いとするのが原則であるとのことであり、出向労働者の利益にも相応に配慮したルールが整備されていることが分かります。

具体的な労働協約の中身を見せて頂かないと断定はできませんが、労働協約により出向労働者の利益にも相応に配慮していることがうかがわれ、労働者の個別的同意なくして出向を命じることは可能とみてよいのではないかと思います。

部長：安心しました。

では、会社が出す予定の出向命令に異を唱えている磯縞に対し、出向を命じても、特段問題はないと考えてよいですね？

Q4　使用者の出す出向命令が無効とならないためには、どうすればよいでしょうか？

出向命令が権利濫用と認められないことが必要

男爵：いいえ。そのように考えるのは早計です。

会社が従業員に出向を命じることができる場合であっても、さらに、会社の出す出向命令が権利濫用と認められないことが必要とされています。

部長：どういうことでしょうか？

男爵：労働契約法14条には、「使用者が労働者に出向を命ずることができる場合において、当該出向の命令が、その必要性、対象労働者の選定に係る事情その他の事情に照らして、その権利を濫用したものと認められる場合には、当該命令は、無効とする。」という規定があります。

したがって、この規定を踏まえた対処が必要になります。

部長：抽象的で分かりづらい規定ですよね。どのように考えればよいのか、もう少し分かりやすく説明して頂けませんか？

男爵：出向の場面とは異なるのですが、配転命令が権利濫用に該当するか否かが問題となった事案において東亜ペイント事件（最判昭和61年7月14日）は、「使用者は業務上の必要に応じ、その裁量により労働者の勤務場所を決定することができるものというべきであるが、転勤、特に転居を伴う転勤は、一般に、労働者の生活関係に少なからぬ影響を与えずにはおかないから、使用者の転勤命令権は無制約に行使することができるものではなく、これを濫用することの許されないことはいうまでもないところ、当該転勤命令につき業務上の必要性が存しない場合又は業務上の必要性

が存する場合であつても、当該転勤命令が他の不当な動機・目的をもつてなされたものであるとき若しくは労働者に対し通常甘受すべき程度を著しく超える不利益を負わせるものであるとき等、特段の事情の存する場合でない限りは、当該転勤命令は権利の濫用になるものではないというべきである。右の業務上の必要性についても、当該転勤先への異動が余人をもつては容易に替え難いといつた高度の必要性に限定することは相当でなく、労働力の適正配置、業務の能率増進、労働者の能力開発、勤務意欲の高揚、業務運営の円滑化など企業の合理的運営に寄与する点が認められる限りは、業務上の必要性の存在を肯定すべきである。」という判断を示しており、ここで示された考え方は、出向命令が権利濫用に該当するかを検討する際にも参考になります。

この最高裁判決の考え方を踏まえると、出向の場面においても、出向先への異動が余人をもっては代え難いというほどの高度の必要性までは不要であり、企業の合理的運営に寄与する点が認められる限りは、出向命令に業務上の必要性が認められると考えてよいと思われます。

部長：今回の磯縞について予定している出向命令は、従前から行われている子会社、関連会社との人事交流の一環であり、磯縞に経験を積んでもらうという意味もあります。

したがって、当社としては、業務上の必要はあると考えています。

また、「不当な動機・目的」に該当するような事情など一切ありませんよ。

そうすると、磯縞に対して予定している出向命令は、権利濫用にはならないと考えてよいのではないでしょうか？

男爵：いえいえ、ちょっと待って下さい。磯縞さんに対する出向命令によって、就業場所が東京本社から北海道稚内市にあるＺ社水産加工工場に変更になるのですよね。労働者の生活関係に与える影響は、相応に大きいように思われますけど、こちらについての配慮はどうなっているのでしょうか？

そもそも、なぜ、磯縞さんは、会社が出す予定の出向命令に異を唱えているのでしょうか？

できれば、磯縞さんから、もう少し、出向に応じたくない理由につき、事情を聞いて欲しいところです。

当社としては、業務上の必要はあると考えていますし、「不当な動機・目的」に該当するような事情など一切ありませんよ。

◆　そして数日後…

Ｑ５　出向命令が権利濫用と認められることがないために必要なこととは、どのようなことですか？

労働者の生活関係に与える影響や労働者の健康状態への配慮も必要

部長：男爵先生の助言を踏まえ、磯縞から、なぜ今回予定している出向命令に応じたくないと言っているのか、詳しく聞き取りをしました。

磯縞によれば、磯縞は高齢の認知症の父親と同居しており、同居する母親と一緒に父親を介護してきたが、母親も高齢になって体力が衰えてきた、そんなときに出向を命じられ稚内市に転勤になってしまえば父親の面倒を見るのを母親が一手に引き受けなければならなくなってしまう。でも、そんなことは無理だ。だから、今回の出向命令には応じられない。それでも会社から出向を命じられたら退職するしかない、という事情を話してくれました。

男爵：そうですか。

育児・介護休業法26条には、「事業主は、その雇用する労働者の配置の変更で就業の場所の変更を伴うものをしようとする場合において、その就業の場所の変更により就業しつつその子の養育又は家族の介護を行うことが困難となることとなる労働者

がいるときは、当該労働者の子の養育又は家族の介護の状況に配慮しなければならない。」という規定があるところです。

　労働者の就業の場所の変更を伴う人事異動をする場合には、労働者の家族の介護の状況に配慮すべき義務が、法令上事業主に課されていることをも踏まえると、今回の出向命令は磯縞氏に対し著しい不利益を与えるものであって、権利を濫用したものであって無効であると裁判所に判断されてしまうおそれは十分にあるといえるでしょう。

　①重症のアトピー性皮膚炎の子らを抱える共働きの夫婦である労働者について、就業場所の変更を伴う配転命令により被る育児上の不利益が重大であるとして、使用者が命じた配転命令を権利濫用であるとして無効と判断した裁判例（明治図書出版事件・東京地決平成14年12月27日）、②妻が非典型精神病に罹患している労働者Aについて、就業場所の変更を伴う配転命令に従うことによって、妻のための治療の援助が困難となったり、その症状が悪化する可能性があったとの理由で、また、要介護状態にある母を抱える労働者Bについて、就業場所の変更を伴う配転命令に従うことによって、母の介護が困難になったり、母の症状が悪化する可能性があった等の理由で、いずれの労働者との関係においても、使用者が命じた配転命令を権利濫用であ

るとして無効と判断した裁判例ネスレ日本（本訴）事件（大阪高判平成18年4月14日）、③使用者が労働者に命じた出向命令が権利濫用であると判断するに際し、強迫性障害とパニック障害に罹患していると診断されていた妻の症状が深刻であって、出向命令を聞いて現に妻がパニック状態となり、自殺未遂を起こすまでの状況に立ち至っていたこと等を重視した裁判例（国立研究開発法人国立循環器病研究センター事件・大阪地判平成30年3月7日）——があるところです。

　さらに、④出向後の職務の内容が出向前の職務の内容に比し肉体的負担が多いこと等を理由として、腰痛の持病を持つ労働者との関係においては、使用者が命じた出向命令を権利濫用であるとして無効と判断した裁判例（東海旅客鉄道（出向命令）事件・大阪地決平成6年8月10日）もあるところです。

今回の出向命令は、権利を濫用したものであり無効であると裁判所に判断されてしまうおそれは、十分にあるといえるでしょう。

以上を踏まえると、使用者の出す出向命令が権利濫用と認められないためには、労働者の生活関係に与える影響への配慮のほか、労働者の健康状態への配慮も必要となるといえます。

部長：そうすると、磯縞に対しＺ社への出向命令を出すことについて、今一度考え直した方がいいのでしょうか？

男爵：はい、そうして頂くのが穏当かと思います。

部長：本日は、ありがとうございます。大変参考になりました。

☑ 本日のチェックポイント

● 出向には、在籍出向、転籍出向のほか、実質的転籍というべき出向があります。

● 労働者の個別的同意がなくとも出向を命じることが可能な場合があります。ただし、労働者の個別的同意なく出向を命じるには、採用時や就業規則、労働協約において、包括的同意ないし包括的規定があること、出向労働者の利益にも相応に配慮したルールを予め整備しておくことが必要です。

● 使用者が従業員に出向を命じることができる場合であっても、さらに、使用者の出す出向命令が権利濫用と認められないことが必要です。使用者の出す出向命令が権利濫用と認められないためには、労働者の生活関係に与える影響への配慮、労働者の健康状態への配慮も必要となります。

※　登場する人物名や団体名は、仮名であり実在する方とは一切関係ありません。

迫田宏治（さこだ・こうじ）【弁護士・さこだ法律事務所】

　平成17年10月 弁護士登録（札幌弁護士会）。日本労働法学会会員。平成27年5月より北海道紛争調整委員会委員（労働局のあっせん委員）。平成29年4月より2年間、北翔大学非常勤講師を務めた。

相談 08 「もし社員が自殺してしまったら…」
～過労自殺と安全配慮義務の問題～

会社内で過労死が発生すれば会社が責任を負うことは多いと考えられる

　日本においては、会社における長時間労働が問題とされ、これを理由とするメンタル不全による自殺などは、いまだに社会的に大きな問題である。

　過労死の防止等については、平成26年には過労死等防止対策推進法が施行され、昨年成立した働き方改革関連法においても、メンタル不全を念頭において労働安全衛生法が改正されるなどしているところであるが、未だに、過労死を十分に防止できる状態には至っていない。

　そこで、過労死に関して使用者はどのような責任を負うのか、その範囲はどの程度かについて、近時の裁判例も参照しつつ、問題点等について検討する。

執筆／弁護士・桑島良彰（札幌いぶき法律事務所）

プロローグ

　ここは、某地方都市に事務所を構えるUC法律事務所である。

　所長の藻岩弁護士（以下「藻岩」）は労働法を専門としており、弁護士会内でも労働法に詳しいことで有名な弁護士である。

　今日は顧問先であるB社の旭部長（以下「部長」）がUC法律事務所を訪れ、法律相談をする予定となっている。

　どうやら体調不良の社員への対応に関する相談のようであるが…。

Q1　社員が自殺してしまったら、会社の責任になりますか？

労災保険給付とは別に安全配慮義務に基づき会社の責任が認められうる

藻岩：本日は、労災についてのご相談ということでしたが、どのようなお話でしょうか？

部長：私どもの会社で主任として働いているAという者が、最近かなり長時間の残業をしており、体調がよくないようなんです。顔色が悪かったり、

暗い感じだったりして周囲の社員は心配しているのですが、直属の上司のBは、主任になればみんなそれぐらい働くことはあるし、無理そうなら自分も手伝うと伝えているから問題ないといって、気にしていないようです。

最近は、うつ病になって労災認定される方も多いということでしたので、Aに何かあったらどうなってしまうのか心配で、相談をさせていただきました。

藻岩：なるほど、Aさんは体調が悪そうということですと心配ですね。

お話を聞いた限り、Aさんの健康状態にはしっかり気を配って対処されたほうがよいでしょう。

仮にAさんが今後、うつ病にり患して働けなくなったり、それを理由に自殺されてしまった場合、Aさんや、Aさんのご遺族は、労災給付の支給を求めて労働基準監督署に申請等をすることもできますし、働かせすぎが原因だとして会社に損害賠償を求めることもできます。

このうち、労災は国が運用する制度ですから、会社の責任とは関係なく支給に関する判断がなされます。

また、労災と会社の責任は重複するところもありますが、すべてが同一というわけではありません。このため、労災によって支払いがなされたと認められない損害について、労災給付の支給に追加して、さらに会社に損害賠償責任が認められること

がありえます。

今回の場合には、労災の支給とは別に、会社が責任を取るべき状況となる可能性があると考えられます。

部長：やはりそうなのですね。ところで、自殺などがあった場合に、会社が責任を負うことになる理由はどのようなものでしょうか？

藻岩：労働契約法第5条は、「使用者は、労働契約に伴い、労働者がその生命、身体等の安全を確保しつつ労働することができるよう、必要な配慮をするものとする」としています。これは、使用者が用意した場所・器具等を使って労働者に労働するように指揮命令がなされるという状況から、判例上、使用者は労働契約に伴い、信義則上、労働者を、危険から保護するように配慮すべき義務を負うと認められていたことを明文化したものです。

これを受けて、個別の裁判例においては、労働契約において使用者は、その雇用する労働者に従事させる業務を定めてこれを管理するに際し、業務の遂行に伴う疲労や心理的負荷等が過度に蓄積して労働者の心身の健康を損なうことがないよう注意する義務を負い、かつ、使用者に代わって労働者に対し業務上の指揮監督を行う権限を有する者は、使用者のこの注意義務の内容に従ってその権限を行使すべきとされています。この注意義務及び権限行使の義務等が安全配慮義務と呼ばれるものです。

安全配慮義務は、いわゆる一般の会社だけでなく、公務員であっても認められる義務とされており、広く使用者が負う義務とされます。

Q2　どのような場合に、会社の責任となりますか？

会社（特に直属の上司）が労働者の体調不良を認識しているかが問題に

部長：なるほど。そのような義務があるのですね。

　　　では、実際に会社が安全配慮義務に違反したかどうかについては、どのように判断されるのでしょうか？

藻岩：安全配慮義務違反の有無については、裁判ではいくつかの点を争点として争われています。業務と自殺の因果関係や、結果回避可能性なども争われていますが、その中でも会社の予見可能性について激しく争われることが多いですね。

部長：予見可能性というと、会社がどうなるかがわかっていたかどうか、ということでしょうか？

藻岩：はい、その通りです。ただし、この予見可能性については、何を認識し、その結果何が予見できることが必要なのか、という点について争いがあります。

　　　いくつかの見解が主張されていますが、①労働者が、自殺するであろうことを具体的に認識できなければならないとする立場、②労働者の長時間労働等と労働者の体調不良を認識していればよいとする立場、③労働者の長時間労働等さえ認識していればよいとする立場があります。

　　　①がもっとも予見可能性を狭く認めるもので、順に予見可能性を広く認めていく立場になります。

　　　ただし、①や③の見解も訴訟において主張されてはいますが、この点については電通最高裁事件において、「Bの上司であるD及びEには、Bが恒常的に著しく長時間にわたり業務に従事していること及びその健康状態が悪化していることを認識しながら、その負担を軽減させるための措置を採らなかったことにつき過失がある」との判断が正当とされています。したがって、裁判所は、予見可能性について②の立場をとっていると考えられます。

　　　そうすると、労働者が亡くなってしまった時に、それが会社の責任かどうかを考えるにあたっては、まず、労働者に過重な労働をさせていなかったかどうか、過重な労働をさせていた場合、それによって体調不良となっていなかったかどうかという点から、判断がなされるものと考えられます。

　　　また、法人である会社の認識を直接的に検討することは難しいでしょう。このため、多くの裁判例では、労働者の上司の認識が問題とされています。したがって、裁判上の基準

としては、上司が労働者の働き方を適切に確認し、体調不良を認識できたかどうかが、問われることになります。

多くの裁判例では、労働者の上司の認識が問題とされています。

Q3　会社は、どのような対応をすべきでしょうか？

強制的な命令までは難しくとも休養や病院での診察を強く勧める必要がある

部長：そのような判断基準があるのですね。しかし、そうしますと今回のAについては、長時間労働していることもわかっていますし、聞いた限り体調不良であることも間違いないようですから、会社としては何か対応をしなければいけないということですよね？

藻岩：ええ、先ほどお聞きしたお話を前提とすると、仮に自殺されてしまった場合には、会社の責任とされる可能性は高いでしょう。Aさんの命はか

けがえのないものですし、早急に対処されたほうがよいでしょう。

部長：わかりました。帰ったらすぐに対応したいと思います。

　ところで、対応するとして、どのようなことをするべきなのでしょうか？

藻岩：まずは、Aさんの体調が悪いようですので、すぐにでも病院での診察を受けるように伝え、必要であれば、体調不良が解消するまで休ませることが必要です。

　ただし、Aさんが休まず仕事がしたいと言ったときに、会社がどこまで強制的にAさんを休ませることができるかはよく考えなければなりません。Aさん自身にも、どのように仕事をしていくかを選択する権利がありますから、休んだり、医者にかかったりすることを強く勧めることはできるでしょうが、強制的に命令できるとまではいえません。

　とはいえ、体調がよくないのに出勤させてしまっては、安全配慮義務を果たしていないといわれても致し方ない部分もあります。このあたりは、周囲の労働者の協力も得て、なんとかうまくAさんを説得していただければと思います。

　説得の一環ということになりますが、Aさんを休ませる際には、いままでAさんのしていた仕事についてきちんと引き継ぎを行い、仕事を失敗させてしまったとAさんがストレスを感じないようにすることで、A

さんが休養を受け入れてくれる可能性が高くなるでしょう。

次に、Aさんの症状が重くない場合には、短期間休めばAさんは復帰できる可能性が高いと思われます。その場合には、復帰後の働き方にも留意する必要があります。

従前と同様の仕事を与えては、結局Aさんの長時間労働は解消せず、また同じことの繰り返しになってしまいます。昨今の労災の多くが長時間労働に端を発するものであることも踏まえて、対処が必要です。

ただし、Aさんが従前と同様にしっかりと仕事をしたいという意思表示をする可能性もあります。長時間労働の原因が仕事自体、あるいは、Aさん自身の能力や性格以外に求められる場合には、これを解消して、Aさんの就労環境を整えることが、最初に求められる対処となるでしょう。

就労環境を整えるだけでは、うまくいかない場合には、Aさんの職務内容を変更する、あるいは、Aさんが仕事を割り振ることができる部下を増員するなどの対処が必要となると考えられます。もっとも、最終的には、どうすれば長時間労働が解消できるかについて、Aさんには上司であるBさんとも話した上で決めていただく必要があると考えられます。

部長：わかりました。会社に帰ったらすぐにBと相談してみます。

Q4 すべてが会社の責任になるのですか？

労働者にも責任あったと認められることもあるがその範囲は限定傾向に

部長：ところで、縁起でもない話ですが、これからAを休ませたりしても自殺してしまった場合には、やはり、すべて会社が悪いということになるのですよね？

言い方が悪くて申し訳ありませんが、最終的には自殺することはAが決めることのようにも思うんですが。

藻岩：Aさんが自殺をするとしたら、会社の業務によってうつ病等にり患し、うつ病によって正常な判断ができなくなってしまったために自殺するという順序になります。このため、自殺したことについて、Aさんの責任だということは適切でないでしょう。

もっとも、一定の場合には、過失相殺や素因による減額が認められることがあります。

部長：どのような例があるのですか？

藻岩：いまから20年ほど前には、本人のまじめな気質によってうつ病になったと思われることや、家族が異常を感知していながら対応していないこと、本人がうつ病であることを隠していたことなどを理由として、5割から8割の減額が認められた例もありました。

しかしながら、電通最高裁事件や、

その後の東芝事件などにおいて、最高裁判所は、先ほど上げた事由については、過失相殺の理由とならない、との判断を示しています。

　最高裁判決が出たあとも、従前と同様の理由で過失相殺が認められた例はありますが、やはり、最高裁と判断基準が違うという批判は免れないでしょう。このため、全体的には、過失相殺は、認められづらい方向性となりつつあると考えられます。

　以上を前提にすると、会社が休むことをかなり強く勧めて、仕事上も配慮したにもかかわらずAさんが労働時間を調整しようとしなかったとか、産業医との面談をあえてしなかったりした場合については、過失相殺による減額が認められる可能性があると考えられます。

部長：わかりました。ありがとうございます。

全体的には、過失相殺は、認められづらい方向性となりつつあると考えられます。

Q5　メンタルヘルス関係についても働き方改革関連法で改正がなされたと聞きました。当社では、どのように対応すればよいでしょうか？

労働時間や労働者の心身状況の情報を収集・管理し産業医へ提供する必要が

部長：ところで、最近、働き方改革関連法で、今回のAのような事案も前提に、メンタルヘルスに関することも改正がなされたと聞きました。直近のAへの対応とは別に、会社でやっておくべきことはあるでしょうか？

藻岩：そうですね。働き方改革関連法においては、まず、労働安全衛生法が改正され、従業員の労働時間の状況把握が義務化されました。次に、労働安全衛生法の改正により、労働時間の状況も含めた労働者の心身の状態に関する情報等を産業医に提供することが義務付けられ、産業医の役割が明記されるなどして、産業医・産業保健機能の強化も図られています。

　さらに、全体としてメンタルヘルスに関して産業医を活用して防止していくことが義務付けられています。これらの改正は、2019年4月1日から施行されています。

部長：そうすると、直ちに対応しなければいけませんね。具体的には、何をすればいいのでしょうか？

藻岩：まず、すでに行われていると思いま

すが、すべての従業員の労働時間を会社が把握する必要があります。把握の方法については、施行通達においてタイムカードによる記録などの客観的な方法等で行うことが求められるようになりました。特段の理由なく、日報などの自己申告のみによって労働時間を把握することは、今後は不十分な対応だといわれる可能性があります。

また、この労働時間に関する情報や、これまでの労働者の心身の状況などについて会社が守秘義務を負っ

て情報を収集し、産業医にこれを伝えなければなりません。情報の収集や管理体制の整備、産業医への情報提供体制の整備などを行う必要があります。

部長：いろいろ確認しなければならないのですね。タイムカードによる記録はしていますが、情報管理となると不十分な点がありそうです。Aへの対応とは別に、今後の対応について早めに対応したいと思います。本日はありがとうございました。

☑ 本日のチェックポイント

● 労働者が自殺してしまった場合、労働時間や労働者の状態などから、使用者に予見可能性があったかどうかが問題となります。

● 過失相殺によって賠償額が縮減されることがありますが、過失相殺を認めるべきとされる事情については、厳しく判断される傾向があります。

● 労働安全衛生法が改正され、労働者の体調不良については、産業医への情報提供も含めた、予防的対応が求められるようになりました。

※ 登場する人物名や団体名は、仮名であり実在する方とは一切関係ありません。

桑島良彰（くわしま・よしあき）【弁護士・札幌いぶき法律事務所】

　平成22年 上智大学法科大学院修了、平成24年12月 弁護士登録。札幌弁護士会「雇用と労働に関する委員会」、日本労働法学会、北海道大学労働判例研究会、UC労働判例研究会に所属。

相談
09

「メンタルヘルス不調者が出まして…」
～休職制度による休職・復職の問題～

休職制度における休職・復職の判断は慎重に

　近年、精神疾患の患者数は増加を続けており（厚生労働省「患者調査」）、企業においても、精神疾患（メンタルヘルス不調）を発症した労働者への対応は避けられないものとなっている。

　そして、多くの企業においては、就業規則等により「休職制度」が定められているが、メンタルヘルス不調者について「休職制度」をどのように用いればよいか、対応が困難な場面がある。そこで、メンタルヘルス不調者にかかる休職制度による休職・復職の対応を確認する。

執筆／弁護士・高橋和征（弁護士法人 矢吹法律事務所）

プロローグ

　ここは、某地方都市に事務所を構えるＵＣ法律事務所である。所長の藻岩弁護士（以下「**藻岩**」）は、労働法を専門としており、弁護士会内でも労働法に詳しいことで有名な弁護士である。

　今日は、顧問会社であるＧ社の総務部長である与田部長（以下「**部長**」）が、休職制度について相談したいということでＵＣ法律事務所を訪れた。

藻岩：おはようございます。

　　　今日は、休職制度に関するご相談と聞いておりますが、どのようなお話でしょうか？

Q1　休職制度を利用することなく解雇することはできますか？

治癒の可能性がある場合、
解雇ではなく休職とする

部長：じつは、最近欠勤が続いている社員Ａがいます。Ａは家族との関係に悩

んでいたようで、いわゆるメンタル不調のようなんです。有給休暇も使い果たし、欠勤ももう２か月以上続いています。

　最近、Aと会ってきたという同僚の話によれば、Aの状態は相当よくないようで、一定期間休んだとしてももう元通り仕事をすることは難しいと思うのですが、解雇事由である「精神又は身体の障害により業務に耐えられないとき」に該当すると判断して、いまAを解雇してもいいのでしょうか？

藻岩：まず、前提としてうかがいますが、貴社に休職制度はありますよね？

部長：はい、あります。就業規則は今日、持ってきています。えーっと…、休職制度はこのような定めになってい

ます（下記参照）。

藻岩：なるほど。もうすぐ欠勤が３か月になるので、休職に入るかどうかというタイミングですね。

　Aさんの状態について病院からの診断書などは、確認しているのですか？

部長：欠勤を始めた時点における診断として、「就労不可」との診断書は一度出してもらっていますが、その後は確認していません。

藻岩：そうですか。たしかに、会社に休職制度が存在する場合でも、労働者に治癒の見込みが全くないことが明らかな場合であれば、休職を経ない解雇が有効となる場合はあります（岡田運送事件・大阪地判平成14年４月24日）。

● 　与田部長が持参したG社の就業規則（抄）

（休職）

第９条　労働者が、次のいずれかに該当するときは、所定の期間休職とする。

　　①　業務外の傷病による欠勤が３か月を超え、なお療養を継続する必要があるため勤務できないとき　　２年以内

　　②　前号のほか、特別な事情があり休職させることが適当と認められるとき　　必要な期間

　　2　休職期間中に休職事由が消滅したときは、復職させる。ただし、元の職務に復帰させることが困難又は不適当な場合には、他の職務に就かせることがある。

　　3　第１項第１号により休職し、休職期間が満了してもなお傷病が治癒せず就業が困難な場合は、休職期間の満了をもって退職とする。

しかし、そのように、治癒の見込みが全くないことが明らかとまでいえない場合に休職制度を経ずに労働者を解雇すると、解雇権の濫用として解雇が無効と判断される可能性が高いといえます。

例えば、本件と同様にメンタル不調の事案で、一度休職期間を経た上で症状が再発したことから、再度休職しても良くなる見込みはないとして行った普通解雇につき、適正な治療を受けさせることによって治療の効果を上げる余地はあったとして、解雇を無効とした裁判例があります（カンドー事件・東京地判平成17年2月18日）。

本件においても、現時点における治癒の可能性について、同僚の話だけを前提にして相当状態が悪いというだけであって、専門家たる医師の診断書などによる確認が十分にできていないようですから、現状において、治癒の可能性が全くないとまではいえず、Aさんを解雇するべきではないでしょう。

まずは、現時点でAさんがどのような健康状態であるか、治癒の可能性があるかについて、診断書を出してもらうなどして確認し、その結果、治癒の可能性が全くない場合でない限り、休職制度に従って休職とするべきでしょう。

部長：わかりました。そのように対応します。

Q2　どのような健康状態であれば「治癒」といえますか？

他の業務で就労可能であれば労務提供可能（治癒）と判断される場合が

部長：藻岩先生、じつは、休職制度の関係で別の社員Bについても、相談があるんです。

藻岩：どのような相談ですか？

部長：「うつ病（気分障害）」という診断で、すでに休職をしている社員Bがおり、休職期間満了まで残り半年というところです。先日、Bの主治医から話を聞いてきたのですが、主治医は「もう間もなく、遅くとも半年後には復職は可能」と話していました。しかし、休職期間中、定期的にBと面談している当社の産業医にも話を聞いたところ、産業医は「残り半年でとても復職できるような状態ではない」と言っており、当社として、休職期間満了時に復職を認めるべきかどうか判断に窮しています。

休職期間満了まで残り半年なのですが、産業医は「残り半年でとても復職できるような状態ではない」と言っています。

藻岩：なるほど、難しい場面ですね。貴社の就業規則で言えば、「休職事由が消滅」したと言えれば第9条2項により復職ということになりますし、休職期間満了までに傷病が「治癒」しなかったとすれば第9条3項により退職ということになりますが、その見解が、主治医と産業医とで分かれてしまったということですね？

部長：そうなんです。健康状態がどの程度まで回復すれば、「治癒」に該当するといえるのでしょうか？

藻岩：「治癒」に関する判断基準についてですが、まず、「休職前の業務が通常の程度に行える状態」であれば「治癒」に当たります（以下「①の基準」）。

　　　これは、元どおりの仕事が通常どおりできるようになったということですから、「治癒」と判断されて復職が可能となることは理解していただけると思います。

部長：そうですね。

藻岩：それに加えて、「当初軽易作業に就かせればほどなく休職前の業務を通常の程度に行える状態」にまで回復した場合であっても、「治癒」に該当すると判断している裁判例があります（以下「②の基準」）（エールフランス航空事件・東京地判昭和59年1月27日、後掲東京電力パワーグリッド事件ほか）。

　　　これは、使用者側に一定の配慮、すなわち、比較的短期間に限り休職期間満了からさらに一定程度の猶予期間（軽易作業を行う期間）を設け

て、その間に健康状態の回復を待つ配慮を求めるものです。

部長：会社が、そのような配慮をしなければならない場合もあるんですね。

藻岩：ちなみにBさんは、休職前、具体的には、どんなお仕事をしていたのですか？

部長：営業です。外部の人間との関係が中心になります。

藻岩：そうですか。Bさんとの雇用契約は、営業職に限定されたものですか、それとも他のどの職種にも異動がありうるというものですか？

部長：Bとの雇用契約では、職種について何も定めておらず、就業規則で定めているとおり、様々な職種に異動があることも想定されています。

藻岩：そうすると、Bさんは、職種の限定がなされていない雇用契約ということになりますね。

　　　職種が限定されていない場合については、「現に就業を命じられた特定の業務について労務の提供が十全にはできないとしても、その能力、経験、地位、当該企業の規模、業種、当該企業における労働者の配置・異動の実情及び難易等に照らして当該労働者が配置される現実的可能性があると認められる他の業務について労務の提供をすることができ、かつ、その提供を申し出ているならば、なお債務の本旨に従った履行の提供がある」とする最高裁判所の判例（片山組事件・最判平成10年4月9日）があります（以下「③の基準」）。

要するに、職種が限定されていない労働者については、休職前の職務ができない状態であっても、当該企業の人事政策を前提とした合理的判断により配置可能性のある他の職務に就労可能な状態であって、かつ、その職務での勤務を申し出ているのであれば、労務の提供ができる状態（「治癒」）であると判断したということです。なお、この判例のケースでは、従前の現場監督業務に従事できないとしても、過去に従事した経験がある図面作成等の事務作業業務に配置する現実的可能性があったと判断されています（前掲片山組事件差戻後控訴審・東京高判平成11年4月27日）。

部長：そうすると、Bについて、産業医の見解が、他の職種について考慮せず、休職前と同じ営業職での復職ができないという見解であるとすれば、それだけを理由に、Bの復職を認めないというわけにはいかないんですね？

藻岩：そうですね。休職期間満了時におけるBさんの健康状態について、営業ができない状態であったとしても、他の職種、例えば事務職であれば就労可能であり、Bさんからも事務職勤務の申出がある場合は、休職期間満了で退職ということにはなりません。

　　　そして、Bさんについて、他に就労可能な業務があるかないかは、人員配置などの観点から現実的に可能

かということも含めて会社において十分に検討しなければなりません。

他に就労可能な業務については、人員配置などの観点から現実的に可能かということも含めて十分に検討しなければなりません。

Q3 「治癒」についてどのような事情を判断材料とすべきでしょうか？

主治医産業医による意見のほか、試験出社などにより復職を判断する

部長：先生が先ほどお話しされた①、②、③の基準はわかりましたが、そもそもこれらに当てはまるかどうかを、どのようにして判断すればいいのかが難しいですよね。

　　　実際に、今回は、主治医の見解と、産業医の見解が分かれているわけですし。

　　　この点、会社はどのような事情をもって判断すればいいのでしょうか？

藻岩：まずは、すでに確認いただいているように、主治医の見解と産業医の見

解が重要であることは当然です。

　ただ、主治医の見解については、会社の業務について十分な情報が欠けている場合がある、労働者やその家族からの希望に添った見解に傾きやすいという問題点があり、他方、産業医の見解についても、主治医ほど継続的な診断が行えない場合が多い、専門性に欠ける場合があるなどの問題点があり、本件のように、主治医と産業医の見解が分かれているような場合には、他の事情も考慮して慎重に判断することも考えなくてはなりません。

部長：他の事情とは、例えば、どのようなものがありますか？

藻岩：そうですね。

　まずは、産業医が精神疾患に関して専門外である場合には、産業医とは別の専門医から意見を得るという方法があります。その他に、「リワーク」や「試験出社（試し出勤）」という方法などもあります。

部長：「リワーク」、「試験出社（試し出勤）」とはなんですか？

藻岩：「リワーク」とは、会社ではなく公的な外部機関などに通って、業務とは異なる復職支援プログラムを受けることです。「試験出社（試し出勤）」とは、職場復帰前に職場復帰の判断等を目的として、会社に一定期間継続して出勤することです（以上については、厚生労働省「〈改訂〉心の健康問題により休業した労働者の職場復帰支援の手引き」参照）。

復職の判断においては、「リワーク」や「試験出社」という方法もあります。

試験出社期間中も、賃金の支払いを要する場合がある

　復職判断とは少し話が逸れてしまいますが、試験出社期間中に賃金を支払うべきかについて、これを判断した裁判例（日本放送局事件・名古屋高判平成30年6月26日）があり、「テスト出局」が職場復帰可否の判断を目的として行われる性質を有することから休職者は事実上それを拒否することが困難であるとして、「当該業務が使用者の指示に従って行われ、その作業の成果を使用者が享受しているような場合等」には、当該作業は「労働」に該当し、無給の合意があっても最低賃金の適用による賃金請求権が発生すると判示しています。

部長：すぐに本来の仕事に復帰するのではなく、そのような方法もあるんですね。

藻岩：メンタルヘルス不調者の復職判断に関する実際の例をいくつかお話ししますと、(1)主治医は就労可能との意見であったものの、産業医ともう1

名の専門医が復職不可との意見であり、リワークプログラムにおいても出席率が低かったことなどを理由として、休職期間満了による退職を認めたケース（東京電力パワーグリッド事件・東京地判平成29年11月30日）、⑵主治医からは通常勤務可能との診断書が出ていたものの、試験出社において、上司からの居眠り等に対する指導を受け入れない態度を示し、上司とのコミュニケーションが成立しない状態であったことなどから、休職の事由が消滅したとはいえないとして休職期間満了による退職を認めたケース（日本電気事件・東京地判平成27年7月29日）、⑶主治医は復職可との意見であるのに対して、産業医は復職不可との意見であったが、産業医の意見については、他の職員への影響という健康状態の回復とは無関係な事情を根拠としていたこと、面談回数が少なく面談時間も短いことなどの事情から信用できないとして、休職期間満了による退職扱いを無効としたケース（神奈川SR経営労務センター事件・横浜地判平成30年5月10日）などがあります。

部長：主治医、産業医の意見だけで判断が困難な場合には、試験出社やリワークを行って、その状況も考慮して判断することも検討するということですね。

藻岩：その他に、主治医や産業医の見解そのものの信用性、すなわち、客観的資料や事実経過に沿った診断がなさ

れているかなども重要ですし、復職の可否を組織的かつ慎重に判断するという意味では、会社において「復職判定委員会」等を設置して複数名により判断することも検討すべきですね。

部長：いろいろ考えなければならないんですね。

障害者基本法などの配慮義務にも留意した対応が必要

藻岩：メンタルヘルス不調者への対応については、様々な場面において、会社側の配慮と慎重な対応が必要となります。とくに、メンタルヘルス不調が「障害」に至っている場合には、障害者基本法（19条2項「個々の障害者の特性に応じた適正な雇用管理を行うことによりその雇用の安定を図るよう努めなければならない」）、発達障害者支援法（4条「発達障害者が社会経済活動に参加しようとする努力に対し、協力するよう努めなければならない」）及び障害者雇用促進法（36条の3「障害の特性に配慮した職務の円滑な遂行に…必要な措置を講じなければならない」）との関係も問題になります。

　この点、前二者は努力義務にとどまり、後者も当事者間の労働契約の内容を逸脱する過度な負担を伴う配慮の提供義務まで課されているものではありませんが、これら法が定める配慮義務の存在には留意して対応を検討すべきでしょう（前掲日本電

子事件（アスペルガー症候群の事案）判決でも、これらに言及しています）。

部長：わかりました。Bの休職期間満了まで、会社として、できる限りの対応をしたいと思います。

ありがとうございました。

☑ **本日のチェックポイント**

● 　会社に休職制度が存在する場合、労働者に治癒の見込みが全くないことが明らかな場合でなければ、休職を経ない解雇は無効となってしまう可能性が高くなります。

● 　①休職前の業務が通常の程度に行える状態、②当初軽易作業に就かせればほどなく休職前の業務を通常の程度に行える状態に加えて、③職種が限定されていない場合には、休職前の業務ができない状態であっても、当該企業の合理的判断により配置可能性のある他の職務に就労可能な状態であって、かつ、その職務での勤務を申し出ている場合であれば、労務の提供ができる状態（「治癒」）と判断されます。

● 　復職の判断においては、主治医・産業医による意見のほか、場合によっては「リワーク」や「試験出社（試し出勤）」なども実施し、慎重に判断してください。

※　登場する人物名や団体名は、仮名であり実在する方とは一切関係ありません。

高橋和征（たかはし・かずまさ）【弁護士・弁護士法人 矢吹法律事務所】

　平成17年3月 北海道大学法学部卒業、平成19年9月 弁護士登録（札幌弁護士会）。日本弁護士連合会労働法制委員会（平成27年〜）、北海道中小企業家同友会（平成23年〜）に所属。

相談 10

「パワハラやセクハラは誰の責任なのか」
～「パワハラ」「セクハラ」と責任の主体～

「パワハラ」「セクハラ」の責任は当事者だけでなく会社も負う

　近時、労働相談の中で、「パワハラ」や「セクハラ」の相談件数が増えており、使用者としてもこういったハラスメント問題が生じないよう体制を整えることが要請されている。しかし、現時点では、「パワハラ」「セクハラ」の概念や法的な意味、使用者の責任等について、労働の現場において十分に周知徹底されているとは言い難い状況である。

　そこで、「パワハラ」「セクハラ」とはどのような場合を指すのか、「パワハラ」「セクハラ」の法的な意味合い、当事者及び使用者に課される責任や対応内容について、実際の判例・裁判例の事例を踏まえながら検討する。

執筆／弁護士・横山浩之（北海道合同法律事務所）

プロローグ

　ここは、某地方都市に事務所を構えるＵＣ法律事務所である。所長の藻岩弁護士（以下「**藻岩**」）は労働法を専門としており、弁護士会内でも労働法に詳しいことで有名な弁護士である。今日は、大学時代の友人の**乙山**が、自分の経営する会社（Ｐ＆Ｓ－Ｈ社）で従業員とトラブルになっているということでＵＣ法律事務所を訪れ、法律相談をする予定となっている。

　どうやら従業員の労働環境に関する相談のようであるが…。

Q1　そもそも「パワハラ」って何ですか？

「パワハラ」の基準は職場内の優越的地位と業務の範囲を超えた苦痛など

乙山：今日は時間を取ってくれてありがとう。今日はちょっとうちの会社の労働環境の整備について相談したいんだ。おかげ様で、うちの会社も設立してから10年ほど経ち、小さいながらも本社のほかに支店が１つできる

くらいの会社に成長したんだ。従業員は本社に20人程、支店に10人程、という感じかな。会社もここ数年は少しずつではあるけど増収増益で、経営はうまくいっていると思っていたんだが…。

藻岩：何かトラブルでも起きたのかい？

乙山：問題が2つあるんだが、まず1つ目は、支店に勤務している従業員1名が2週間ほど前から出社して来なくなったんだ。支店の管理は基本的にうちの会社の常務取締役に任せているんだが、支店の従業員に確認したところ、その従業員はうつ病と診断されて出社ができないようだ。どうやらうつ病の原因が常務の「パワハラ」のせいだと言っているみたいだ。まだ「パワハラ」の中身はよくわからないのだけど、どんな問題あるかな？

藻岩：色々と説明しないといけないことがありそうだが、そもそも「パワハラ」とは何なのか、ということから説明した方が良さそうだね。

「パワハラ」については、近時社会問題として顕在化してきていることから、厚生労働省で円卓会議ワーキンググループが結成され、平成24年1月30日に提言が出されているんだ。その中では、「パワハラ」を「同じ職場で働く者に対して、職務上の地位や人間関係などの職場内の優位性を背景に、業務の適正な範囲を超えて、精神的・身体的苦痛を与える又は職場環境を悪化させる行為をいう。」と定義されているんだ（厚生労働省「職場のいじめ・嫌がらせ問題に関する円卓会議ワーキング・グループ報告」〔平成24年1月30日〕）。

これはあくまでワーキンググループの提言だから、裁判所が定めた定義ではないが、裁判実務でも参照されているので、使用者としても理解しておく必要があるね。

この定義を踏まえると、「パワハラ」に該当するかは、職場内の優越的地位を背景にしていること、業務の範囲を超えた苦痛を強いるものであること、の2点から判断されることになるんだ。

乙山：何だか範囲が広くてわかりにくいな。

藻岩：そうだね。実際にはどのような行為がパワハラにあたるかは、ケースバイケースの判断としか言いようがないが、一定の類型に分けて整理することはできる。

先の提言でも、「パワハラ」の行為類型として、「①暴行・傷害（身体的な攻撃）、②脅迫・名誉毀損・侮辱・ひどい暴言（精神的な攻撃）、③隔離・仲間外し・無視（人間関係からの切り離し）、④業務上明らかに不要なことや遂行不可能なことの強制、仕事の妨害（過大な要求）、⑤業務上の合理性なく、能力や経験とかけ離れた程度の低い仕事を命じることや仕事を与えないこと（過小な要求）、⑥私的なことに過度に立ち入ること（個の侵害）」の6パターンが挙げられている。

「パワハラ」がこの6つに限られるわけではないけど、この類型に該当

する可能性がある言動についてはかなり注意が必要だね。

Q2　そもそも「セクハラ」って何ですか？

「セクハラ」の基準は平均的な男女の意思に反する不快な性的言動

藻岩：これから「パワハラ」について詳しく説明しようと思うが、もう1つの方の相談内容も先に教えてくれるかい？

乙山：そうだね。同じく「ハラスメント」のトラブルなんだが、いわゆる「セクハラ」なんだ。こっちは俺がいる本社の方の問題で、今年の4月に入ってきた新卒の女性従業員がいるんだが、X部長と折り合いが相当悪いということを同じ課の従業員が報告してきたんだ。

藻岩：原因はわかっているのかい？

乙山：ああ。うちの職場は元々男性従業員が多い会社だったので、露骨に性に関する話を社内でしている従業員が多かったんだ。

　　　最近は表立ってそういう話を堂々とする従業員は減ったんだが、X部長は露骨に性に関する話が好きな人でね、就業時間中に女性従業員がいても構わず風俗の話や性行為の話を大きな声で話していることがよくあるんだ。

　　　それだけなら良かったんだが、X部長はどうやらその新入従業員の子

に交際相手の有無や身に着けている服のことを尋ねたり、一緒にご飯に行くのを新入従業員の子が断ったことを理由に面倒な仕事を割り当てたりしたことがあるようなんだ。

藻岩：なるほど、それは良くないね。

　　　乙山、性の話を大声でしているのはまだ良い、という感覚自体に問題があるね。「セクハラ」についても色々と説明していかなければいけないことがありそうだが、まず「セクハラ」とは何なのかを説明しておこうか。

　　　「セクハラ」については、人事院規則において「他の者を不快にさせる職場における性的な言動及び職員が他の職員を不快にさせる職場外における性的な言動」と定義付けられ（人事院規則10-10第2条1号）、その判断基準について「性に関する言動に対する受け止め方には個人間で差があり、セクシュアル・ハラスメントに当たるか否かについては、相手の判断が重要であること。」とされているんだ（平成10年11月13日職福-442「人事院規則10-10（セクシュアル・ハラスメントの防止等）の運用について」）。

　　　これらの規則を踏まえて、通達においては、「セクハラ」とは「平均的な女性労働者の感じ方」又は「平均的な男性労働者の感じ方」を基準として「労働者の意思に反する」「性的な言動」及び「就業環境が害される」言動と規定されているんだ（平成18・10・11雇児発1011002号）。

乙山：「パワハラ」よりはわかりやすい気がするな。要するに、一般的な男女から見て相手が嫌がる性的な言動が「セクハラ」ということだろう。しかし、「就業環境が害される」というのはどういうことかな？

藻岩：「セクハラ」には大きく分けて、「対価型セクハラ」と「環境型セクハラ」の2つの類型があると考えられているんだ。

「対価型セクハラ」は、労働者の意思に反する性的な言動に対し、当該労働者がこれを拒絶したことを理由として不利益を与える場合をいい、「環境型セクハラ」は、労働者の意思に反する性的な言動により労働者の就業環境が不快なものとなったため、労働者の就労に支障が出る場合をいうんだ。

前者の例としては、上司が性的関係を求めたが労働者がこれを拒否したことを理由に不利益な処分をする場合などで、後者の例としては、職場内にヌードポスターが掲示されていることで労働者が苦痛を感じて業務に支障が出ている場合などが挙げられるね。

先ほどの乙山の相談内容で言えば、X部長が職場内において大きな声で風俗の話や露骨に性に関する話をしていることや新入従業員の子に身に着けている服などを執拗に尋ねることは「環境型セクハラ」に該当し得るし、ご飯の誘いを断ったために面倒な仕事を割り当てたことは「対価型セクハラ」に該当し得ることにな

る。

乙山：「セクハラ」ぐらいは理解していると思っていたが、俺の認識は随分と甘かったんだな。

確かに、性に関する言動が日常的に会社で行われることに嫌悪する人は普通にいるだろうから、そういった従業員にとってはX部長の言動は就業環境を不快なものにする行為に他ならないわけだね。

Q3 「パワハラ」の被害者って誰ですか？

被害者が直接パワハラを受けた従業員に限られるわけではない

乙山：どのような行為が「パワハラ」「セクハラ」に該当し得るのかは分かったよ。それでは、「パワハラ」の被害者というのは、当然、直接被害を受けた従業員ということで良いのかな？

藻岩：良い質問だね。確かに、通常は、直接被害を受けた従業員が被害者に当たると考えられるが、近時、直接被害を受けたわけではない従業員との関係でも、実際に「パワハラ」を行った役員の不法行為責任が認められた裁判例が出ている（東京高判平成29年10月18日労判1179号47頁）。

この事例は、従業員が50代の女性4名しかいなかったある会社の代表取締役が女性従業員（50歳代）に対して、前代表取締役の在任期間中に前代表取締役の指示に従って行った

会計処理について、何度も部屋に呼び出しては長時間に亘り叱責を繰り返し、50代の従業員は会社に有用ではない、などの差別的な言動を行った結果、その女性従業員を含む従業員4名全員が退職届を提出して退職した、という事実が認定された事案なんだ。

　この事案では、直接叱責を受けていた女性従業員2名に対する行為が違法な退職強要と評価されることを前提に、①当該職場に従業員が4名しかいなかったこと、②2名の女性従業員に対する叱責内容が他2名の女性従業員にも伝わっていたこと、③当該代表取締役からの叱責内容が直接の対象になっていなかった2名の女性従業員にも当てはまる内容であったこと等を考慮し、「間接的に退職を強要するものである」と判断されて、直接叱責の対象になっていなかった女性従業員2名に対する不法行為責任が認められていることが特徴的だね。

乙山：「パワハラ」を直接受けた従業員以外に対しても責任を負う可能性があるとなると、会社役員の責任は重大だね。

藻岩：そうだね。

　この事例は、先ほど説明した①ないし③といった特殊事情が背景にあった事例なので、直ちに他の会社での「パワハラ」事例でも同様の判断がされるかはわからないが、直接被害を受けた従業員以外との関係でも責任を負う可能性がないわけでは

ないことは、使用者としては常に意識しておいた方が良いだろうね。

Q4　「セクハラ」の被害者って誰ですか？

セクハラの被害者が1人とは限らない

乙山：「セクハラ」については、どうなのかな？

藻岩：先ほど述べた「対価型セクハラ」のケースで言えば、実際に不利益を受けた従業員が被害者に当たることは争いがないだろう。

　「環境型セクハラ」についても、例えばわいせつなポスターを多数の従業員が出入りする場所に掲示していたり、多数の従業員がいるところで性に関する話を堂々とするといった行為の場合には、先ほど説明した判断基準に照らせば、平均的な労働者の感じ方を前提にした場合に、当該言動を「意思に反する」「性的な言動」と感じて「就業環境が害される」と感じる労働者が1人とは限らないわけだ。

　そうすると、その場にいた従業員全員が「セクハラ」の被害者になり得ることになる。その意味では、「セクハラ」についても、当該従業員又は役員が意識していなかった従業員との関係でも不法行為責任を負う可能性があることには十分に留意すべきだね。

Q5 「パワハラ」「セクハラ」は誰の責任になるのですか？

「パワハラ」「セクハラ」の中心となった者以外も責任を負い得る

乙山：「パワハラ」の被害者については理解したが、誰がどんな責任を負うのかな？

藻岩：「パワハラ」行為を積極的に行った従業員や役員は、不法行為に基づく損害賠償責任を負うことが考えられるね。

ただし、その「パワハラ」行為に関与した程度によっては、積極的な「パワハラ」行為とまでは言えない行為についても不法行為に該当すると認められる場合があり得ることには注意が必要だ。

比較的最近出た裁判例（東京地判平成30年3月29日労判1184号5頁）では、法人の理事Aが従業員に対し、「自分の身の振り方を考えてください。」「ほら、返事ないの。業務命令違反になっちゃうよ、また。」「働けないという前提で、どうしますか。」などの侮辱的な言辞や退職を強要する発言が不法行為に該当すると判断されたんだが、その発言の際に同席していた理事Bについても、かかる不法行為を幇助したものと認められるとして不法行為責任が認められているんだ（ただし、この裁判例では、この幇助とは別の機会に理事B自身も侮辱的な言辞や威圧的な言辞を行っており、その言辞についても幇助とは別に不法行為に該当すると判断されている。）。

この裁判例から直ちに「パワハラ」の現場に同席していた従業員や役員の不法行為責任が認められるとは言えないが、少なくとも、当該従業員や役員の地位、「パワハラ」の態様等の具体的な関与の程度によっては、積極的な「パワハラ」行為とまでは言えない行為についても不法行為と認められる可能性があることには留意しておくべきだろうね。

乙山：積極的に「パワハラ」に関与していなくても賠償責任を負う可能性があるのか。「セクハラ」についてはどうかな？

藻岩：「対価型セクハラ」「環境型セクハラ」を問わず、実際に性的な言動を行った従業員や役員は、不法行為に基づく損害賠償責任を負うことが考えられるね。

性的言動が複数の従業員や役員により行われた場合には、かかる言動に参加した従業員や役員が損害賠償責任を負う可能性があるよ。

「パワハラ」と同様に従業員や役員の「セクハラ」行為の場に同席していただけで不法行為責任が認められるかはわからないが、少なくとも当該「セクハラ」に該当する言動に関わったと評価できる場合には、損害賠償責任を負う可能性があることは意識しておいた方がよいだろうね。

Q6　「パワハラ」「セクハラ」に会社も責任を負うのですか？

「パワハラ」「セクハラ」は会社も賠償責任を負う場合がある

乙山：「パワハラ」「セクハラ」に関わった従業員や役員が不法行為に基づく損害賠償責任を負う可能性があることはわかったが、会社自体は何か関係あるのかい？　実際に「パワハラ」「セクハラ」に関わった本人たちが責任を取るのであれば、会社自体はあまり関係ないような気がするのだが。

藻岩：それは大間違いだね。実際に「パワハラ」「セクハラ」が発生した場合には、行った従業員や役員だけでなく会社（＝使用者）も賠償責任を負う可能性がある。使用者には、まず民法715条1項で使用者責任というものが定められているので、会社の役員や従業員が行った「パワハラ」「セクハラ」について不法行為責任が認められた場合には、使用者も同様の責任を負うことになる。

　そのほか、労働契約法3条4項及び同法5条でも定められているとおり、労働契約に社会通念上伴う義務として、労働者が労務に服する過程で生命及び健康を害しないように職場環境等につき配慮すべき注意義務（＝安全配慮義務）が認められるほか（最判昭和59年4月10日民集38巻6号557頁など）、労働者にとって働きやすい職場環境を保つよう配慮する

注意義務（＝職場環境配慮義務）が判例・裁判例上認められているんだ（福岡地判平成4年4月16日労判607号6頁など）。したがって、「パワハラ」「セクハラ」が発生した場合、やった張本人が不法行為責任を負うだけでなく、会社自体も使用者責任や債務不履行責任を負う場合があるということだね。

Q7　「パワハラ」「セクハラ」を行った従業員や役員の処遇はどうなるのですか？

「パワハラ」「セクハラ」に関与した者は懲戒処分の対象になり得る

乙山：従業員や役員の行った「パワハラ」「セクハラ」について会社にも賠償責任が生じる場合があるということになると、会社としては当該従業員や当該役員の処遇についても考えなくてはいけないということか。

藻岩：そうだね。従業員や役員が「パワハラ」「セクハラ」を行った場合、それが会社の定める懲戒事由に該当する場合には、当該従業員や当該役員に対して懲戒処分を検討しなくてはいけない場合がある。「パワハラ」「セクハラ」に関する問題は、被害者に対する賠償責任に留まるものではないということだね。この点について、近時、「セクハラ」の事案で従業員に対する懲戒処分が有効と判断された最高裁判例（最判平成27年2月26日

判タ1413号88頁）が出ているので、紹介しておくよ。

この事例は、ある会社の管理職である男性従業員Aが、女性従業員Cに対して、自らの不貞相手に関する性的な事柄や自らの性器、性欲等についての極めて露骨で卑わいな内容の発言を1年余りの期間に亘り繰り返しており、同じく管理職である男性従業員Bが、女性従業員C及びDに対して、年齢や女性従業員C及びDが未婚であることなどを殊更に取り上げて著しく侮蔑的ないし下品な言辞で同人らを侮辱し又は困惑させる発言を1年余りの期間に亘り繰り返していたという事実関係から、出勤停止や降格等の懲戒処分がなされた事案だ。

最高裁は、男性従業員A及びBの職位や言動の悪質さのほか、会社が職場におけるセクシュアル・ハラスメントの防止を重要課題と位置付け、「セクシュアルハラスメントは許しません!!」と題する文書（以下「セクハラ禁止文書」という。）を作成して従業員に配布し、職場にも掲示するなど、セクハラの防止のための種々の取組を行っていたこと、セクハラ禁止文書の中には「セクハラ」行為が就業規則上の禁止行為に該当する旨が明記されていたこと、男性従業員Bについては以前から女性従業員から多数の苦情を受けており、上司からも女性従業員に対する言動を気を付けるよう注意を受けていたこと、当該女性従業員らが勤務を辞めるこ

とを余儀なくされたこと等の事情から、上記懲戒処分は客観的に合理的な理由を欠き社会通念上相当であるとして、上記懲戒処分の有効性を認めたんだ。この事案では、女性従業員らが明白な拒否の姿勢を示していなかったようなのだが、職場の人間関係の悪化等を懸念して加害者に対する抗議等を差し控えることが少なくないとして、男性従業員らに有利に斟酌することは相当ではないとも判断されているよ。

Q8　会社はどういう体制を整える必要があるのですか？

会社は「パワハラ」「セクハラ」の防止等の措置をとる必要がある

乙山：「パワハラ」「セクハラ」が起きた場合、実際に行った本人だけでなく会社も責任を負う可能性があることや、場合によって会社は「パワハラ」「セクハラ」を行った従業員や役員を懲戒処分をしなくてはいけないことはわかったよ。会社には、こういった「セクハラ」「パワハラ」が起きないように、また起きた場合に従業員が生命及び健康を害しないような措置を講じる責務があるということなんだね。具体的には、どのような措置を講じる必要があるのかな？

藻岩：だんだん「パワハラ」「セクハラ」の問題がわかってきたみたいだね。まず、安全配慮義務の内容について、

最高裁判例は、使用者が事業遂行に用いる物的施設（設備）及び人的組織の管理を十全に行う義務と捉えていると言われているんだ。

乙山：「パワハラ」との関係では、具体的にどうすれば良いのかな？

藻岩：具体的なケースにおいて使用者がどのような義務が課されるのかについては、当該「パワハラ」の態様や「パワハラ」を行っている従業員や上司の会社内での位置づけ、職場内の環境等の諸事情から決まるものであり、ケースバイケースなんだ。

　ただし、このような義務内容を踏まえて、「パワハラ」の場合には、先に述べた厚生労働省の「職場のいじめ・嫌がらせ問題に関する円卓会議ワーキング・グループ報告」（平成24年1月30日）では、「パワハラ」を防止するために講ずべき施策として、組織のトップが「パワハラ」を職場からなくすべきであることを明確に示す、就業規則に関係規定を設けたり労使協定を締結するなどの規約の整備、予防・解決についての方針やガイドラインの策定、実態を把握する、従業員アンケートを実施する、社内教育する、研修を実施する、組織の方針や取組について周知・啓発を実施するといったものが挙げられているね。

　次に、「パワハラ」の解決のために講ずべき施策として、企業内・外に相談窓口を設置する、職場の対応責任者を決める、外部専門家と連携する、行為者に対する再発防止研修を行うといったものが挙げられているね。要するに、「パワハラ」が生じないように社内教育や啓発等を行うとともに、実際に問題が生じた場合に備えて相談窓口や解決機関等の物的・人的設備を整えて使用者が会社の「パワハラ」問題を把握できるようにすること、実際に問題が生じた場合には聴取り調査など行った上で実態の把握を行い、解決のために必要な手段を講じることが必要になるということだね。

　厚生労働省のHPで、「パワハラ」対策のマニュアルや従業員向け研修資料もダウンロードできるようになっているから、是非活用するといいよ。

乙山：「セクハラ」との関係では、具体的にどうすれば良いのかな？

藻岩：「セクハラ」についても、当該「セクハラ」の態様や「セクハラ」を行っている従業員や上司の会社内での位置づけ、職場内の環境等の諸事情が決まるものであり、ケースバイケースである点は「パワハラ」の場合と同様なんだ。

　ただし、一つの目安として、「事業主が職場における性的な言動に起因する問題に関して雇用管理上講ずべき措置についての指針」（平18厚労告615号、令和2年6月1日適用）というものが厚生労働省から出されている。その中で、事業者が「セクハラ」を防止するために講ずべき措置としては、「セクハラ」に関する事業主の方針等の明確化や周知・啓発（職場

における規律の整備、社内報等の啓発資料の作成・交付、研修・講習の実施）などが挙げられている。また、実際に「セクハラ」が起きたときに備えて、「セクハラ」を行った従業員や役員に対する懲戒規定の整備、相談体制の整備、相談マニュアルの策定等が挙げられているね。

要するに、「セクハラ」が生じないように社内教育や啓発、懲戒規定の整備等を行うとともに、実際に問題が生じた場合に備えて相談窓口や解決機関等の物的・人的設備を整えて使用者が会社の「セクハラ」問題を把握できるようにすること、実際に問題が生じた場合には聴取り調査など行った上で実態の把握を行い、解決のために必要な手段を講じることが必要になるということだね。

「セクハラ」対策についても、先ほどの厚生労働省のHPで、マニュアルや従業員向け研修資料もダウンロードできるようになっているから、こちらも是非活用してくれ。

乙山：「パワハラ」「セクハラ」の責任についても、よくわかったよ。恥ずかしい話だが、俺の会社ではこういった体制づくりなど全然できていないな。X部長の行為についても是正させる必要がありそうだな。

ハラスメント対策強化など盛り込まれた女性活躍推進法等改正法が成立

藻岩：そのとおりだね。最近、新しい法律が成立したから、その点についても簡単に説明しておくよ。

令和元年5月29日に「女性の職業生活における活躍の推進に関する法律等の一部を改正する法律」という法律が成立し、これにより「労働施策の総合的な推進並びに労働者の雇用の安定及び職業生活の充実等に関する法律」が改正されたんだ。この法律では、ハラスメント対策の強化が盛り込まれている。具体的には、事業主に対して、パワーハラスメント防止のための雇用管理上の措置義務（相談体制の整備等）の新設や、「パワハラ」に関する労使紛争について、都道府県労働局長による紛争解決援助、紛争調整委員会による調停の対象とするとともに、措置義務等について履行確保のための規定が整備されることになったんだ。

雇用管理上の措置義務の内容について少し詳しく説明すると、事業主の方針等の明確化及びその周知・啓発、相談に応じて適切に対応するために必要な体制の整備、職場における「パワハラ」に係る事後の対応の迅速かつ適切な対応などが義務付けられているよ（令和2年厚生労働省告示第5号）。

「セクハラ」についても、「セクハラ」等に起因する問題に関する国、事業主及び労働者の責務が明確化され、労働者が事業主に「セクハラ」の相談をしたこと等を理由とする事業主による不利益取扱いを禁止する規定などが新設されたんだ。

この法律は、令和2年6月1日から施行されているよ。このうち、パ

ワーハラスメントの防止措置等の義務は、中小事業主については令和4年4月1日から義務化されることになっている（それまでは、中小事業者については努力義務に留まる。）。

乙山の会社は中小事業主に該当するから、パワーハラスメントの防止措置等の義務については今の時点ではまだ義務化されていないけど、今のうちから求められている体制の整備を進めておく必要があるよ。セクシャルハラスメントの防止措置等の義務については、既に義務化されているから、まだ十分にできていないのであれば、早急に体制を整える必要があるね。

乙山：わかった。早速会社に戻って「パワハラ」「セクハラ」問題が生じないような体制作りに取り掛かることにするよ。

藻岩：良い心がけだね。是非そうしてくれ。間違っても乙山の会社が「パワハラ」「セクハラ」で訴えられるなどということがないようにしてくれよ。

☑ 本日のチェックポイント

● 　職場内の優越的な地位を利用して業務の適正な範囲を超えた苦痛を強いる言動は、違法な「パワハラ」に該当します。

● 　平均的な男女を基準にして労働者の意思に反する性的な言動及び職場環境を害する言動は、違法な「セクハラ」に該当します。

● 　「パワハラ」の直接の対象になった従業員以外も被害者となる場合があり、「セクハラ」についても当該性的言動が接した従業員は被害者となり得ます。

● 　「パワハラ」「セクハラ」を行った本人が被害者に対して損害賠償責任を負うだけでなく、会社も同様の責任を負う場合があります。

● 　「パワハラ」「セクハラ」を行った従業員や役員は懲戒処分の対象になり得ます。

● 　会社は「パワハラ」「セクハラ」が生じないよう予防の措置を講じる必要があるほか、生じた場合の解決体制を整える必要があります。

※　登場する人物名や団体名は、仮名であり実在する方とは一切関係ありません。

横山浩之（よこやま・ひろゆき）【弁護士・北海道合同法律事務所】

　平成27年　北海道大学法科大学院修了、平成28年12月　弁護士登録。北海道大学労働判例研究会、UC労働判例研究会に所属。

相談
11

「従業員同士の喧嘩沙汰がありまして」
～従業員間の暴力行為による負傷と使用者の責任～

従業員間の暴力行為による負傷について使用者が責任を問われる場合も

　従業員間で突発的に喧嘩が発生し、それを契機とする暴力行為により従業員が負傷した場合、加害者である従業員本人が法的な責任を問われるのは当然である。

　しかし、支払能力があるのは通常使用者であることから、被害者は、加害者である従業員のみならず、その従業員を雇用していた使用者の法的責任を追及することがある。

　ただ、従業員間で起きた私的な喧嘩を契機とする負傷について、使用者の法的責任がどこまで及ぶかについて、裁判所の判断は事案によってまちまちであるのが実際である。

　そこで、どういう場合に、いかなる理由で、使用者が法的な責任を負うことになるのかをみていくこととする。

執筆／弁護士・迫田宏治（さこだ法律事務所）

プロローグ

　オフィス用家具、オフィス機器、オフィス用パソコンの販売、設置等を目的とするA社は、B県の県庁所在地に本社を有し、B県各地に事業所を展開している株式会社である。

　C事業所の所長である奥川（以下「所長」）は、先日、C事業所内で発生した新入社員同士の喧嘩事案の処理に追われており、A社の顧問弁護士である西山弁護士（以下「西山」）の元に相談にやってきた。

Q1　従業員間の私的な喧嘩でも労災が認められるのですか？

従業員間の喧嘩による負傷に労災が認められる場合がある

西山：奥川さん、お久しぶりですね。大まかなことは電話でお聞きしましたが、先日、C事業所内で起きた事件の詳細を、改めて説明していただけませんか？

所長：はい。

当社では、新入社員には、本社で入社後2か月間の研修を受けてもらうことになっています。研修期間が明け、私が所長を務めるC事業所に配属となった新入社員に山本と海野がおりました。いずれも、男性です。

山本と海野がC事業所に配属となった1か月後の某日、山本が、当社の顧客であるX社を訪問し、パソコン2台を納品し、設置してくることがありました。ただ、山本の設定ミスにより、うち1台のパソコンがインターネットにつながらなかったため、X社担当者からC事業所にクレームの電話が入りました。その電話を取ったのが海野でして、海野は機転を利かせてX社担当者から事情を聞き取り、電話口でインターネット接続方法を指示、説明したところ、パソコン1台がインターネットにつながらなかったという問題は簡単に解決したのです。

その後、山本がC事業所に戻ってきました。

海野は、X社からクレームがあったこと、電話口での指示で簡単に解決になったことを、山本に報告したのです。その上で、海野は、山本の設定ミスを責め立て、果ては、山本の容姿を侮辱する発言をしたのです。

これに怒った山本は、海野に殴り掛かり、その場に倒れた海野に馬乗りになって、殴る蹴るの暴行を加え続けたのです。

このとき、たまたま、C事業所で

は、山本と海野以外の社員は全員外出していて、2人しかいなかったのです。

そこにC事業所の女性社員である佐々木が戻ってきました。びっくりした佐々木は、山本に暴行をやめるように言ったのですが、山本が暴行をやめないため、やむなく、110番通報をしました。

駆け付けた警察官に止められてようやく山本の暴行が収まり、山本はその場で現行犯逮捕されました。

西山：その後、どうなったのですか？

所長：山本の海野に対する暴行は相当執拗なものでして、海野の肋骨や背骨を骨折させるものでした。海野には、後遺障害が残るようなのです。

山本は、刑事処罰を受け、罰金刑となりました。山本の行為は明らかに職場秩序を害するものでしたので、会社として事実調査を行い、山本に告知弁明の機会を与えた上で、就業規則に基づき、停職処分としました。その後、山本は自発的に退職しています。

西山：事情は分かりました。それで、今回ご相談したいこととは、どういうことなのでしょうか？

所長：はい。海野本人は、自らの言動が招いたことなので、これ以上事を荒立てたくないという意向なのです。海野は成人しているのですが、海野の両親が口を挟んできていて、海野の両親は、今回の暴力事件は、当社事業所内で起きたことであり、当社に

も責任があるのではないか、と言ってきているのです。

　そこで、今回の暴力事件について、本当に当社にも法的に責任があることなのかどうか、お聞きしたくて、相談に来た次第です。

西山：その疑問点についてはのちほどお答えするとして、まず、海野さんについて、労災申請するよう助言し、Ａ社としても、労災申請には協力するのが相当かと考えます。

　海野さんは、すでに労災申請をされているのでしょうか？

所長：はい、海野はすでに労災申請したとのことです。当社としても、労災申請の手続きには協力しました。ただ、事業場内で起きたとはいえ、今回の事件は、はっきり言ってしまえば、私的な喧嘩ですよね。このような場合でも、労災が認められるものなのでしょうか？

西山：その疑問は、正鵠を射た指摘です。

　実は、他人の故意に基づく暴行による負傷の取扱いについて、一定の労災基準が発出されており、「業務に従事している場合又は通勤途上である場合において被った負傷であって、他人の故意に基づく暴行によるものについては、当該故意が私的怨恨に基づくもの、自招行為によるものその他明らかに業務に起因しないものを除き、業務に起因する又は通勤によるものと推定することとする」（平成21年7月23日　基発0723第12号）とされています。

　すなわち、今回の事件は、業務に従事している最中に起きた他人の故意に基づく暴行による負傷ということになりますから、原則として業務起因性を認めるというのが労災基準であるということになります。

所長：いや、今回は、その労災基準の例外に該当するのではないですか？

西山：そこが悩ましいところなのですよね。

　今回の事件は、海野さんによる山本さんの容姿を侮辱する発言が契機となっている面は否めないため、先ほど指摘した労災基準のいう「自招行為によるもの」といえなくはないですよね。仮に、山本さんが、従前から海野さんに対し個人的な悪感情を持っており、今回その悪感情が暴発したということであれば、「当該故意が私的怨恨に基づくもの」ともいえるかも知れません。

　ただ、今回の事件の契機となった海野さんによる山本さんの容姿を侮辱する発言は、業務上のミスを指摘する一連の発言の中での言動とも捉えることが可能であり、そのように評価されれば、先ほど指摘した労災基準の例外にまでは該当しないと判断され、業務起因性が肯定される可能性も十分あるのではないかと思います。

所長：なるほど。よく理解できました。

　労災として認められて、海野に一定の労災給付がなされれば、海野にとってもよいことですね。

Q2 従業員間の喧嘩について、会社の使用者責任が肯定されるのはどのような場合ですか？

会社の事業の執行行為と密接な関連性を有する場合とされる

所長：先ほどの質問、すなわち、今回の暴力事件について、当社にも責任があるといえるのかについては、どのように考えればよいですか？

西山：実は、その質問は、回答するのが相当に難しい問題です。

順を追って説明しますね。

被災労働者が、今回のような事件が起きたときに会社の責任を問う場合、民法715条1項に基づく使用者責任を追及するという方法が考えられます。

同条項は、「ある事業のために他人を使用する者は、被用者がその事業の執行について第三者に加えた損害を賠償する責任を負う」と規定しており、本件では、山本さんによる暴力行為が「事業の執行について」行われたものであるといえるかが問題となります。

これについては、最高裁判決が一定の判断枠組みを示しており、「会社の事業の執行行為を契機とし、これと密接な関連性を有すると認められる行為」であるかどうかが問題とされます。

たとえば、仲岡建設事件（最判昭和44年11月18日判タ242号170頁）は、水道管敷設工事の現場で働いていた甲が、同じく作業をしていた原告に対し、作業に使用するために「鋸を貸してくれ」と声をかけたところ、原告が持っていた鋸を甲に向けて投げたことから言い争いになり、甲が原告を水道管理設用の穴に突き落とし、さらに殴る蹴るの暴行を加えて傷害を加えた事案であるところ、これにつき「会社の事業の執行行為を契機とし、これと密接な関連性を有すると認められる行為」であると判示した上で、会社の使用者責任を肯定しました。

「会社の事業の執行行為を契機とし、これと密接な関連性を有すると認められる行為」であるかどうかが問題とされます。

西山：他方、同じく、従業員同士の暴力行為に関する事案である長崎生コンクリート事件（最判昭和58年3月31日判タ504号90頁）は、民法715条1項の「事業の執行について」の意義について、さきほど指摘した判断枠組

みに依拠しながらも、「使用者の社屋内更衣室において、被用者甲が被用者乙に対して加えた暴行が、前日の事業の執行行為を契機として発生した両者の口論にかかわり合いがある言葉のやりとりに端を発するものであつても、右暴行は必ずしも前日の口論から自然の勢いで発展したものではなく、しかも右前日の口論とは時間的にも場所的にもかなりのへだたりがあることなど、判示の事情のもとでは、右甲の暴行により乙の被った損害は、使用者の事業の執行につき加えた損害にあたるとはいえない」として会社の使用者責任を否定しています。

所長：なぜ、結論が異なるのですか？

西山：抽象的には、「会社の事業の執行行為と密接な関連性」があると判断されたかどうかが、結論を分けた理由であるとはいえるでしょう。

　しかし、このような説明をされても、理解できないですよね？

Q3　何をもって、事業の執行行為と密接な関連性を有するといえるのですか？

裁判所がどのような判断を示すのかを予測することは困難

西山：従業員同士の喧嘩による負傷について、会社が使用者責任を負うかが問題となった事例は、公刊されている

ものを確認する限り、多くの下級審裁判例があります。

　このうち、近時のものを取り上げてみることにしましょう。

　フーデックスホールディングほか事件（東京地判平成30年1月22日労判1208号82頁）は、被告会社の従業員であった原告が、職場の忘年会兼送別会の二次会で、同僚から暴行を受け傷害を負った事案です。

　判決は、「本件忘年会は、新橋店のD店長の発案で、同店の忘年会と、定年退職者及び異動者の送別会の趣旨で開催されたものであり、一次会は、新橋店の営業終了後に同店近くの焼肉店で行われたこと、原告は、当日休みであったにもかかわらず、事前にD店長から参加を促されており、新橋店の従業員及びアルバイトが全員参加していること、二次会は、公共交通機関による帰宅が不可能な午前2時30分頃から開催されているから、一次会に参加した者は、事実上二次会にも参加せざるを得ない状況にあり、現に一次会に参加した者全員が二次会にも参加したこと」を理由に、「本件忘年会は、一次会、二次会を通じて、被告会社の職務と密接な関連性があり、事業の執行につき行われた」と判示して、会社の使用者責任を肯定しています。

　他方、A研究所ほか事件（横浜地裁川崎支部判平成30年11月22日労判1208号60頁）は、被告会社に勤務する看護師原告A子と被告会社に勤務

する訪問介護員である被告B子とが、事業場内で喧嘩となり、被告B子が床に仰向けに倒れている原告A子のうえに馬乗りになり、その頭髪を右手でつかんで押さえつけるなどの暴行を加えた事案であり、原告A子が被告B子と被告会社の2者を訴えた事例です。

判決は、「原告A子と被告B子は、初対面の時から互いに相手に対して不快な感情を抱き、その後も、互いに相手の態度や発言に反感を抱き、原告A子とは親しい関係にあるGが従前から被告B子と対立関係にあったとの事情もあって、相手に対する敵対的な感情を相互に強めていたところ、平成26年4月20日、原告A子が、被告B子に対し、被告B子は仕事ができず、他の従業員に迷惑をかけているとの被告B子を貶める発言や、本件トラブルの原因は被告B子のミスなので報告するなどとの事実に反し被告B子を貶める発言をしたこと等から、これに憤激した被告B子が、原告A子からパソコンを取り上げようとし、原告A子が被告B子の右手首をつかんでひねったことがきっかけとなって、被告B子が本件暴行を開始したことが認められる」ところ、「本件暴行は、Y2社の事業所内においてY2社の従業員同士の間で勤務時間中に行われたものではあるが、その原因は、本件暴行前から生じていた原告A子と被告B子との個人的な感情の対立、嫌悪感の衝突、原告A子の被告B子に対する侮辱的な言動にあり、本件暴行は、私的な喧嘩として行われたものと認めるのが相当である」とし、「本件暴行がY2社の事業の執行を契機とし、これと密接な関連を有するとは認められないから、本件暴行による原告A子の損害は、被告B子がY2社の事業の執行につき加えた損害に当たるとはいえない」と判示して、被告会社の使用者責任を否定しています。

会社がどこまで使用者責任を負うのかという問題につき、裁判所がどのような判断を示すのかを予測することは極めて困難なのです。

西山：あくまでも個人的な感想になりますが、この2つの裁判例を比較した場合、いかなる事情が結論を分けたのかにつき、整合的な説明をすること

は困難かと思います。

　したがって、従業員同士の喧嘩による負傷について、会社の事業と何らかの関連性がある喧嘩であると評価されてしまえば、かなり広い範囲で使用者責任が肯定される可能性がありますし、具体的にどのような事情があれば、「会社の事業の執行行為を契機とし、これと密接な関連性を有すると認められる行為」と裁判所に判断されるのか、予測することは極めて困難といわざるを得ません。

所長：では、今回のC事業所内での暴力行為事件について、使用者責任が認められるかについて、西山先生はどのようにお考えですか？

西山：今までの私の説明でご理解頂けるかとは思いますが、仮に裁判になったと仮定した場合、使用者責任が肯定される可能性もありますし、否定される可能性もある、という回答にはなってしまいます。

所長：しかし、たとえ事業場内で起きたとはいえ、今回のような従業員同士の私的な喧嘩についてまで、使用者責任が肯定される可能性があるというのは、全く腑に落ちないところです。

西山：そうですね。

　その観点からは、先ほど紹介した裁判例のほかに、佃運輸事件（神戸地裁姫路支部判平成23年3月11日労判1024号5頁）の判決内容を紹介するのが有益かも知れません。

　同判決は、従業員同士の喧嘩による負傷の事案に関し、「会社の事業の執行行為を契機とし、これと密接な関連性を有すると認められる行為」（事業執行要件該当性）の意義をより限定的に捉えようとしている点に特徴があります。

　すなわち、事業執行要件該当性を判断するに当たっては、まず、①「客観的にみて事業執行行為と評価できる行為と暴行との時間的場所的な密接関連性」が認められるかどうか、次に、②「暴行が生じた原因と事業執行行為との密接関連性」が認められるかどうかの検討が必要であるという判断枠組みを提示しました。

　この判決がいう②「暴行が生じた原因と事業執行行為との密接関連性」の判断枠組みによれば、会社の事業とは関連性が認められないことを原因とする私的な喧嘩について、会社の使用者責任を否定する方向に結び付きやすいように思われます。

　ただ、この判断枠組みに依拠したとしても、従業員同士の私的な喧嘩による負傷について、どこまで会社の使用者責任を限定する方向に働くかは、よく分からないというのが実際です。

　以上のとおり、同じ職場で働いている従業員同士の私的な喧嘩による負傷について、会社がどこまで使用者責任を負うのかという問題につき、裁判所がどのような判断を示すのかを予測することは極めて困難なのです。

> **Q4　どのような場合に、会社の安全配慮義務違反が肯定されるのですか？**

予見可能性があった場合には会社の安全配慮義務違反が認められ得る

西山：実は、今回のような従業員同士の喧嘩による負傷について、民法715条1項に規定された使用者責任のほかに、別の理屈で、被害を受けた労働者が会社の責任を問うことが考えられます。

所長：どういうことでしょう？

西山：労働契約法5条には「使用者は、労働契約に伴い、労働者がその生命、身体等の安全を確保しつつ労働することができるよう、必要な配慮をするものとする」という規定があります。これは、使用者の労働者に対する安全配慮義務を定めた規定であり、この規定を根拠に、労働者が会社の責任を問うことがあり得るのです。

所長：ちょっと待って下さい。

　安全配慮義務といっても、突発的に従業員間で生じた喧嘩について、会社がどう対処しろというのでしょうか？

西山：おっしゃることは、よく分かります。

　実は、先ほど紹介した佃運輸事件（神戸地裁姫路支部判平成23年3月11日）、A研究所ほか事件（横浜地裁川崎支部判平成30年11月22日）では、会社の使用者責任のほかに、会社の安全配慮義務違反も問われております。

　いずれの事案も、労働者が同僚の労働者に対して暴力行為に及ぶことにつき、会社に予見可能性がなかったことを理由に、結論としては、会社の安全配慮義務を否定しているのです。

　ここでご注意いただきたいのは、逆にいえば、労働者が同僚の労働者に対して暴力行為に及ぶことにつき、会社に予見可能性があったといえる場合には、会社の安全配慮義務違反が肯定され得るということです。

　奥川さん、山本さんと海野さんの仲が悪いとか、過去に喧嘩したことがあるとか、今回の事件が起きる兆候となるような事情は、何かあったのでしょうか？

所長：いいえ。少なくとも、私は、2人が喧嘩したことがあるとか、2人の間にトラブルがあったという話は耳にしていません。今回のような事件が起きてしまったことは、当社にとっても、青天の霹靂であるというのが正直なところです。

西山：そうですか。さらに、先ほどのお話だと、今回の暴力事件は、2人がC事業所に配属となったわずか1か月後に起きたことですよね。

　そういう事情の中で、会社に予見可能性があったとは、なかなかいえないですよね。

所長：では、どういう事情があったら、会社に予見可能性があったということ

になるのでしょうか？

西山：たとえば、ある従業員から、同僚とトラブルになっている、同僚から嫌がらせを受けているからどうにかしてくれないか、という相談が会社に寄せられており、会社が何の対処もしていなかったところ、トラブルとなっていた従業員間で突発的な喧嘩が起きてしまったような場合が考えられます。

また、従業員間で過去に暴行事件が起きていた場合には、会社に予見可能性があったといいやすいでしょうし、その暴力事件が仕事に関連するものであれば、より、会社に予見可能性があったといいやすく、会社の安全配慮義務違反が肯定されることになるでしょう。

☑ 本日のチェックポイント

● 　労働者が業務に従事している最中に起きた従業員間の喧嘩による負傷については、業務起因性が肯定され、労災と認められる場合があります。

● 　従業員間で発生した私的な喧嘩による負傷であっても、「会社の事業の執行行為を契機とし、これと密接な関連性を有すると認められる行為」とされれば、会社の使用者責任が肯定されます。

● 　従業員間で発生した私的な喧嘩による負傷について、会社に予見可能性があったといえる場合には、会社の安全配慮義務違反が肯定される可能性があります。

※　登場する人物名や団体名は、仮名であり実在する方とは一切関係ありません。

迫田宏治（さこだ・こうじ）【弁護士・さこだ法律事務所】

　平成17年10月 弁護士登録（札幌弁護士会）。日本労働法学会会員。平成27年5月より北海道紛争調整委員会委員（労働局のあっせん委員）。平成29年4月より2年間、北翔大学非常勤講師を務めた。

相談 12 「労働者に修学資金の返還を請求したい」
～修学資金の返還請求をめぐる問題～

修学資金の貸付は労働者の退職の自由を不当に制約しないことが必要

　労働者が退職する場合、一定額の違約金又は損害賠償を支払うことを労働者本人またはその保証人と約束する慣行や制度が歴史的にあった。

　しかしながら、このような慣行や制度は、労働者の退職の自由を不当に制約し、労働を強制させることになりかねない。

　そこで、労働基準法16条は「使用者は、労働契約の不履行について違約金を定め、又は損害賠償額を予定する契約をしてはならない」と定めている。

　本稿では、労働基準法16条に抵触し許容されない場合について、具体的な相談事例をもとに問題点を整理していく。

執筆／弁護士・雨貝義麿（弁護士法人　平松剛法律事務所）

プロローグ

　ここは、某地方都市に事務所を構えるUC法律事務所である。所長の藻岩弁護士（以下「**藻岩**」）は、労働法を専門としており、弁護士会内でも労働法に詳しいことで有名な弁護士である。

　本日は、顧問先のY病院の事務長である柏氏（以下「**事務長**」）がUC法律事務所を訪れ、法律相談をする予定となっている。どうやら、Y病院が退職予定の看護師に対し看護学生時代に支給していた修学資金の返還を請求することについて相談したいようである。

Q1　退職を申し出た当院の看護師に対して、看護学生時代に支給していた修学資金の返還を求めたところ、「それは法律違反ではないですか？」と言われてしまいました。

修学資金の返還義務は、労働基準法16条に反するおそれがある

藻　岩：本日はどのようなご相談だったでしょうか？

事務長：当院では、既定の看護要員を確

保するため、正看護師の資格取得後、一定期間当院で勤務してもらうことを返還免除の条件として、看護学生に修学資金を貸与しています。

　今回、当院が修学資金を貸与していた正看護師のAさんから「他の病院に転職することが決まったので、退職したい。」との申出を受けました。

　Aさんと当院の間では、Aさんが正看護師の資格を取ってから6年間当院で勤務した場合は貸与した修学資金を返還しなくてもよいという契約を交わしていたのですが、Aさんは正看護師としては当院に4年間しか勤務してないので返還免除の要件を満たしません。

　そこで、Aさんの退職にあたり、当院が、修学資金の返還を求める予定である旨を伝えたところ、Aさんは、「そのような契約は経済的に弱い立場にある労働者を不当に縛り付けるもので法律違反ではないか？　場合によっては出るとこに出て話をしたい！」などと怒鳴りだし、修学資金を貸与されていた他の看護師を巻き込んで、ちょっとした騒動になってしまいました。

　当院では同じような条件で修学資金を貸与している看護師は多いですし、これまでに返還免除期間勤務しなかった看護師には修学資金を返還してもらっています。

　そのため、裁判になってこのような修学資金の返還請求が認められないことになると大変です。

　そこで、今後どのように対応したらよいか先生にご相談をお願いした次第です。

藻岩：そうでしたか。

　労働基準法16条の「賠償予定の禁止」とのかかわりで問題になりそうですね。

事務長：「賠償予定の禁止」ですか？

　確か、当院の就業規則には、「故意又は過失により、病院に損害を与えた労働者に賠償請求することができる。」旨規定されておりますが、これが許されないということでしょうか？

藻岩：いや、必ずしもそういうことではありません。

　労働契約の不履行により使用者が実害を被った場合に、当該労働者に事後的に賠償請求することは妨げられませんし、事前にその旨を説明することもできます。さらに、使用者が、労働者の不法行為に対して損害賠償請求することも許される場合があります。

　もっとも、予め労働契約の不履行にあたり違約金や賠償額を定めることは強制労働に繋がりかねません。

　そこで、労働基準法16条は、民法上の契約自由の原則を修正し、予め労働契約の不履行につき違約金や損害賠償の合意を定めること

を禁止して、労働者の退職の自由を保証しています。

　今回のご相談では、Aさんと御院との修学資金の返還契約を通して、労働基準法16条との抵触が問題となりそうな点を一つひとつ確認していきましょう。

Q2　金銭消費貸借契約に基づき返還請求できるのでしょうか？

金銭消費貸借契約があれば返還請求しやすくなるが、絶対ではない

藻　岩：まず、Aさんと御院との間で修学資金について免除特約付の金銭消費貸借契約が成立していれば、返還請求しやすくなると思います。そのような契約はありますか？

事務長：そうですね。あると思います。

藻　岩：その書類を見せてもらってもいいですか？

　ほう、「貸付願」ですね。この書類にはAさんが看護学生時代の修学資金の貸付として月5万円の支給を病院に申請する旨の記載が確認できますね。また、Aさんと連帯保証人である親族の署名と印鑑もありますね。

事務長：Aさんは、「この修学資金は、正看護師の資格を取得した後に病院に勤務する見返りに受け取ったものである。」と主張しているようですが…。

藻　岩：このような書類があれば、修学資金の返還合意の事実は認められると思います。「勤務する見返りに貰ったものだ。」というような贈与契約の認定は難しいと思います。

　もっとも、トラブル防止の観点から、労働者に対して免除特約付の金銭消費貸借契約の内容について、十分な説明と情報提供を行った上で、その同意を得る必要があると思います。

　したがって、貸付規定の単なる周知や誓約書の作成のみでは不十分と判断されるリスクもあるので、この点は気をつける必要がありますね。

事務長：確かにそうですね。

　ところで、ちょっと気になることがあるのです。

藻　岩：どのようなことでしょうか？

事務長：当院はAさんに修学資金として月当たり5万円を支給していましたが、その他にも看護学校の入学金、制服代、学用品代、さらには実習時の事故の損害をてん補するための保険代についても支出しているのです。

　当院としては、ここも返還請求したいのですが…。

藻　岩：うーん。この「貸付願」には、月5万円以外記載はありませんよね。

　そもそも、これらに関しては、貸付として会計処理されているのでしょうか？

事務長：「貸付願」には…その記載はありません。会計処理としても…実は…福利厚生費として経費で落としています。

藻　岩：そのような事情であれば、月５万円の支給以外の部分はそもそも返還合意があったとはいえず、貸付契約があったとは認定できないのではないでしょうか。

　　　　この部分の返還を請求するのは、難しいと思います。

> **Q３** 労働契約内容とは別個の貸付契約であれば、労働基準法に違反しないのではないのでしょうか？

労働契約不履行につき損害賠償の予定とされる場合、労働基準法に反する

事務長：先程から気になっていたのですが、看護学生時代にＡさんと病院との間で免除特約付の金銭消費貸借契約が成立しているといえる場合は、その契約はＡさんと病院との間の「労働契約」の内容をなすものではないはずです。

　　　　ですので、免除特約付の金銭消費貸借契約に労働基準法は適用されず、同法16条違反の話にはならないということにはなりませんか？

藻　岩：そのようなお考えもあるところだとは思いますが、裁判例上そのよ

うな形式的な判断はされていません。

　　　　近時の裁判例（医療法人Ｋ会事件・広島高判平成29年９月６日）は、労働基準法16条にいう「労働契約の不履行について違約金を定め、又は損害賠償請求を予定する契約」は文理上、労働契約そのものに限定されていなし、労働者が人たるに値する生活を営むための必要最低限の基準を定め、基準に適合した労働条件を確保しようとする労働基準法の趣旨に照らすと、同条が適用される契約を労働契約に限定する理由はないとして、免除特約付の金銭消費貸借契約にも適用されるとします。

　　　　したがって、貸付の趣旨や実質、貸付規定の内容等、貸付に係る諸般の事情に照らし、貸付金の返還義務が実質的に労働者の退職の自由を不当に制限するものとして、労働契約の不履行に対する損害賠償額の予定であると評価できる場合には、貸付規定は労働基準法16条に違反するとします。

事務長：そうですか…。

藻　岩：そして、さらに本件貸付契約が、実質として労働契約の不履行に対する損害賠償の予定を不可欠の要素として含むと認められる場合には、形式はともあれその実質は労働契約の一部を構成するものとなるから、労働基準法13条が適用され、貸付規定のうち労働基準法16

条に反する部分が無効となり、貸付規定は同条に適合する内容に置き換えて補充されることとなります。

事務長：はぁ…つまり…どういう意味でしょうか？

藻　岩：実質的にみて貸付契約が労働基準法16条に抵触する場合には同条に反して無効としますが、無効なのは貸付のうち同条に反する部分だけで、無効となった部分は同条に適合するように修正されて効力を持つということです。

　　　　つまり、貸付契約の返還合意部分が労働基準法16条に違反する場合、その返還合意部分のみが無効となり、修学資金の提供は返還合意のない給付金契約になるため、当該給付は不当利得とならないことになります。したがって、附従性により保証債務の履行請求もできません。

事務長：なるほど。そういう意味でしたか。

なるほど。では、具体的にはどのような場合に貸付契約が無効とされるのでしょうか？

Q4　労働者の退職の自由を不当に制限するものとして労働契約の不履行に対する損害賠償の予定であると評価できる場合とは、どのような場合なのでしょうか？

経緯や趣旨、労働者の認識、合理性、退職制限の各要素から判断される

事務長：では、具体的にはどのような場合に貸付契約が無効とされるのでしょうか？

藻　岩：まず、①貸付契約に至る経緯、趣旨について、みてみましょう。

　　　　Aさんが看護学校に進学された経緯はどのようなものだったのでしょうか？

事務長：Aさんは准看護学校を卒業後、当院に准看護師として勤務しながら、正看護師になるために看護学校に進学しています。Aさんの正看護師という資格は一般的なものであり、Aさん自身の技能として有益なもので、当院のみの業務で必要なものとまではいえません。

　　　　もっとも、…実は当院では慢性的な看護師不足に陥っており、数年前の医療制度改革及び診療報酬の改定により、正看護師比率40％の維持も含めた将来的な正看護師確保のため、当院にて正看護師を養成する必要性があったという事情があります。

藻　岩：そのような事情であれば、Aさん
　　　　の看護学校の進学は御院の業務命
　　　　令とはいえないものの、御院にお
　　　　ける正看護師確保のためのその養
　　　　成の一環と位置づけられ、正看護
　　　　師の資格取得は御院の業務に直結
　　　　するものといえるのではないで
　　　　しょうか。

　　　　　次に貸付契約の趣旨が問題とな
　　　　りますが、Aさんは正看護師資格
　　　　取得のための看護学校在学中、ど
　　　　のくらいの時間、准看護師として
　　　　労働していたのでしょうか？

　　　　　また、基本給はいくらくらい
　　　　だったのでしょうか？

事務長：実習が多く、看護学校の休日に日
　　　　勤又は夜勤に入ってもらっていた
　　　　ため、当院での准看護師としての
　　　　労働時間は概ね月70時間程度です。
　　　　そのため、基本給は10万円程度で
　　　　した。

藻　岩：そうならば、月5万円の修学資金
　　　　の支給というのは純然たる学費の
　　　　貸付ではなく、准看護師としての
　　　　給与の不足分を補充するもの、つ
　　　　まり賃金の補充としての実質を有
　　　　していたと評価できる可能性もあ
　　　　りますね。

　　　　　次に、②労働者の認識について
　　　　は、いかがでしょうか？

事務長：ここも実は苦しいところでして…
　　　　Aさんから返還免除期間前に退職
　　　　する場合の修学資金の返還につい
　　　　て確認を求められたことがありま
　　　　したが、十分な説明はしませんで

した。

　　　　また、貸付契約の内容を明らか
　　　にした書面等も交付しておりませ
　　　ん。

藻　岩：そうですか…。

　　　　では、③貸付規定の合理性はい
　　　かがでしょうか？　ここは特に重要
　　　なところです。

　　　　返還免除のために必要な勤務期
　　　間が長期間とされるか否か、勤務
　　　期間が返還免除期間に満たない場
　　　合、全額の返還請求を行っていた
　　　か否かに関わります。

　　　　御院ではこの点は、どうだった
　　　のでしょうか？

事務長：先程からお話しているように返還
　　　免除のために必要な勤務期間は6
　　　年ですが、長期間といえるので
　　　しょうか？

　　　　また、できるだけ当院で勤務し
　　　てもらいたかったという事情が
　　　あったことから、勤務期間が6年
　　　に1日でも満たない場合には、全
　　　額返還してもらうようにしていま
　　　した。実際、Aさんはこれまで4
　　　年間勤務されていましたが、返還
　　　免除期間の6年に満たないので全
　　　額の返還を請求しています。

藻　岩：うーん。

　　　　労働基準法14条は、契約期間中
　　　の労働者の退職の自由が認められ
　　　ない有期労働契約について、その
　　　契約期間を3年間と定め、労働者
　　　の退職の自由を上記期間を超えて
　　　制限することをしていることから、

それを超過する制限を許容しない趣旨であるといえます。

この趣旨に照らすと、退職の自由を不当に制限するか否かの判断については事実上の制限となる期間が3年を超えるか否か基準として重視すべきであり、免除期間をその倍の6年間とすることは同条の趣旨から大きく逸脱し著しく長いといえます。

また、勤務期間に応じて割合的に返還請求額を減少させていないことも事実上不当な退職制限と評価しうる一要素になります。

最後に、④退職の制限等については、いかがでしょうか?

事務長：実は、Aさんには辞めてほしくなかったので返還免除規定の話をして退職を思いとどまるように私や看護部長及び看護師長からも話をしましたし、そのような内容の書面をAさんに送っています。

また、Aさんには准看護学校時代にも修学資金を貸し付けていたのですが、これについては返還免除期間を全うしていたにもかかわらず、この点も含めて返還しなければならないと伝えてしまった事情がございます。

藻岩：そうですか。そのような事情もある場合には、労働者の退職の自由を不当に制限するものとして労働契約の不履行に対する損害賠償の予定であると評価される恐れが高いですね。

事務長：…そうですか。

では、先生、当院の修学資金制度が労働基準法16条に違反せずに適法になるために具体的にはどのような手当をしておく必要があるでしょうか?

藻岩：まず、修学資金の貸付制度の内容について当事者間で十分な合意をすることが必要です。具体的には、労働者に対し、修学資金の貸与はあくまで免除特約付の金銭消費貸借契約であり、貸付は任意であること、免除のために必要な勤務期間、及び返還条件等につき説明し、その旨を記載した書面をあらかじめ交付することや、そのことを説明したことがわかるような確認書を労働者から取り付けることが有用です。

また、返還免除のための勤務期間は3年を基準とし、それを大幅に上回る期間を設定しないことや、勤務期間が規定の免除期間に満たなくても、実際の勤務期間に応じて割合的に返還額を低減することが重要だと思います。

事務長：当院では、正看護師の人員確保の観点から、修学資金の制度は継続させたいので、先生の上記ご指摘を踏まえて、制度設計を見直します。

その際には、お力をお貸しいただけますでしょうか?

藻岩：もちろんです。よろしくお願い致します。

☑ **本日のチェックポイント**

● 　貸付の趣旨や実質、貸付規定の内容等、貸付に係る諸般の事情に照らし、貸付金の返還義務が実質的に労働者の退職の自由を不当に制限するものとして、労働契約の不履行に対する損害賠償額の予定であると評価できる場合には、貸付規定は労働基準法16条に違反することになります。

● 　修学資金の貸与はあくまで免除特約付の金銭消費貸借契約であり、貸付は任意であること、免除のために必要な勤務期間、及び返還条件等につき説明し、その旨を記載した書面をあらかじめ交付することや、そのことを説明したことがわかるような確認書を労働者から取り付けることが有用です。

● 　返還免除のための勤務期間は3年を基準とし、それを大幅に上回る期間を設定しないことや、勤務期間が規定の免除期間に満たなくても、実際の勤務期間に応じて割合的に返還額を低減することが重要です。

※　登場する人物名や団体名は、仮名であり実在する方とは一切関係ありません。

雨貝義麿（あまがい・よしまろ）【弁護士・弁護士法人 平松剛法律事務所】

　平成23年3月 北海道大学法科大学院修了、平成28年12月 弁護士登録、平成29年1月から現在まで弁護士法人　平松剛法律事務所札幌事務所にて執務。札幌弁護士会「雇用と労働に関する委員会」、北海道大学労働判例研究会、UC労働判例研究会に所属。

第5章　基本的な労働条件

　基本的な労働条件である賃金、労働時間をめぐる職場のルールが問題となる。

　賃金については、固定残業代制の有効性（相談13）を問題とする紛争が頻出している。労務管理上は年俸制（相談14）、退職金（相談15）、新規に給与ファクタリング（相談16）の問題があるが、いずれも賃金の基本的ルールから議論を整理する必要がある。

　労働時間については、労働時間概念そのものを整理する必要があるうえ（相談17）、事業場外労働みなし制（相談18）、三六協定（相談20）、管理監督者（相談21）など労基法上の労働時間規制の在り方をめぐってもトラブルが発生している。

　また、休む権利である年次有給休暇（相談22、相談23）についてもそのルールが周知されているとは言い難い。

相談13 「月60時間の固定残業代を検討中です」
〜長時間労働を前提とする固定残業代の問題〜

長時間労働を予定する固定残業代制度は規定全体が無効となることがある

　　残業代の支払については、月々の残業代の計算が煩雑であることから、固定残業代制度を採用して効率化を図っている会社は多い。

　　しかし、固定残業代を巡っては多数の裁判例が出ており、有効と認められたものもあるが、制度自体が無効とされ、残業代を支払っていないという扱いとなることもある。

　　特に、働き方改革関連法の成立と施行を受け、残業時間の規制という観点から、固定残業代制度について検討を行う。

執筆／弁護士・栗原望（栗原法律事務所）

プロローグ

　ここは、某地方都市に事務所を構えるUC法律事務所である。所長の藻岩弁護士（以下「**藻岩**」）は、労働法を専門としており、弁護士会内でも労働法に詳しいことで有名な弁護士である。

　本日は、以前、藻岩弁護士の労働法の講演会に参加したことがある、A社の社長（以下「**社長**」）が、法律相談をする予定となっている。事前の連絡では、どうやら固定残業代制度の導入を検討しているとのことだが…。

　固定残業代制度の有効性に関する過去の重要判例としては、テックジャパン事件（最判平成24年3月8日）、医療法人社団康心会事件（最判平成29年7月7日）、日本ケミカル事件（最判平成30年7月19日）があります。

　上記各裁判例はいずれも重要な判示をしていますが、判断視角には相違する部分が含まれており、正確な理解のためにはそれぞれの判決を理解しておく必要があります。本稿は、医療法人社団康心会事件及び日本ケミカル事件に基づき執筆されており、テックジャパン事件の理解に関しては相談18（161〜169ページ）で説明しています。

近時においても国際自動車（差戻後最高裁）事件（令和2年3月30日）において判断規範の整理がなされており、今後は、同事件も踏まえて固定残業代制度の有効性を検討する必要がある点に留意する必要があります。

Q1　固定残業代制度とは、どのような制度ですか？

労働基準法は残業代の支払方法まで具体的に規制してはいないが

藻岩：本日はどのような相談ですか？

社長：はい。実は、この度、我が社では従業員の残業代について、固定残業代制度を導入しようかと考えているのです。

　これまで我が社では、特に繁忙期に長時間の残業が行われることが多かったのですが、その度に残業時間の計算をして支払うと手続が煩雑なので、毎月一律の固定残業代を支払う形にして、給与支払の効率化を図ろうと考えているのです。

　ただ、少し調べたところ、固定残業代制度に関しては、裁判で争われることもあるようなので、導入に当たってどのようなことに注意すればよいか事前に相談したいのです。

藻岩：なるほど。

　まず、一点うかがいたいのですが、固定残業代制度が、労働基準法とどのような関係で問題になっているの

かはご存じですか？

社長：ええと…　すみません。残業代を固定額で支払う制度だと言うことはわかるのですが…。

藻岩：まず、労働時間について、労働基準法32条は、使用者は1日8時間、1週40時間を超えて労働者に労働をさせてはいけないと定めています。

　そして、使用者がこの上限を超える労働を労働者に行わせた場合には、労働基準法37条に定める所定の割増率の割増賃金を支払わなければなりません。

　この労働基準法の原則については、勿論ご存じですね？

社長：勿論です。先生の講義でも仰っていましたよね。

藻岩：労働基準法は、残業をさせた場合に、その都度労働基準法37条の計算方法の規定に従って、時間外・休日・深夜労働時間数に応じた割増賃金を計算して支払うという残業代の支払方法を想定としているのです。

　もっとも、労働基準法が規制しているのは、時間外労働に対して労働基準法37条所定の計算方法による一定額以上の割増賃金を支払わなければならない、ということなので、支払われる残業代が労働基準法37条所定の計算方法を下回るのでなければ、残業代の支払方法まで具体的に規制しているわけではありません。

　そのため、ある程度の残業時間が見込まれる場合に、予め定額の時間外手当を基本給の中に組み入れたり、

手当として支払うことで、残業代の計算を簡略化するという方法が固定残業代制度なのです。

社長：それでは、固定残業代という制度を我が社が採用すること自体については、問題はないということでよいのですか？

藻岩：そうですね。

　　　労働基準法37条に定める計算方法を下回らない金額の残業代を支払うということであれば、固定残業代制度を採用すること自体が直ちに労働基準法違反となるものではありません。

Q2　固定残業代制度が、有効になる要件を教えてください。

固定残業代と所定内賃金が区別できることが不可欠

社長：でも、固定残業代制度を採用している会社で、残業代について争いになることもあるのですよね？

　　　制度を導入して固定残業代を支払うに当たってはどのようなことに注意しなければならないのですか？

藻岩：固定残業代が残業代の支払いとして有効と認められるか否かについては、多数の裁判例が出ています。

　　　固定残業代について、最高裁判所は、使用者が労働者に対し、時間外労働等の対価として労働基準法37条の定める割増賃金を支払ったとする

ことが出来るか否かを判断するには、「労働契約における賃金の定めにつき、それが通常の労働時間の賃金に当たる部分と同条の定める割増賃金に当たる部分とに判別することが出来るか否か」を判別できることが必要であると、高知県観光事件（最判平成6年6月13日）、テックジャパン事件（最判平成24年3月8日）、国際自動車事件（最判平成29年2月28日）、医療法人康心会事件（最判平成29年7月7日）などで述べています。また、下級審の判決もこれを踏襲した判断が多数行われています。

　　　そのため、固定残業代を支払う際には、通常の労働時間の賃金に当たる部分と、割増賃金に当たる部分とが明確に区分されていることが不可欠になります。この明確に区分できるか否か、ということについては「明確区分性」の要件とも呼ばれています。

社長：明確区分性、ですか…。

　　　具体的にどのような場合に明確に区分されていると認められているのですか？

　　　我が社では、「基本給のうち○万円は○時間分の固定残業代とする」というような規定を考えているのですが…。

藻岩：そのような固定残業代の支払方法は、基本給の中に割増賃金を組み込んで支給するということで、「定額給制」と呼ばれる支払方法ですね。

　　　残業代の支払方法としては、貴社

で導入を考えている「定額給制」の ほかに、基本給と別に定額の手当を 固定残業代として支払う「定額手当 制」があります。

「定額手当制」は手当が定額残業代 として支払われていたかが問題に

藻岩：「定額手当制」の場合、基本給と手 当とは形式的に区分されていますが、 「職務手当」や「時間外手当」とされ る手当の実質が、本当に定額残業代 手当として支払われていたものかど うかが問題になります。

定額手当の中に、割増賃金以外の 職責への対価としての職務手当や管 理職手当など、他の手当としての性 格を有しているのであれば、割増賃 金とその他の賃金との区別が出来な いことになるので、明確に区分され ているとはいえません。

裁判例としても、例えば成果給を 時間外手当としており割増賃金を計 算する基礎賃金には含まれないこと が明記されている就業規則及び給与 規定について、成果給は前年度の成 果に応じて人事考課によって決めら れるものであるのに対し、時間外手 当は労働者を法定労働時間を超えて 労働させた場合に使用者が労働時間 に比例して支払う手当であって、両 者の性質は異なるにもかかわらず、 これらの手当を成果給に混在させる ことは不合理と判断されています（ト レーダー愛事件・京都地判平成24年 10月16日）。

「定額給制」は通常の労働時間との 比較対照が困難になる恐れが

藻岩：これに対し、貴社で採用を考えてい る「定額給制」は、基本給の中に割 増賃金部分が含まれることになるの で、通常の労働時間との比較対照が 困難になる恐れがあります。

もっとも、「基本給○円のうち、△ 円は1か月◎時間分の時間外労働に 対する割増賃金とする」などと基本 給と割増賃金部分に区別がつく内容 になっていれば、明確区分制が認め られると思われます。

社長：なるほど。ところで、疑問に思って いたのですが、固定残業代として定 めた時間分を超えた残業が行われた 場合、どうすればよいのでしょう か？　月によって固定残業代で定めた 残業時間を超えないこともあるのだ から、毎月固定額だけ支払っていれ ば問題ないのでしょうか？

藻岩：いいえ。固定残業代制度は、毎月固 定で支払われるものなので、残業が 全くない月にも支払わなければなり ませんが、他方で、実際に固定残業 代の定める時間を超える残業をした 従業員に対し、超えた部分の残業代 を支給しないことは、労働基準法違 反になります。

固定残業代の有効要件については、 明確区分制に加えて、最高裁判所の 判断の中で、補足意見ではあります が、固定残業時間を超えて残業が行 われた場合には、所定の支給日に超

えた分を上乗せして残業代を支給する旨も予め明らかにされていなければならないとの指摘があります（テックジャパン事件櫻井補足意見・平成24年3月8日）。

下級審でも、先ほどの明確区分性の要件に加えて、差額の精算に関する合意を要件とする裁判例もあります（イーライフ事件・東京地判平成25年2月28日）。

実際に固定残業代分超える残業をした場合は残業代を支払う必要が

藻岩：固定残業代制度の要件として、明確区分性の他に精算の合意まで備えていることが必要かについては、裁判所の判断は分かれていますが、基本的には実際に固定残業代分を超える残業をした場合には、残業代を支払わなければなりません。

また、「定額手当制」に関して、雇用契約にかかる契約書等の記載内容のほか、具体的事案に応じて使用者の労働者に対する当該手当や割増賃金に関する説明の内容、労働者の実際の労働時間等の勤務状況などの事情を考慮して、当該手当が時間外労働等に対する対価と評価できるかを判断枠組みとしている裁判例もあり（日本ケミカル事件・最判平成30年7月19日）、規定の記載内容だけではなく、実態についても有効性の判断要素とするものもあります。

社長：毎月固定額を支払っていればよいわけではないのですね。

> **Q3** 長時間の残業代に関する固定残業代制度は、認められるのでしょうか？

明確区分性が認められても固定残業代制度が無効となることもある

社長：今までのお話からすると、基本給と固定残業代部分が明確に区分されていなければならないこと、固定残業代部分を超える残業については、精算が必要だということですね。

よくわかりました。これで大丈夫ですね。

藻岩：ちょっと待ってください！

具体的にどのような固定残業代の導入を考えているのですか？

社長：我が社では「基本給のうち○円を60時間分の固定残業分とする」という形の固定残業代を考えています。

固定残業時間分を超えたら精算が必要なのであれば、固定残業時間分を長時間の固定残業代としておいた方が、精算が必要になることも少ないですし、毎月60時間分の固定残業代が支払われるのだから、労働者にとっても不利益ではないと思います。

もちろん、基本給が最低賃金を下回らないようにしますし、60時間を超える残業があった場合は精算をする予定です。

藻岩：月60時間分ですか…。それは長時間すぎるのではないですか？

社長：先ほどのお話では、残業代部分と基

本給の区分が明確で、また超えた場合の精算を行っていればよいのではないのですか？

長時間すぎる固定残業代制度は公序良俗違反により無効に

藻岩：いいえ。

　厚生労働省は、業務上の疾病として取り扱う脳血管疾患及び虚血性心疾患等の認定基準として、発症前1か月間ないし6か月間にわたって、1か月あたり概ね45時間を超えて時間外労働が長くなるほど、業務と発症との関連性が徐々に強まると評価できること、発症前1か月に概ね100時間又は発症前2か月間ないし6か月間にわたって、1か月あたり概ね80時間を超える時間外労働が認められる場合は、業務と発症との関連性が強いと評価できると定めています。

　また、従前から、労働基準法36条による時間外労働及び休日労働に関する協定、いわゆる三六協定では、延長できる労働時間の目安は1か月で45時間が上限とされていました（平成10年12月28日労働省告示第154号「労働基準法36条1項の協定で定める労働時間の延長の限度等に関する基準」）。

　裁判例でも、1か月あたり80時間程度の時間外労働が継続することは、脳血管疾患及び虚血性心疾患等の疾病を労働者に発症させる恐れがあるものというべきであり、長時間の時間外労働を恒常的に労働者に行わ

ることを予定して、基本給のうちの一定額をその対価として定めることは、労働者の健康を損なう危険のあるものであって大きな問題があるとして、固定残業代を公序良俗違反により無効としたものがあります（穂波事件・岐阜地判平成27年10月22日、イクヌーザ事件控訴審・東京高判平成30年10月4日）。

上限時間の月45時間超の固定残業代制度は認められない可能性がある

藻岩：それに加えて、働き方改革に伴う労働基準法の改正により、時間外労働の上限時間として「月45時間、年360時間」が明記され、違反には罰則が科せられることになりました。

　そのため、この上限を超える残業時間を前提とした固定残業代制度には月45時間を超える残業時間を定めた固定残業代制度は、認められない可能性があるといえます。

社長：えっ！ でも、毎月必ず60時間残業するわけではないですし、うちの会社では繁忙期と閑散期とで残業時間に差があるので、60時間を大きく下回る月もあるのですが…。

藻岩：裁判例では、実際には、長時間の時間外労働を恒常的に労働者に行わせることを予定していたわけではないことを示す特段の事情が認められる場合は別として、通常は基本給のうちの一定額を月間80時間分相当の時間外労働に対する割増賃金とすることは、公序良俗に違反するとしてお

り（イクヌーザ事件控訴審・東京高判平成30年10月4日）、そのような規定を置くこと自体が問題となる可能性が高いと思われます。

社長：固定残業代に関する規定が公序良俗違反と判断された場合、規定の効果はどうなるのですか？

藻岩：規定自体が公序良俗違反ということになるので、規定全体が無効ということになりますね。

社長：なるほど…。そうだ。先ほどのお話で、労働基準法改正による上限は、月45時間ということでしたよね。

それでは、45時間の範囲までの固定残業代部分としては有効で、それを超える部分についてのみ無効と考えることが出来るのではないですか？

藻岩：つまり、仮に60時間分の固定残業代の定めが公序良俗に反するとしても、労働基準法36条の上限である月45時間の残業に対する時間外賃金を定額により支払う旨の合意が内在していたと考えることが出来るのでは、ということでしょうか？

社長：そうです。

それなら規定の趣旨に反しないのではないでしょうか？

藻岩：確かに、95時間分の時間外賃金として支給されていた職務手当について、45時間分の通常残業の対価として合意されていたと判断した裁判例があります（ザ・ウィンザーホテルズインターナショナル事件・札幌高判平成24年10月19日）。

しかし、その後東京高裁において、会社側から同様の反論があったのに対し、東京高裁は、月45時間の残業に対する時間外賃金を定額により支払う旨の合意を基礎づける事情は認められず、また部分的無効を認めると、とりあえずは過大な時間数の固定残業代の定めをした上で、それを上回る場合にのみ残業手当を支払っておくとの取り扱いを助長する恐れがあるから、固定残業代の定め全体を無効とすることが相当であると判断し、45時間分の合意があったとすることを否定した事案があります（イクヌーザ事件控訴審判決・東京高判平成30年10月4日）。

貴社の考えている月60時間分の固定残業代は、過労死ラインである80時間は下回っていますが、月45時間との内容が明示されていませんので、従業員との間でそのような合意があったとすることは難しいと思います。

また、月45時間との厚生労働省の告示は、時間外労働について1か月に45時間の限度時間を超えないものとしなければならないとの趣旨であり、45時間までであれば当然に認められるという趣旨ではありませんでしたし、改正労働基準法36条における45時間という上限も、あくまでも上限としての規制です。

そのため、月45時間分の範囲については当然に固定残業代として当然に認められるものではないと思われ

ます。

> ### Q4　無効とされた場合の残業代の計算は、どうなりますか？

固定残業代として支払った部分も無効となり支払っていないことに

社長：もし、固定残業代の規定が無効と判断されてしまった場合、残業代について不足部分、つまり未払いがあるということになるのですよね？

藻岩：そうですね。

社長：その場合、残業代はどのように計算することになるのでしょうか？

　　　当初の基礎賃金の金額を元に残業代の計算をすればよいのですか？

藻岩：いいえ。固定残業代制度自体が無効と判断された場合は、残業代が支払われていなかったということになります。

　　　そのため、固定残業代部分を含んだ賃金額を割増賃金の基礎として計算することになるので、割増賃金計算の基礎単価が高くなることになります。

社長：そんな…。

　　　効率化を図るために固定残業代制度を導入しようと思っていたのですが、内容によっては、かえって支払わなければならない残業代が増えてしまうことになるのですね…。

藻岩：先ほども説明しましたが、平成30年7月に成立した労働基準法改正をは

じめとする「働き方改革関連法」では、「ワーク・ライフ・バランス」と「多様で柔軟な働き方」を実現するために、労働基準法、労働安全衛生法、労働時間等設定改善法を改正し、残業の上限を「月45時間、年360時間まで」と規制しました。

　　　これは、時間外労働、休日労働を必要最小限にとどめ、従業員の過労死等を防止することが目的です。

　　　会社は、従業員が安全で健康に働くことが出来るようにする安全配慮義務がありますので、脳血管疾患及び虚血性心疾患等の疾病を労働者に発症を招くような長時間労働にならないよう、労働時間を適正に管理しなければなりません。

社長：よくわかりました。

　　　固定残業代については、制度自体を導入するかどうかも含めて改めて検討をします。

☑ 本日のチェックポイント

● 固定残業代制度には、裁判例によると明確区分性の要件が必要であり、精算の合意についても要件とされることがあります。

● 長時間の残業時間を前提とする固定残業代制度は公序良俗違反として、制度全体が無効とされる可能性があります。

● 働き方改革に伴う労働基準法の改正により、残業時間について「月45時間、年360時間」との上限が法条文に明記されました。これを超える残業については、原則として罰則が科せられる可能性があります。

※ 登場する人物名や団体名は、仮名であり実在する方とは一切関係ありません。

栗原望（くりはら・のぞみ）【弁護士・栗原法律事務所】

平成21年 北海学園大学法科大学院修了、平成22年12月 弁護士登録。UC労働判例研究会に所属。

相談 14 「当社でも年俸制を導入したい！」
〜年俸制の導入にあたり注意すべき点〜

労使の信頼関係のもと労働者の納得感に配慮し決める必要がある

　年俸制とは「賃金の全部または相当部分を労働者の業績等に関する目標の達成度を評価して年単位に設定する制度」である（労働法12版　菅野和夫436頁）。

　これまでの年功序列による賃金制度にとってかわるもので、成果主義人事制度と相性の良い制度だが、そこには様々な問題点が潜んでいる。

　例えば、労働者の賃金体系を年功序列型の賃金から成果主義的な年俸制にする場合、労働者の同意があればそれでよいが、同意がない場合には就業規則の不利益変更が認められる要件（労働契約法10条）を満たす必要がある。

執筆／**弁護士・雨貝義麿**（弁護士法人　平松剛法律事務所）

プロローグ

　ここは、某地方都市に事務所を構えるUC法律事務所である。所長の藻岩弁護士（以下「**藻岩**」）は、労働法を専門としており、弁護士会内でも労働法に詳しいことで有名な弁護士である。

　某日、UC法律事務所の顧問会社である新進気鋭のベンチャー企業Z社の人事部長・伏見氏（以下「**部長**」）から「うちの会社でも年俸制を採用したいのですけど、何か注意することがあればアドバイスしていただけますか。」と相談を受けた。

Q1　年俸制とはどのような制度なのですか？

　年俸制の場合、どのように賃金を支払ったらよいのでしょうか？

　また、残業代を払う必要があるのでしょうか？

年俸制でも月ごとに賃金を支払い
原則残業代を支払う必要がある

藻岩：本日のご相談はなんですか？

部長：当社では、年俸制を導入しようと

思っております。もっとも一口に年俸制といっても、①新規採用時に年俸制を採用する場合、②勤務している労働者の賃金を年功序列型の賃金制度から成果主義的な年俸制に変更する場合、③すでに年俸制を採用している場合に次年度の年俸額をどのように決定するかなど、様々な問題があると思いますので、これらについてお聞きしたいと思います。

　もっとも、実は私、恥ずかしながら年俸制についてよくわかっておりません。そこで、①②③の問題の前提として、そもそも年俸制とはどのような制度なのか教えてください。

藻岩：わかりました。

　まず、年俸制とは、賃金額を年単位で算出するもので、様々なバリエーションがありますが、1年の賃金額（年俸）を労働者の成果・能力に即して支払う制度がとられることが多いです。

部長：では、年俸制の場合、通常の場合と異なり、労働者に1年分の賃金をまとめて支払ってもいいのですか？

藻岩：いいえ、そうではありません。

　年俸制を採用したとしても、賃金の支払いに関しては、毎月1回以上定期払の原則（労働基準法24条2項）がありますので、一般的には年俸額を12等分して月ごとに支払う場合が多いと思います。

　また、年俸制は賃金に関する制度なので、就業規則において年俸額や、年俸額の決定方法、及び支払方法等を定める必要があります（労働基準法89条2号）。

部長：そうなのですね。では、年俸制の場合、労働者に残業代を支払う必要があるのでしょうか？

藻岩：一般的に年俸制は、労働時間規制を受けない管理監督者（労働基準法41条2項）や、仕事の性質上、労働時間規制がなじまない裁量労働制の労働者に適した賃金制度です。管理監督者等の場合には、労働基準法37条中の時間外、休日の労働の割増賃金に関する部分が適用されないので、深夜の割増賃金以外の割増賃金を支払う必要はありません。

　これに対して、管理監督者等以外の労働者の場合には、年俸制の下でも残業代を支払う必要があります。

部長：そうなのですね。年俸制でもそのような労働者には、残業代を払う必要があるのですね。

　では、年俸の中に残業代が含まれているとの労働者との合意があれば、残業代を別途支払う必要はないですよね？

年俸の中に残業代が含まれているとの合意があれば、残業代を別途支払う必要はないですよね？

藻岩：いいえ。場合によっては残業代を支払う必要があるのです。

　　　最高裁は、労働基準法37条が時間外労働等について割増賃金を支払うべきことを使用者に義務付けているのは、使用者に割増賃金を支払わせることによって、時間外労働等を抑制し、もって労働時間に関する同法の規定を遵守させるとともに、労働者への補償を行おうとする趣旨によるものであると解されるとしました。

　　　そして、労使間で、時間外労働に対する割増賃金を、年俸に含める旨の合意があったとしても、年俸額のうち、時間外労働等に対する割増賃金に当たる部分が明らかにされていなかった場合には、その合意によっては労働者に支払われた賃金のうち時間外労働等に対する割増賃金として支払われた金額を確定することができないため、年俸の支払いによって労働者の時間外労働及び深夜労働に対する割増賃金が支払われたといえないと判断しました（医療法人社団康心会事件・最判平成29年7月7日）。

部長：年俸の中に残業代が含まれるという労使間の合意があるだけでは残業代を支払ったことにはできないのですね。

藻岩：そうですね。年俸額のうち、通常の労働時間の賃金に当たる部分と割増賃金に当たる部分とを判別することができないと、きちんと割増賃金が支払われているかわかりませんから

ね。

部長：ところで、当社では業績に応じた賞与分を年俸額に含めて支払う予定ですが、残業代計算の際には、通常「賞与」が割増賃金の基礎とならないのと同じく、賞与分を割増賃金の基礎から除外していいのでしょうか？

藻岩：いいえ、そうではありません。

　　　通常、賞与は「臨時に支払われた賃金」（労働基準法21条4号）であり、割増賃金の基礎から除外されます。しかしながら年俸制に組み込んだ場合の賞与分は、通常前年度の業績を評価して確定したものであることが多く、この場合、「臨時に支払われた賃金」には当たらないことになります。したがって、年俸制に組み込んだ賞与分を割増賃金の基礎から除外できないのです（平成12年3月8日基収78号）。

部長：そうですか。年俸制の場合には賞与分も含めて割増賃金の基礎とする必要があるのですね。

Q2　新規採用者に年俸制を採用したいのですが　……（①）

年俸について労働者に十分に説明し納得してもらうことが重要

部長：では、新規採用者に年俸制を採用する場合、どのような方法で年俸額を決めるのが良いのでしょうか？

藻岩：そうですね。新卒者であれば、面接

の結果や、内定時の業務に関する各種テスト、取得資格、学歴等から、労働者の業務能力に対する会社の期待値を勘案して決定することが多いと思います。

部長：新規採用時には、会社が決定した年俸の提示があるので、その年俸で契約するかどうかを労働者が決定できるので問題は多くはないのではないでしょうか？

藻岩：そうですね。会社の評価に納得がいかない労働者は入社しなければいいのですから、そこまで大きなトラブルになることもないと思います。もっとも、新規採用の場合には残業代等を年俸に含むのかということやその具体的内容（何時間分の残業代に相当するのか等）について明確に定めていないと、後々トラブルになることもあります。よって、面接時に年俸の内容につき十分に説明して、納得したうえで入社してもらうことが重要です。

Q3　年功序列型の賃金制度を年俸制に変更したいのですが
……（②）

労働者の同意がない場合でも、就業規則により変更できる場合がある

部長：では、今まで年功序列型の賃金で勤務していた労働者の賃金制度を、成果主義を反映させた年俸制に変更す

る場合、どのような点に注意したらよいですか？

　実は、最近一部の労働者に仕事の成果に見合った賃金制度にして欲しいという声があるのです。

藻岩：そのような場合には、賃金制度等、労働条件の変更があるものといえ労働者の同意が必要です（労働契約法8条）。

部長：それでは、安定した賃金の方がいいという労働者や、業績が芳しくなかった労働者は、賃金が下がることを嫌って同意に難色を示すことが多いでしょうね。

　労働者の同意がない場合、年俸制を一切導入できないのでしょうか？

藻岩：いや。そんなことはありません。

　就業規則の変更により年俸制を導入できる場合があります。

部長：では、当社の就業規則に年俸制を定めればいいのですね。早速明日にでも就業規則を変更して年俸制を導入したいと思います。

藻岩：いやいや、ちょっと待ってください。就業規則を変更して単に年俸制を定めればいいというものではありません。就業規則の変更により前年度の最低保証額を定めないような年俸制の場合、労働者に対する評価次第で前年度よりも賃金が下がってしまう可能性があります。したがって、そのような変更は就業規則の不利益変更に該当する可能性が大きいのです。

　もっとも、労働者の同意がなくとも、変更後の就業規則を労働者に周

知らせ、かつ、就業規則の変更が、労働者の受ける不利益の程度、労働条件の変更の必要性、変更後の就業規則の内容の相当性、労働組合等との交渉の状況その他の就業規則の変更に係る事情に照らして合理的なものであるときは、就業規則の不利益変更が許されます（労働契約法10条）。

部長：では、変更後の就業規則の合理性のうち、内容の相当性を満たすためにはどのような制度であることが必要なのでしょうか？

藻岩：労働者の成果・能力等を判定する客観的な人事評価制度を整備する必要があります。

　それがないと、使用者の好き嫌いで労働者の賃金を恣意的に決めることを容認することになり、社員間に不公平感が募ることになりかねませんから。

部長：確かにそうですね。では、具体的にどのような人事評価制度を定めればいいのでしょうか？

藻岩：透明性・具体性のある評価基準の整備と開示、使用者がした労働者の評価の納得性・客観性を保つための評価方法の整備（複数評価者による多面的評価の導入）、及び評価を処遇に反映させる明確なルールの整備の他、目標管理制度を含めた労使双方向制度を定めることが必要とするのが有力な考え方です。

部長：労働者の成果・能力等を適正に判定する客観的な評価制度を整備するこ

とで、使用者が恣意的に労働者を評価することを防ぐということですよね？

藻岩：そのとおりです。

部長：では、そのための制度設計として、労働者の意見も聞いたほうがいいのでしょうか？

藻岩：そうですね。使用者は上記の客観的な評価基準に加え、使用者の評価に対し労働者に不服がある場合、労働者からの異議申し立てを認めるような制度を検討されてもいいと思います。

Q4　年俸制の場合、次年度の年俸額はどのように決めるのですか？
　わが社では前年度の労働者の業績評価によって次年度の年俸を労働者との合意で決めるという制度を導入したいのですが、合意ができない場合に年俸額はどのように決まるのですか？
……（③）

年俸額の決定は、労使の信頼関係のもと納得して行われることが重要

部長：では、無事に年俸制が導入できた場合、次年度の年俸額の決定方法についてお聞きしたいと思います。わが社では、年俸制が導入された場合、次年度の年俸額について、前年度の労働者の業績評価を勘案し、労働者

との合意によって決めるという制度を導入したいと考えています。

藻岩：そうですか。年俸額につき労使の合意ができればそれに越したことはありませんね。

　もっとも、前年度の業績評価が良くて、年俸額が上がる場合には問題は多くありませんが、逆に前年度の業績評価が悪く、年俸額が前年度よりも下がってしまう場合には、労働者との合意ができず、トラブルになることが多いと思いますので慎重に対応する必要があります。

　具体的には、年度当初に労働者と使用者との話し合いで一年の業績目標を設定し、年度末にその客観的な評価制度に照らして、その達成度を評価した上、合意の上で次年度の年俸額を決めたらいいと思います。

部長：では、個々の労働者との間で次年度の年俸を決定する際、上記の客観的な評価制度に照らしても労働者の業績評価に争いがあり、年俸額の合意ができなかった場合、年俸額を使用者が決めてもいいのでしょうか？

藻岩：次年度の年俸につき合意できない場合、年俸額が決まらないと賃金を支払えなくなり困りますね。そこで、合意ができない場合には、使用者に年俸額の決定権を与えるという就業規則上の規程やその旨の労働者との合意があれば、使用者が年俸額を決めことができることになります。そのような規程や合意がない場合には、とりあえず使用者が協議に際して提

案した額を最低額とする旨の合意があったものとされることが多いです（中山書店事件・東京地判平成19年3月6日）。

部長：そうすると合意できなかった場合は使用者の思い通りの提案額にすることができるのですね？

藻岩：いいえ。必ずしもそうではありません。

　使用者の人事権は、労働契約によって労働者から使用者に付託された相当の裁量権の範囲内で行使されるべきものであり、濫用にわたるものは許されません（明治ドレスナー・アセットマネジメント事件・東京地判平成18年9月29日）。もし、恣意的な評価で労働者を不公平に評価したりすると、人事権の濫用といわれてしまい、本来の適正な人事評価により得られたはずの賃金相当額や、不適正な評価をされてしまったことにより労働者にもたらされた精神的な慰謝料を支払う義務を負うことになりかねませんので注意が必要です。

　また、日本システム開発研究所事件（東京高判平成20年4月9日）では、合意によって年俸が決まる制度を採用する会社において、次年度の賃金額についての合意が成立しない場合は、年俸額決定のための成果・業績評価基準、年俸額決定手続き、減額の有無、不服申立手続等が制度化されて、就業規則等に明示され、その内容が公正な場合に限り、使用者に評価決定権があるというべきと

判断しています。

部長：このような場合には、年俸額の決定は慎重に行う必要があるのですね。

藻岩：そうですね。年俸額の決定にあたっては、やはり労使の信頼関係の下での労働者の納得性が重要になります。成果主義的な年俸制を採用する場合、特に制度の合理性が重要視されます。

もっとも、合意ができない場合の年俸額決定のプロセスですので、そのための合理的制度を策定することは非常に難しいですが、例えば、人事評価の仕組みを多面的かつ双方向的なものとしたうえで、年度初めの達成目標を労働者にとって現実的なものとし、年俸額の上限と下限を定め、一定の限界幅を設定しておくような合理的限界を設ける制度などを検討されるといいでしょう。

加えて、過去の業績評価だけではなく、労働者に対する将来的な業績評価についての一定の期待値を加味して年俸額を調整してくことも検討されるといいと思います。

そのような工夫で労働者の納得性に配慮することは、仕事に対するモティベーションを上げていくことにもつながるので年俸制を採用するうえで忘れてはいけない点だと思います。

部長：年俸制は、いろいろ大変そうですね。

藻岩：あれ、部長さん。他人事ではないですよ。

あなた自身に年俸制が適用されて、あなたの上司や会社の評価によってあなたの年俸が決まる場合に、すぐ

に合意できるのですか？

あ！部長さんは仕事ができるから大丈夫ですか！（笑）

部長：……いやー、私は上司や会社のことは信用していますからね……。

でもやはり、今、藻岩先生から言われてちょっと気になってきました。

自分自身の評価のことは考えていなかったので……。

やはり、適正な人事評価制度や、年俸についての明確な基準がないと不安ですね……。

でも年俸を下げる場合、労働者が納得できるような客観的な基準を策定するのは非常に難しいですね。きちんとした制度設計が不可欠であることを、身をもって体験しました。ハハハハハ（苦笑）……。

藻岩：やはり労使関係の信頼関係の下、できるだけ明確な基準を作っていくことは納得性の観点からは非常に重要ですよね。

部長：本当にそうですね。藻岩先生、本日はとても勉強になりました。ありがとうございました。

年俸額の決定にあたっては、労使の信頼関係の下での労働者の納得性が重要になります。

☑ 本日のチェックポイント

● 年俸制とは、賃金額を年単位で算出するもので、1年の賃金額（年俸）を労働者の成果・能力に即して支払う制度がとられることが多いです。年俸制の場合でも賃金は毎月1回以上支払う必要があります。また、原則的には残業代を払う必要があります。

● 新規採用時に年俸制を採用する場合、会社の決定した年俸額に納得いかない労働者は契約しなければいいのでそこまでトラブルは多くありませんが、年俸について十分に説明する必要があります。

● 労働者の賃金体系を年功序列型の賃金から成果主義的な年俸制にする場合、労働者の同意があればそれでよいのですが、同意がない場合には就業規則の不利益変更が認められる要件（労働契約法10条）を満たす必要があります。

● 次年度の年俸額を客観的な評価基準のもと労使間の合意により決めるという制度をとる場合、合意ができない場合でも規定等により使用者に決定権があることが多いのですが、合理的な限界があります。労使間の信頼関係の下、納得性の観点から人事評価や年俸額の決定内容・方法につき明確かつ合理性的な制度を構築することが重要です。

※ 登場する人物名や団体名は、仮名であり実在する方とは一切関係ありません。

雨貝義麿（あまがい・よしまろ）【弁護士・弁護士法人 平松剛法律事務所】

　平成23年3月 北海道大学法科大学院修了、平成28年12月 弁護士登録、平成29年1月から現在まで弁護士法人　平松剛法律事務所札幌事務所にて執務。札幌弁護士会「雇用と労働に関する委員会」、北海道大学労働判例研究会、UC労働判例研究会に所属。

相談
15「退職金を払いたくない」
～退職金の賃金性の問題～

就業規則の規定のありかたや 不正行為の程度を見極めるべき

　退職金は、支給基準等を明確に定めた規定がある場合には賃金に当たる。懲戒解雇に伴い退職金を支給しないとするには、その旨の規定に加え、懲戒解雇が有効であると認められる以上の十分な理由が必要となる。

　不正行為発覚後、労働者が退職を申し出た場合に早急に応じると、就業規則の記載の仕方によっては、退職金を支払う必要が生じてしまう可能性がある。

　したがって、懲戒解雇及び合意解約のメリット・デメリットを吟味する必要がある。

執筆／弁護士・高田英明（高田英明法律事務所）

　某地方都市に事務所を構える山鼻弁護士（以下「**山鼻**」）は、数多くの労働事件を手がけ、弁護士会内でも労働法に詳しいことで有名な弁護士であり、Ａ大学の労働法の講義を受け持っている。

　某日、山鼻弁護士は、Ａ大学の学生であり、自身の講義を熱心に受講する石狩さん（以下「**石狩**」）から、退職金について相談があるとのことで、講義後に話を聞くことにした。

Q1　退職金は賃金に当たるのでしょうか？

**任意的恩恵的な給付は
賃金に当たらない**

石狩：先生、今日はうちの父親の会社のことでご相談したいことがあるのですが。

山鼻：石狩さんのお父様は会社を経営されているのですか？　それでどのような相談ですか？

石狩：実は、父の会社で長年部長を務めて

いてくれたＢさんが、退職すること
になりまして、私も小さいころから
面倒を見てもらっていたので、信頼
していたのですが、色々Ｂさんの不
正が判明しました。

　父はもうかんかんに怒ってしまっ
て、「あんな奴に退職金は払わない」
と言っているのですが、今回の授業
で、退職金も賃金になり得るという
お話をお聞きしましたので、退職金
を支払わないと、労働基準法24条の
定める賃金全額払いの原則に反し、
労働基準法違反になるのではないか
と思いまして。

山鼻：石狩さんは、私の講義をしっかり聞
　　いているのですね。感心です。今回
　　の講義では、退職金についての話の
　　頭出しだけで詳細な内容は次回の講
　　義で取り扱う予定でしたが、折角で
　　すから、予習もかねてお話ししま
　　しょうか。

石狩：はい、ありがとうございます。

山鼻：では、まずお聞きしたいのですが、
　　就業規則に退職金の定めはあります
　　か？

石狩：はい、就業規則もしっかり確認して
　　きました。父によると、顧問の社労
　　士の先生に作成してもらったとのこ
　　とで、就業規則上にも退職金規定が
　　ありました。

山鼻：なるほど、石狩さんはしっかりして
　　いますね。

　　法律上は、退職金については、支
　　給するか否か、いかなる基準で支給
　　するかがもっぱら使用者の裁量にゆ

だねられている限り、任意的恩恵的
な給付であって、賃金ではないとさ
れています。

Q2　退職金が賃金に該当するのはどのような場合でしょうか？

支給基準等が明確に定められていれば賃金に当たる

石狩：それでは、退職金が賃金ではないと
　　すると、支払わないでいいというこ
　　とですね？

山鼻：いえ、そう簡単な話にはならないの
　　ですよ。労働協約及び就業規則等で
　　退職金を支給すること及びその基準
　　が定められていて、使用者に支払義
　　務があるものは賃金に当たるとされ
　　ています。

　　石狩さんのお父様の会社の就業規
　　則に退職金規定があり、かつ、支給
　　基準等定められていれば、使用者に
　　支払義務が生じますので、退職金は
　　賃金に当たると思われます。

Q3　不正行為をした労働者であっても、退職金を支払わなければなりませんか？

懲戒に関する規定と退職金の不支給条項が最低限必要

石狩：結局、退職金を支払わないといけな

いということですね？

山鼻：いえ、労働法はそんなに簡単に結論が出ないことは、私の講義を聞いていればお分かりですよね。結論は、もう少しお話を伺ってみないと分かりません。

　　　色々、不正があったということですが、具体的にどのようなことがあったのですか？

石狩：実は、父の会社では、公共工事を入札で受注しているのですが、Ｂさんが甲社に、父の会社の入札価格を漏らして、甲社に受注させていたのではないかという疑いがあるのです。

山鼻：それはひどい話ですね。それは何故わかったのですか？

石狩：父から聞いたところによりますと、取引先の方から、「Ｂさんから甲社の社名入りの名刺をもらったが退職したのか」という問い合わせがあり、調べてみたところ、その甲社の社長がＢさんの父親になっていたということでした。

　　　また、長く受注していた入札が取れないことが続いたことから、おかしいなと思い調べたところ、甲社が当社の入札価格と僅差で受注していることが判明しました。そこで、Ｂさんに会社で使用しているメールのやり取りを開示させて問い詰めたところ、Ｂさんが、入札情報を漏らしていたことを認めたとのことです。

山鼻：なるほど、先程、顧問社労士の先生に就業規則を作ってもらったとおっしゃっていましたが、企業秘密の漏洩は就業規則に懲戒事由として定められていますか？

石狩：はい、懲戒事由として列記されていました。

山鼻：そうでしたか。では、懲戒事由があった場合に、退職金を減額するという退職金減額事由は、就業規則に定められているでしょうか？

石狩：はい、確か、懲戒解雇の場合は、退職金を支給しないという条項があったはずです。

山鼻：懲戒解雇の際の退職金の不支給・減額条項については、様々な考え方がありますが、学説等の詳細は授業でお話しすることにして、一般的には、懲戒解雇に伴う退職金の不支給は、就業規則等で明記し労働契約を規律することによってはじめて行うことができ、そのような場合は、賃金全額払いの原則にも反しないと考えられています。

石狩：なるほど。

Ｑ４　懲戒解雇が有効であれば、退職金は支払わなくて良いのでしょうか？

不支給とするには懲戒解雇が有効であるだけでは足りない

山鼻：もっとも、退職金不支給条項を有効に適用したとしても、労働者のそれまでの功労を抹消ないし減殺してしまうほどの著しく信義に反する行為

があった場合だけに限られると考えており、仮に懲戒解雇が有効である場合も、退職金不支給の適法性は、今お話した観点から個別に判断されることになります。

すなわち、懲戒解雇が有効だからといって、退職金を支払わないことが当然に認められるわけではないということですね。

具体的には、「退職金は、功労報償的性格とともに、賃金の後払的性格を併せ持つものであることからすると、退職金の全額を失わせるような懲戒解雇事由とは、労働者の過去の労働に対する評価を全て抹消させてしまう程の著しい不信行為があった場合でなければならない」（トヨタ工業事件・東京地判平成6年6月28日労判655号17頁）とされています。

背信性の程度が、過去の労働に対する評価を全て抹消させてしまう程の著しいものとは評価されない場合は、当該行為の具体的内容と労働者の勤続の功などの個別事情に応じて、一定割合を支給すべきとされています（小田急電鉄（退職金請求）事件・東京高判平成15年12月11日労判867号5頁、東京貨物社（解雇・退職金）事件・東京地判平成15年5月6日労判857号64頁）。

最高裁判所も、勤務中の功労に対する評価が減殺された場合に、退職金支給制限条項の有効性を認めています（三晃社事件・最判昭和52年8月9日労経速958号25号）。

今回の場合では、立証の問題があるにせよ、懲戒事由に当たる可能性は高いと思います。ただし、懲戒の手段として懲戒解雇が相当であるかは、どの程度悪質な行為であったかを考慮しなければならず、もう少し事案の精査が必要です。

懲戒については、また講義で取り扱いますので、時間の都合から相当悪質であったことを前提に話を進めましょう。

石狩：先生、やっぱり労働法は難しいですね。

Q5　懲戒解雇する前に自主退職した労働者には、退職金を支払わなければなりませんか？

自主退職前に対応を検討すべき

山鼻：ところで、今回、Bさんは懲戒解雇されたのですか？

石狩：いえ、それがBさんは自らの不正を認めてすぐ、退職願を提出し、会社もそれを承諾してしまったそうです。

山鼻：そうすると、会社はBさんを懲戒解雇しておらず、合意解約したということになってしまいますね。

すぐに合意解約に応じず、猶予期間を設けるべきであったかと思われます。場合によっては、懲戒事由の有無及び懲戒処分の内容を検討するために、一旦自宅待機を命じること

もあり得るかと思います。

　いずれにせよ、会社の利益を確保し将来のリスクを未然に防ぐためには、不正が発覚した時点で早急に専門家に相談した方が良かったかもしれないですね。

石狩：はい、今度はすぐに先生に相談するように父に言っておきます。

山鼻：そうなってしまいますと、もちろんBさんに懲戒事由が存在するか否かも問題になってしまいますが、就業規則を拝見しないと、具体的な回答ができなくなってしまいます。

　例えば、就業規則等に、「懲戒解雇の場合、退職金を支給しない」と記載されていれば、Bさんは懲戒解雇という扱いになっていませんので、退職金を支払わなければならなくなってしまう可能性が高いのですが、「懲戒解雇に相当する行為を行った場合、退職金は支給しない」と記載されていれば、退職金を不支給にするということができる可能性も出てきます。

石狩：そうでしたか。就業規則の書き方によっては、Bさんが不正をしたこと自体認めているのに、退職金を支払わないといけないこともあるのですね。

山鼻：そうですね、就業規則は、労働契約の内容を規律するものですので、慎重に作らなければならないですね。

　また、労働者から会社への退職金請求が著しく不公正であるとして、権利の濫用により無効であるとされ

る場合もあります。

　医療法人貴医会事件（大阪地判平成28年12月9日労判1162号84頁）は、「懲戒解雇の場合、退職金を支給しない」旨の規定があり、労働者は不正が発覚した時点で退職した事案ですが、会社の信用が失墜に至らなかったことを考慮すると、退職金の2分の1の請求については、権利の濫用として許されないと判断されています。

　ただし、このような事例があるものの、権利の濫用として無効とされるためのハードルは極めて高いので、注意が必要です。

Q6　退職金を支払わなくて済む方策は、あったのでしょうか？

労働者に退職金を放棄してもらう方法も

山鼻：在職中の不正経理による損害の一部を填補する趣旨で、退職金を放棄した労働者が、賃金全額払いの原則により放棄の効力は生じないとして主張して退職金を請求した事案で、賃金債権の放棄は自由な意思に基づいてなされている場合は全額払いの原則に反しないとし、実際に退職金の放棄を認め、労働者の請求を認めなかったもの（シンガー・ソーイング・メシーン・カムパニー事件・最判昭和48年1月19日民集27巻1号27

頁）もあります。

　この事件では、会社が労働者に対して、退職金を放棄するよう求めていますが、労働者が反省をして退職金を放棄したのであれば、放棄は有効であろうという判断がなされており、退職金の放棄が認められる可能性があります。この判例は、労働法の最重要判例になるので、今後の勉強のためにも、一読しておいたほうが良いでしょう。

石狩：なるほど、退職時に退職金を放棄してもらう旨の書面を提出してもらえれば、今回の紛争を未然に防ぐことができたかもしれませんね。

山鼻：そうですね。ただ、そのような退職金の放棄が有効になるか否かは、難しい判断になるかと思いますので、事前に専門家にご相談されることをお勧めします。

会社の利益を確保し将来のリスクを未然に防ぐため、不正が発覚した時点で早急に専門家に相談した方がよいでしょう。

Q7　退職金を支払ってしまった後に、退職金を取り返すことはできるのでしょうか？

就業規則の規定を整備しておくことが重要

石狩：これまでのお話を聞いていると、一つ疑問に思ったのですが、もし既に退職金を支払ってしまった場合は、これを取り返すことはできるのでしょうか？

山鼻：素晴らしい視点ですね。労働者が不正発覚を予期して退職してしまって、退職金を受け取る場合は、現実に起こりえます。この場合に、当然に返還請求をすることができるわけではないというのは、これまでの話から理解できるでしょう。

　この点の判断は、実務上も分かれていますが、退職金の返還規定がある場合には、「それまでの勤続の功を抹消または減殺するほどの著しい背信行為」があれば、返還を求めうることは、ほぼ一致しています。

　ただし、そのような規定がない場合には、法律構成を含めて様々な争いがあります。

　実務上は、「返還請求をしうる」程度の受け止め方をしているといって良いでしょう。

石狩：やはり支払う前と支払った後では、問題が少し違うのですね。

Q8 不正行為の発覚時点では、どのような手段を採るべきだったのでしょうか？

不正行為が発覚した時点で専門家との相談を検討すべき

山鼻：いずれにせよ、不正が発覚した時点で、その後の対応を専門家にきちんと相談することが重要です。退職金はもちろんのこと、どのような懲戒

処分を行うことができるかについても難しい問題といえるでしょう。

石狩：父にも、今日教わったことをきちんと説明して、就業規則をもって先生の事務所にご相談に伺いたいと思いますがよろしいでしょうか？

山鼻：もちろんです。お父様とご相談されて、もし私に相談したいとなれば、ご連絡下さい。

石狩：先生、ありがとうございました。また、次回の講義、よろしくお願いいたします。

☑ 本日のチェックポイント

● 不正行為をした労働者に対して退職金を支給しない場合には、その旨の規定が最低限必要です。

● 不正発覚直後に労働者が退職をした場合には、退職金を支払わなければならない場合があるので、不正発覚後の対応については、慎重にならなければなりません。

● 労働者が退職してしまった場合でも、具体的事情により、労働者の退職金請求が著しく不公正である場合には、請求を拒むことができます。

※ 登場する人物名や団体名は、仮名であり実在する方とは一切関係ありません。

高田英明（たかだ・ひであき）【弁護士・高田英明法律事務所】

　平成18年3月 北海学園大学法学部政治学科卒業、平成26年3月 北海学園大学大学院法務研究科既修者コース修了、平成28年1月 弁護士登録。札幌弁護士会、日本労働法学会、北海道大学労働判例研究会、札幌弁護士会「雇用と労働に関する委員会」に所属。

相談
16

「給与ファクタリングってなに？」
〜賃金全額払原則の問題〜

賃金は労働者に直接全額の支払いが必要であることをあらためて確認

　労働基準法24条は、「賃金は、通貨で、直接労働者に、その全額を支払わなければならない」と定めており、使用者は、労働者に対して、直接、賃金全額を支払う必要がある。

　労働基準法24条を巡っては、例えば、労働者が休職して、休職期間中は使用者が社会保険料等の労働者負担分を立て替えていたものの清算できていなかった場合や、後で述べるとおり「給与ファクタリング」業者への対応などが問題となる場合がある。

執筆／**弁護士・倉茂尚寛**（ユナイテッド・コモンズ法律事務所）

プロローグ

　ここは、某地方都市に事務所を構えるＵＣ法律事務所である。所長の藻岩弁護士（以下「**藻岩**」）は、労働法を専門としており、弁護士会内でも労働法に詳しいことで有名な弁護士である。

　本日は、水産加工会社の三角社長（以下「**三角**」）がＵＣ法律事務所を訪れる予定となっている。どうやら休職期間中に立て替えた社会保険料の賃金からの控除と、従業員が関わった貸金業者からの書面について相談したいようである。

Q1　休職期間の3か月分の社会保険料を立て替えた場合、復職後に賃金から一方的に（労働者の了承なしに）控除することができますか？

　一方的に3か月分の社会保険料を賃金から控除することはできない

藻岩：本日は、ご来所いただきありがとうございます。

三角：こちらこそ、お忙しいところお時間を作っていただきありがとうござい

ます。

　本日は、2件ほど対応を悩ましく思っている案件について、ご相談をさせてください。

藻岩：三角社長の会社は、従業員が30名ほどの缶詰の製造をされている会社でしたね。

三角：はい、そのとおりです。

　実は、当社で正社員として勤務しているAなのですが、趣味のスノーボードをしていた際に木にぶつかってしまい、右腕や肋骨を骨折する大けがをしてしまいました。Aは、缶詰に詰める魚を捌く業務をしておりましたので、当然仕事ができず、3か月ほど私傷病で休職していました。

藻岩：それは大変でしたね。

三角：怪我も治ったので来月から復職することになっているのですが、いかんせん休職をした者も過去にいたわけでなく、休職期間に立て替えたA負担分の社会保険料をどのように処理してよいものかよくわかりません。

　私としては、来月分の賃金から早く控除して処理してしまいたいと思っているのですが、経理をしている妻から「本当に大丈夫なの？」と言われてしまいまして。

藻岩：なるほど…。まずは、お話を整理すると、Aさんを社会保険に加入させているので、健康保険料や厚生年金保険料等について、通常は、当月お支払いする賃金から前月分の社会保険料を控除して、納付されているということですね？

三角：そのとおりだと思います。普段は妻が経理処理しているので、詳しいことはわからないのですが…。

藻岩：被保険者つまりAさんの社会保険料は、会社（事業主）と被保険者（Aさん）がそれぞれ2分の1を負担するとされています。

　休職期間中はそもそもお支払いする賃金がなかったため、いつもどおりAさんが負担すべき保険料を控除できず、一方で、社会保険料の納付義務自体は会社にあるので（健康保険法161条、厚生年金保険法82条）、会社で立て替えてお支払いをされていたという状況だと思います。

　Aさんへの現在の立替額は、どの程度の額ですか？

三角：えーと、資料によれば、Aは総支給で給与月額25万円なのですが、会社で立て替えた社会保険料等の総額は約13万5000円となります。それなりに大きい額なので、会社としては、来月の給与で全額控除してしまって、早く処理してしまいたいと考えています。

　普段は毎月控除しているので、3か月分をまとめて控除してしまっても問題ありませんよね？

藻岩：それは違います。会社が一方的に社会保険料3か月分を控除してしまった場合、労働基準法24条1項が定める「賃金全額払原則」に違反することになります。

　使用者は、労働者に対して、賃金を全額支払わなければなりません。

この例外は、「法令に別段の定めがある場合」又は「当該事業場の労働者の過半数で組織する労働組合等との書面による協定がある場合」に限られており、いつどのような場合に控除できるのかきちんと確認しておく必要がありますね。

三角：そうなると、そもそも毎月社会保険料を控除できるのは、なぜなのでしょうか？

藻岩：健康保険法167条、厚生年金法84条は、「事業主は、被保険者に対して通貨をもって報酬を支払う場合においては、被保険者の負担すべき前月の標準報酬月額に係る保険料（被保険者がその事業所に使用されなくなった場合においては、前月及びその月の標準報酬月額に係る保険料）を報酬から控除することができる。」と定めていますので、労働基準法24条1項の例外で定める「法令に別段の定めがある場合」にあたります。

あくまで法令の定めとしては、「前月の」社会保険料とされておりますので、今回のケースでは3か月分まとめて控除することが、できないのです。

> **Q2** 復職期間中の社会保険料は、どのように精算すればよいですか？

三角：賃金から一方的に控除できないことはわかりましたが、それでは、今回はどのように対応したらよいのでしょうか？

労働者と協議して定める必要がある

藻岩：一方的な控除ができないといっても、Aさんは、会社に対して、ご自身が負担しなければならない社会保険料等を支払わなければなりません。Aさんと、そのお支払方法を協議して定める必要があります。

三角：Aから「給料から控除してもらいたい」との申出があったとしても、3か月分をまとめて控除することは、できないでしょうか？

藻岩：その点に関しては、2つの問題をクリアする必要があります。

1つ目は、賃金から社会保険料等の控除（相殺）を行うことについて、Aさんから同意を得る必要があります。特に注意しなければならないのは、判例上、この同意には、労働者の自由意思に基づくものと認めるに足りる合理的な理由が客観的に存在していることが、必要とされている点です（日新製鋼事件・最判平成2年11月26日民集44巻8号1085頁）。

より具体的には、①会社が情報提供、説明を適切に行い、②賃金から控除（相殺）をしても労働者の経済生活の安定を脅かすことがない程度の分割金を提案することが必要です。上記①と関連して労働者の検討を容易にさせることや事後の紛争予防のため、実務上は、③説明や労働者からの同意を得る際に書面で行うこと

も必要といえます。

三角：せいぜい、口頭で簡単に説明をして、了解をもらえば済むと思っていたのですが、違うのですね。

藻岩：労働基準法24条は、法令に別段の定めがあるか、当該事業場の労働者の過半数で組織する労働組合等との書面による協定がある場合に限って、賃金の一部を控除して支払うことを認めているに過ぎません。

　以上のとおり判例上は労働者の自由な意思による同意との例外が認められておりますが、この判例の考え方に疑問を呈する学説もあり（菅野和夫「労働法第十二版」弘文堂・455頁）、本来的には労使協定を整備して対応すべき問題であることも、おさえておくと良いでしょう。

三角：それでは、一度Aに資料を示して説明をし、まずはどうしたいのか聞いてみたいと思います。先生には同意書を作っていただくことになると思いますが、その際にはまたご連絡をさせていただきますね。

> **Q3　給与ファクタリング業者から、給与債権の譲渡を受けた旨の連絡があったのですが、給与は誰に支払えばよいですか？**

債権譲渡通知がなされても労働者に給与を支払う必要がある

三角：次にご相談をしたい案件は、Bについてです。Bは、仕事ぶりは真面目なのですが、給料が入れば全部飲み代に使ってしまう従業員です。月末近くになると昼食が毎日カップラーメンになるので、よく食事に連れて行ってあげています。

　Bは、困ったやつではあるのですが、自分の稼いだお金をどのように使うかはBの問題ですし、仕事はしっかりとやってくれています。Bは、私を慕ってくれていますので、手がかかる弟のようなものというところでしょうか。

　実は、そのBの件で、ブラックファイナンス社から、このような書類が届きました。

～藻岩が書面を確認すると、
　　要旨、次の内容が記載されていた～

　貴社はBに対して給与債権の支払義務を負いますが、弊社ブラックファイナンス社は、給与ファクタリング業者として、Bから同人の令和3年10月分の給料債権のうち7万円の譲渡を受けました。

　本書面は、Bからの委任に基づき貴社に債権譲渡がなされたことを通知するものであり、右7万円については、Bに支払うのではなく、弊社ブラックファイナンスの○×銀行振込先口座にお支払い下さい。

　なお、貴社がBに上記7万円をお支払された場合、Bを横領罪・詐欺罪で刑事告訴する場合があります。

藻岩：なるほど、これは現在問題になっている「給与ファクタリング」ですね。

　　　Ｂさんには、なぜこのようなことになったのかご事情はお聞きになられたのですか？

三角：もちろんです。Ｂに確認したところ、年末にお金に困って、ブラックファイナンス社に令和３年10月の給料のうち７万円を買い取ってもらったとのことです。４万円が手数料とされたため、実際の買取価格、つまり受け取ったお金は、３万円だけだったとのことです。

　　　Ｂが頑張って働いた給料なのに、なぜこんなよくわからない会社にＢの給料を支払わなければならないのか…。とはいえ、ブラックファイナンス社はＢを刑事告訴すると言ってきているし、どうしたらよいのか…。

藻岩：まず、給与ファクタリングがどのようなものかご説明しますね。

　　　ファクタリングとは、簡単に言えば、支払期日前に売掛金といった債権を買い取ってもらうサービスです。手数料が取られることを含め、これ自体は広く行われています。給与ファクタリングとは、その対象を給与とするものです。

　　　先ほどご説明したとおり、給料債権については、労働基準法24条１項により、使用者は、賃金の全額を労働者に直接支払わなければなりません。従って、給料債権の譲受人であるブラックファイナンス社は、直接、会社にその支払いを求めることはで

きないことになります。

　　　ブラックファイナンス社に対して、Ｂさんの給料７万円を支払うことはできません。むしろ、ブラックファイナンス社にＢさんの給料を支払ってしまうと、会社が労働基準法24条１項に違反することになってしまいますので、注意が必要です。

三角：それは驚きました。危うくブラックファイナンス社に支払ってしまうところでした。

　　　それでは、Ｂの給料について、会社からブラックファイナンス社に支払わなくても良いのですね？

藻岩：そのとおりです。

　　　会社は、あくまでＢさんに対して、給料を支払えばよいのです。

Ｑ４　「給与ファクタリング」とは、どのようなものですか？

ファクタリング業者は労働者から債権回収せざるを得ない

三角：ブラックファイナンス社は、Ｂを刑事告訴すると言っているのですが、Ｂは大丈夫なのでしょうか？

藻岩：では、次に、Ｂさんとブラックファイナンス社との間の法的関係を整理することにしましょう。

　　　先ほどご説明したとおり、給与債権の譲渡を受けたといっても、ブラックファイナンス社は、会社に対して、Ｂさんの給与の支払いを求め

ることはできません。結局、ブラックファイナンス社は、給与債権の譲渡人であるBさんに対して、"買戻し"をさせるなどとして、その債権回収を図らざるを得ません。

三角：確かに、ブラックファイナンス社は、Bから支払ってもらうほかないですよね。

そもそも、ブラックファイナンス社は、法的には会社からBの給与債権を直接支払ってもらうことができないのに、なぜ債権譲渡を受けてい

るのですか？

法的には貸金業法にいう「貸付」にあたる場合が

藻岩：金融庁の見解によれば、このような「給与ファクタリング」のスキームは、経済的に貸付け（金銭の交付と返還の約束が行われているもの。）と同様の機能を有しているものと考えられることから、貸金業に該当するとされています（金融庁監督局総務課金融会社室長による令和2年3月

＜参考1＞トラブル事例のイメージ

① 消費者（個人）が給与ファクタリング業者へ、給与（賃金債権）を売却（譲渡）する

② 給与ファクタリング業者が消費者（個人）へ、手数料を引いた金額を提供する

③ 勤務先から消費者（個人）へ、給与が支払われる

④ 消費者（個人）が給与ファクタリング業者へ、手数料を含めた金額を支払う

出典：独立行政法人国民生活センター（http://www.kokusen.go.jp/news/data/n-20200612_1.html）

5日付金融庁における一般的な法令会社に係る書面照会手続（回答書））。

ブラックファイナンス社は、「給与ファクタリング」、「債権譲渡」と称していますが、結局、法的には、Bさんに対して貸付をしているに過ぎないと考えられます。ブラックファイナンス社は、あたかも貸付でないかのように装って間口を広げたり、高額な手数料を収受しようとしているのでしょう。勤務先に連絡をされることを嫌がる労働者の心理に付け込んで、回収をしようとするものともいえます。

近時、給与ファクタリング業者は、インターネットなどで「借金ではない」、「利息無し」、「ブラックリストに登録されていても問題ない」、「勤務先や家族に知られない」などと都合の良いことを謳って、利用者を広く集め、様々なトラブルが生じています。

貸金業を行うためには、貸金業法上登録を受けなければなりません。まずは、ブラックファイナンス社が、貸金業法の登録を受けている業者か否か、金融庁の「登録貸金業者情報検索サービス」で調べてみると良いでしょう。

無登録業者、つまりヤミ金は、取立手法として刑事告訴をチラつかせることもあるので、まずは慌てずに専門家に相談するとよいでしょう。

三角：それは知りませんでした。

ブラックファイナンス社がヤミ金業者であっても、Bはお金を返さなければならないのでしょうか？

給与ファクタリング業者は違法貸付業者の場合があり対応に注意が必要

藻岩：ブラックファイナンス社による「給与ファクタリング」が貸金業に当たるのであれば、印紙代など指定された契約の締結及び債務の弁済の費用を除き、礼金、手数料等の名義を問わず、徴収されるお金は「みなし利息」に該当します（貸金業法12条の8）。Bさんに事情を確認する必要がありますが、ブラックファイナンス社は単に手数料と称しているようですので、手数料4万円は、この「みなし利息」に当たるものと考えられます。

また、貸金業法42条では、年109.5パーセント（2月29日を含む1年については年109.8パーセント）を超える割合による利息の契約をしたときは、当該消費貸借契約（貸付）を無効としています。

今回のケースを簡単にいえば、ブラックファイナンス社は、Bさんに対して、実際に交付した額である元金3万円を貸し付け、1か月で4万円の利息を付した7万円を徴収しようとしたものと整理できますので、概算で1569％もの利率を定めたことになってしまいます（【計算方法】利息÷元金×365日／貸付期間＝利率※うるう年でなく年間365日の場合）。

貸付自体が無効となった場合、不

法原因給付（民法708条）にあたりますので、Ｂさんは、利息だけでなく、貸付金元金3万円も返済する必要がなくなります。不法原因給付とは、簡単にいえば、ブラックファイナンス社は、貸金業法42条に反して違法に貸付をした以上、その返還を求めることはできないという意味ですね。

また、貸金業法42条で定める利率を超えない場合であっても、利息制限法1条各号で定める制限利率を超えるときには、いわゆる「過払い金」の問題が生じることになります。

三角：なかなか複雑な話ですが、Ｂにはすぐに先生のところにご相談に行くように伝えておきます。

藻岩：貸金業の無登録営業をした場合や年109.5パーセント（2月29日を含む一年については年109.8パーセント）を超える割合による利息の契約をした場合、法律上、その業者に対して刑事罰が科されることになっています。

Ｂさんに関しては、ブラックファイナンス社に対する刑事告訴も視野に入れて対応を検討しますね。

☑ 本日のチェックポイント

● 　会社は、労働者に対して有している請求権があったとしても、原則として、賃金から控除（相殺）することはできません。

● 　給与ファクタリング業者から債権譲渡を受けたといった通知がなされたとしても、会社は、労働基準法24条1項に基づき、労働者に賃金の全額を支払う必要があります。

● 　給与ファクタリング業者は、違法貸付業者の場合がありますので、その対応には注意が必要です。

※　登場する人物名や団体名は、仮名であり実在する方とは一切関係ありません。

倉茂尚寛（くらしげ・なおひろ）【弁護士・ユナイテッド・コモンズ法律事務所】

　平成22年3月　新潟大学法学部卒業、平成25年3月　北海道大学法科大学院修了、平成26年12月　弁護士登録。札幌弁護士会、日本労働法学会、北海道大学労働判例研究会、UC労働判例研究会、労働法学会に所属。

＜参考２＞「給与の買取りをうたった違法なヤミ金融にご注意ください！」（金融庁）

「給与ファクタリング」などと称して、個人の賃金債権を買い取って金銭を交付し、個人を通じて資金を回収する業務は、貸金業に該当します※。

貸金業登録を受けずにこうした業務を営む者は、違法なヤミ金融業者です。

＜貸金業登録の有無は、金融庁WEBサイト（登録貸金業者情報検索サービス）から検索できます。＞

> ～ 「給与ファクタリング」に関する被害事例 ～
> ○ 年利換算で数百％にもなる利息の支払
> ○ 家族や勤務先へのしつこい電話や大声での恫喝
> ○ 高額な遅延損害金の請求

あなたの生活が破綻するおそれがあります！
ヤミ金融業者を絶対に利用しないでください

※貸金業該当性に係る考え方の概要
　　労働者が賃金債権を譲渡した場合でも、労働基準法の規定により、使用者は直接労働者に対し賃金を支払わなければならず、賃金債権の譲受人は、自ら使用者（労働者の勤務先等）に対してその支払を求めることは許されないと解されているため、上記の業務においては、賃金債権の譲受人は、常に労働者に対してその支払を求めることになります。
　　そのため、上記の業務は、譲受人から労働者への金銭の交付だけでなく、譲受人による労働者からの資金の回収を含めた資金移転のシステムが構築されているということができ、経済的に貸付けと同様の機能を有しているため、貸金業に該当すると考えられます。（詳細は金融庁WEBサイト「一般的な法令解釈に係る書面照会手続」に係る「照会」及び「回答」をご参照願います。）

悪質な業者の被害や債務に関する相談窓口

金融庁　金融サービス利用者相談室
　（受付時間：平日10:00～17:00）
■0570－016811
　03－5251－6811（IP電話からの場合）

多重債務相談窓口連絡先
財務局、都道府県等の相談機関の連絡先は二次元バーコードのリンク先から確認できます。

日本貸金業協会　貸金業相談・紛争解決センター
■0570－051051
　03－5739－3861（IP電話からの場合）

警察
■＃9110　（各都道府県警察相談ダイヤル）

消費生活センター等の消費生活相談窓口
■188（消費者ホットライン）

資料出所：金融庁WEBサイト（https://www.fsa.go.jp/ordinary/chuui/kinyu_chuui2.html）

相談
17

「どこからが労働時間かわからない」
~労働時間に関する問題~

黙示も指示であり「労働者が勝手にやっていた」では済まされない

　いまだに「使用者は労働時間を把握・管理しなきゃダメなの？」や「どこからどこまで労働時間にあたるの？」などといった質問を度々受ける。

　使用者が個々の労働者の労働時間を完全に把握・管理することは、容易ではないため、あらかじめ労働時間を確定的に定めたり、労働者に裁量をもたせたりすることがある。ところが、実態は曖昧に定められていることが多く、「どこからどこまでが労働時間なのか」について、労使の認識が食い違い重大なトラブルを招く。労働時間は客観的に判断されるからこそ、事前に労使間でコミュニケーションをとり、認識を一致させておくことが大切である。

執筆／北海学園大学法学部教授・弁護士・淺野高宏（ユナイテッド・コモンズ法律事務所）

プロローグ

　ここは、某地方都市に事務所を構えるUC法律事務所である。所長の藻岩弁護士（以下「**藻岩**」）は、労働法を専門としており、弁護士会内でも労働法に詳しいことで有名な弁護士である。

　本日は、藻岩弁護士がよく行く居酒屋を経営しているK社の森戸社長（以下「**社長**」）が、法律相談にくる予定となっている。

　事前の連絡では、従業員の労働時間についての相談であるとのことだが…。

Q1　労働時間かどうかわかりにくいのですが…

藻岩：お世話になっております。本日は労働時間についてのご相談と伺っておりますがどのようなお話でしょうか？

社長：いや～、お恥ずかしい話なのですが、うちの店長と従業員が労働時間のことで、もめておりまして…。

藻岩：詳しく教えてください。

社長：うちのお店では、従来から店長が出勤簿にて、従業員の労働時間を管理しています。具体的には出勤簿に出

153

社時間と退社時間を従業員自身が手書きで記載することになっています。また、休憩は１日１時間取得することになっており、これも従業員各自が出勤簿に記載することにしています。ところが、最近、従業員やアルバイトから、出勤簿に記載されている時間と、実際に働いている時間が違うという相談を直接受けました。そこで、店長に確認をしたところ、「ちゃんと、契約書に書かれている通りの時間に出勤、退勤をさせて、休憩は暇な時間に各自１時間とるように指示しています。もし残業が発生した場合も契約書で定められている固定残業代（30時間）分の時間以上は働かせないように管理していますよ」と言うのです。

藻岩：なるほど。実際に、店長さんが、ちゃんと労働時間を管理しているのかどうか少し心配ですね…。

社長：私もそう思って、従業員に、もう少し詳しく話を聞いてみました。
　　従業員によると、「店長は、時間に厳しく、所定労働時間内に仕事が終わらない場合、仕事が遅いのは自己責任だから発注や、お店のブログ更新など、インターネット上で出来る仕事は家に帰ってやってくれ！と言ったり、団体客の予約があって早く出勤した時には、勝手に早く出てきても、俺（店長）が指示したわけではないから、早出分の残業は付けられない！と言ったりして、残業として扱ってくれません。休憩もとれ

ないことがあります」と言うのです。

藻岩：なるほど。アルバイトさんも同じ悩みでしょうか？

社長：いいえ、アルバイトの相談内容は、「アルバイトは、出勤報告をする前に、制服に着替えてから店前の掃除とトイレ掃除をすることになっていて、これらに要する約30分は、店長は仕事ではないのだからと言って、労働時間として扱ってくれない」と言うのです。

従業員が自由任意に掃除や早出をしている場合は労働時間にならないが

藻岩：なるほど。今回のご相談は労働時間かどうかが争われる典型例です。店長は法的な意味での労働時間の理解が不十分なようですね。少し理屈っぽい話になりますが、社長には労働時間について正しくご理解頂いた上で、今後の対応の改善について店長にお話しして頂く必要があります。

労働基準法
（労働時間）
第32条　使用者は、労働者に、休憩時間を除き１週間について40時間を超えて、労働させてはならない。
　②　使用者は、１週間の各日については、労働者に、休憩時間を除き１日について８時間を超えて、労働させてはならない。

社長：労働基準法32条なら、私でも知っていますよ。

藻岩：今日のご相談で問題になっている労働時間というのは労働基準法が規制の対象としている時間のことを意味します。一般に労働時間という場合は、労働基準法上の労働時間を指します。ただ労働基準法には労働時間の定義がありません。もっとも、何を労働時間とみるかについては、最高裁判所（三菱重工業事件他）の判断によって定義が確立されており、労働基準法上の労働時間とは労働者が使用者の指揮命令の下に置かれている時間を指すとされています。

社長：ということは、従業員が自主的に掃除したり、早く自主的に出勤したりした時間は労働時間ではないということですね‼

藻岩：確かに会社の指示命令がないのに、従業員が自由任意に掃除や早出出勤をしている場合は、労働時間にはならないと言えます。問題なのは「自主的」な活動とされているものが、真実、従業員の「自由任意」に行われているかという点です。明示的な指揮命令がなかったとしても、会社が仕事をするよう黙示的にプレッシャーをかけていたり、仕事のために早出していることを知りながら黙認している場合には、「使用者の指揮命令下にある時間」と評価されます。

　また、最高裁は、ある活動を義務づけられたり、余儀なくされているという状況にあれば、これも労働時間と評価するという判断をしています。

　ですから、掃除も従業員が自由任意に行っているのではなく、職場の暗黙のルールとして皆やらざるを得ないとか、当番制になっているなどの状況があると、それは労働時間であると評価されることになります。

Q2　労働時間の把握は使用者の義務なのでしょうか？

社長：うーむ……、何が労働時間にあたるのかの判断は難しいですね。会社としては、一度、1日の作業の流れや出退勤状況を藻岩先生にご説明して労働時間の扱いが間違っていないかをチェックしてもらわないといけないですね……。それに何が労働時間なのかがはっきりしない中で、会社が労働時間を把握するのは至難の業ですね。労働時間の把握というのは、使用者の義務だという話も聞きますが、それは本当なのでしょうか？

使用者が労働時間をしっかり把握し記録しておくことが前提とされている

藻岩：そうですね。平成29年1月20日に厚生労働省が出した通達「労働時間の適正な把握のために使用者が講ずべき措置に関するガイドラインについて」（基発0120第3号（※この通達により、いわゆる四六通達（基発第339号）は廃止））には、労働時間の適正な把握のために使用者が講ずべき措置として「使用者は、労働時間を適正に把握するため、労働者の労働日

ごとの始業・終業時刻を確認し、これを記録すること」と、はっきり書かれています。

　また、賃金台帳の適正な調製として、使用者は、労働基準法108条及び同法施行規則54条により、労働者ごとに、労働日数、労働時間数、休日労働時間数、時間外労働時間数、深夜労働時間数といった事項を適正に記入しなければならないとされており、賃金台帳にこれらの事項を記入していない場合や、故意に賃金台帳に虚偽の労働時間数を記入した場合は、同法120条に基づき、30万円以下の罰金に処されます。少なくとも労働基準法では使用者が労働時間をしっかり把握して記録しておくことが前提とされているわけです。

社長：ちょ…ちょっと待ってください！

　ということは、うちのアルバイトが慣習でやっている掃除や、業務量増加に伴う社員の早出など、これらの労働時間を私（使用者）が適切に把握・管理しないと罰則の適用もありうるということでしょうか？

藻岩：労働基準法が罰則により規制しているのは、あくまで賃金台帳の適正な調製ですので、現行法の下では、使用者の労働時間の適正把握義務違反が、直接罰則の適用につながるわけではありません。

　また、さきほど、アルバイトの方は、出勤の時、店長に出勤報告をしていると言っていましたが、さきほどの通達の中で自己申告制について

「実際には延長することができる時間数を超えて労働しているにもかかわらず、記録上これを守っているようにすることが、実際に労働時間を管理する者や労働者等において、慣習的に行われていないかについても確認すること」と明記しています。つまり、労働者が勝手にやっていたでは済まされないのです。

Q3　具体的にどのような時間が労働時間に該当するのでしょうか？

社長：なるほど…。そうすると、私（使用者）は、労働者の労働時間を適正に把握・管理するために、具体的にどのような時間が労働時間に該当するのか、知る必要がありそうですね。

　困ったときに藻岩先生に聞けばよいという態度ではいけませんね。あらかじめ何が労働時間にあたるのかを就業規則等に記載して決めておけば、わかりやすいですし、管理もしやすいのですが。

労働者の行為が使用者の指揮命令下に置かれたものと評価できるか否か

藻岩：社長のおっしゃる通り、会社があらかじめ何が労働時間であるかを決められるということであれば、労働時間の管理は使用者にとって容易にはなります。しかし、最高裁は、何が労働時間にあたるのか、すなわち、労働者が使用者の指揮命令下に置か

れているかどうかを客観的に判断すべしという立場をとっています。

　これは、ある時間が労働時間にあたるかどうかは、労働契約や就業規則等の決め方如何にかかわらず、客観的に判断して決定するという立場であり、たとえば会社が朝礼は業務そのものではないから就業規則の中で労働時間とはみなさないと決めても、朝礼への義務付けがあったり、業務連絡の必要などから朝礼に参加することを従業員が余儀なくされている状況があれば、それは客観的にみて労働時間と評価されるということになります。その意味では、使用者が、適正に労働時間を把握・管理することは簡単ではない面がありますね。

　もっとも、さきほどの通達（基発01230第3号（以下「ガイドライン」））では、私がご説明した最高裁の立場に沿って、何が労働時間にあたるかをかなり具体化していますので、じっくりみていきましょう。

平成29年1月20日　基発0120第3号

（前略）

3　労働時間の考え方

　労働時間とは、使用者の指揮命令下に置かれている時間のことをいい、使用者の明示又は黙示の指示により労働者が業務に従事する時間は労働時間に当たる。そのため、次のアからウのような時間は、労働時間として扱わなければならないこと。

　ただし、これら以外の時間についても、使用者の指揮命令下に置かれていると評

価される時間については労働時間として取り扱うこと。

（中略）

　なお、労働時間に該当するか否かは、労働契約、就業規則、労働協約等の定めのいかんによらず、労働者の行為が使用者の指揮命令下に置かれたものと評価することができるか否かにより客観的に定まるものであること。また、客観的に見て使用者の指揮命令下に置かれていると評価されるかどうかは、労働者の行為が使用者から義務づけられ、又はこれを余儀なくされていた等の状況の有無等から、個別具体的に判断されるものであること。

　ア　使用者の指示により、就業を命じられた業務に必要な準備行為（着用を義務付けられた所定の服装への着替え等）や業務終了後の業務に関連した後始末（清掃等）を事業場内において行った時間

　イ　使用者の指示があった場合には即時に業務に従事することを求められており、労働から離れることが保障されていない状態で待機等している時間（いわゆる「手待時間」）

　ウ　参加することが業務上義務づけられている研修・教育訓練の受講や、使用者の指示により業務に必要な学習等を行っていた時間

（後略）

社長：なるほど。具体的な内容が明示されているので、わかりやすいです。ただ、頭の中でイメージできないところもあるので、1つひとつ確認させ

てください。

藻岩：もちろん構いません。自分のお店の環境をイメージしながら考えると良いと思います。

社長：ガイドラインの中に「黙示の指示」とありますが、これは、うちのお店でいうところの業務上必要な掃除、あるいは、業務量増加に伴う持ち帰り残業や早出などのことですね？

藻岩：その通りです。ただ、ここで注意しなくてはならないのは、黙示とはいえ「指示」であるということです。つまり、通常、業務に関係ないことや、必要のないことは、指示しないですよね。

社長：ということは、業務と関係なく労働者が勝手に早く出勤しても労働時間にはあたらないということですね。

　ところでうちのお店の労働契約では、休憩1時間と明記しており、店長によれば、各自の裁量で暇な時間に1時間休憩してよいと指示しています。

　しかし、実際、社員は、休憩をとれないことがあるといっているのですが…。

休憩時刻を労働者に任せるなら少なくとも休憩をとれているかの確認を

藻岩：問題は、店長が「暇な時間に」という曖昧な表現を使っていることと、実際に休憩をとれているかどうかを確認していないところにあると思います。

　できれば「○時から○時までの1

時間」と確定的に定めるのが一番良いと思いますが、事情があって確定できない場合、労働者の裁量に任せるのであれば、少なくとも休憩をとれているか否かを確認する必要があると思います。

　また、休憩時間については、さらに、労働から離れることが保障されているか否かが問題となります。いわゆる手待時間の問題です。

社長：その点は問題ありません。うちの店は休憩室があり、くつろげるよう配慮しています！

藻岩：なるほど。少し注意が必要なのは、労働から離れるという保障について最高裁判所は、実作業に従事していない不活動時間であっても、一定の場所で待機し、必要に応じて直ちに実作業に従事することが義務付けられているときは、その必要が生じることが皆無に等しいなど、実質的に義務付けを否定できるような事情が存しない限り、当該時間に労働から離れることが保障されているとはいえないと判示しています。

社長：私は、休憩時間中に電話に出る事の義務付けなんてしていないのですが、従業員が気を利かせて対応してしまうんですよね。

藻岩：しかし、社長は電話が重なった時、休憩中の人が出ていることを知っていて、それを放置していたということはないでしょうか？

社長：それは、義務付けになる可能性があると？

大切なことは必要業務、休憩のとり方、任意自由かどうかの説明・確認・納得

藻岩：その点は使用者のほうで、休憩時間中に労働からの解放を保障する必要があります。

大切なことは、必要な業務が何であるのか、休憩のとり方や過ごし方をどうすべきか、業務か任意自由に参加する活動なのかの区分けに関する、「説明」、「確認」、「納得」です。

たとえば、休憩時間中に社長が従業員に電話応対の義務付けはしていないとおっしゃるなら、休憩中は電話対応しなくても良いというルールをつくり、それを労働者に「説明」して、それを実行できる環境をつくることが重要です。

社長：なるほど。コミュニケーションが大切ということですね。

早速、これからみんなで話し合ってきます！ 藻岩先生、ありがとうございました！

☑ 本日のチェックポイント

● 　使用者の労働時間把握義務について、現行法では明文規定はありませんが、適正に把握・管理な労働時間管理の法制化を見据えた対応が必要となります。

● 　旧通達が廃止され、新たな通達として「ガイドライン」が出されているので、確認してください。

● 　労働時間は客観的に判断されるからこそ、事前に労使間でコミュニケーションをとることが大切です。

※　登場する人物名や団体名は、仮名であり実在する方とは一切関係ありません。

淺野高宏（あさの・たかひろ）
【北海学園大学法学部教授・弁護士・ユナイテッド・コモンズ法律事務所】

　平成14年 弁護士登録。北海道大学客員准教授を経て平成29年４月より現職。北海道労働局紛争調整委員会あっせん委員、NPO法人「職場の権利教育ネットワーク」理事、元札幌簡易裁判所民事調停官（非常勤裁判官）。現在、北海学園大学法学部において教鞭をとりながら、弁護士としても労働事件を中心に担当している。平成26年にはNHKの雇用問題を扱った特別番組に２度出演した。主な著作に「18歳から考えるワークルール」（共著・法律文化社）、「働くことを考える変貌する労働時間法理」（共著・法律文化社）、「学生のためのワークルール入門」（共著・旬報社）など。

「固定残業代制度を導入したい」
〜固定残業代制度のリスク〜

無効と判断されれば残業代は一切
支払われていないものと扱われる

　固定残業代制度に基づく固定残業代の支払いが無効であると裁判所に判断されてしまうと、残業代は一切支払われていないものとして取り扱われ、さらに、固定残業代部分をも割増賃金の計算基礎となる賃金に組み入れて再計算する必要が生じる。

　新たな判例の動きを踏まえると、固定残業代制度の導入を検討する際には、①明確区分性の要件、②精算の合意の要件——を満たすか否かという観点から制度設計を考える必要がある。

執筆／**弁護士・迫田宏治**（さこだ法律事務所）

プロローグ

　某地方都市に事務所を構える山鼻弁護士は、数多くの労働事件を手がけ、弁護士会内でも労働法に詳しいことで有名な弁護士である。

　某日、山鼻弁護士が打ち合わせのため、顧問会社であるＹ社を訪問したところ、帰り際に財前部長から「ちょっと相談したいことがある」と声を掛けられた。

　どうやら、Ｙ社では固定残業代制度を導入しようと考えており、財前部長（以下「**部長**」）はそのことについて山鼻弁護士（以下「**山鼻**」）に相談したいようである。

　固定残業代制度の有効性に関する過去の重要判例としては、テックジャパン事件（最判平成24年3月8日）、医療法人社団康心会事件（最判平成29年7月7日）、日本ケミカル事件（最判平成30年7月19日）があります。

　上記各裁判例はいずれも重要な判示をしていますが、判断視角には相違する部分が含まれており、正確な理解のためにはそれぞれの判決を理解しておく必要があります。本稿は、テックジャパン事件に基づき執筆されたものであり、同時期においてどのような議論がなされていたのかという観点でお読みください。なお、医療法人社団康心会事件及び日本ケミカル事件の理解に関しては、相談13（120〜128ページ）において説明しています。

以上に加え、近時においても国際自動車（差戻後最高裁）事件（令和2年3月30日）において判断規範の整理がなされており、今後は、同事件も踏まえて固定残業代制度の有効性を検討する必要があります。

Q1 固定残業代制度を導入したいのですが…

固定残業代制度の導入にはリスクがある

山鼻：本日の相談とは、どのような内容ですか？

部長：はい。当社では、従業員に支払うべき残業代について、いちいち計算して支給するのが煩雑であるため、固定残業代として一律の残業代を全従業員に支払う制度の導入を行おうと考えております。また、役職者には職務手当を支払いますが、「職務手当（残業時間○○時間分含む）」というような形での支給を考えています。

そこで、何に注意して制度設計をすればよいのか、意見をお聞きしたいのです。

山鼻：なるほど。ただ、制度設計の仕方次第では、従業員から未払い残業代の支払い請求を受けた場合に、さらなる支払いを余儀なくされてしまう可能性があるかも知れません。固定残業代制度の導入には、相応のリスクがありますよ。

部長：どういうことですか？

Q2 労働基準法上、固定残業代制度はどのように位置付けられますか？

労働基準法上、固定残業代制度そのものが違法というわけではない

山鼻：まずは、労働基準法上の規定から確認する必要がありますね。

労働基準法は、使用者は、1日8時間、1週40時間を超えて労働者を労働させてはならないという定めを置いており（労働基準法32条）、使用者が、そのような上限規制を超える労働（残業）や休日・深夜労働を労働者に行わせた場合には、労働基準法37条等に定める計算方法にしたがって、残業時間や休日、深夜労働に対応した割増賃金を支払わなければならないとされています。

したがって、使用者が残業や休日・深夜労働を労働者に行わせた場合、その都度、労働基準法37条等に定める計算方法にしたがって割増賃金を支払うのが、労働基準法が本来予定している残業代の支払方法であるといえるでしょう。

しかしながら、部長がおっしゃるように、ある程度の残業が定量的に見込まれる時には、予め見込まれる残業時間に応じて、定額の時間外手当を基本給の中に組み入れたり、定額の手当の形で支払ったりする方が、賃金計算が簡略化され、楽になると

いうメリットがあります。

　固定残業代制度によって従業員に対し支払われる残業代が、労働基準法37条等に定める計算方法にしたがって計算された賃金を下回らない限り、固定残業代制度そのものが違法というわけではありません。

Q3　固定残業代制度が抱えるリスクとは、どのようなものでしょうか？

固定残業代の支払いが有効と判断される場合を予測することは困難

山鼻：固定残業代として、月何時間分の残業代を従業員に支払う予定でしょうか？

部長：はい。今のところ、月60時間分の固定残業代を支払う予定で検討中です。

　したがって、月60時間分を下回る労働をした従業員に対しても、一律月60時間分の残業代を支払うことになり、だらだらと仕事をしないで、効率的な仕事をしようと努める従業員にとってはメリットがある制度ではないかと考えています。

　何か問題のある制度なのでしょうか？

山鼻：先ほど申し上げたとおり、固定残業代制度の導入には、相応のリスクがあると考えた方がよいかと思います。

　固定残業代制度に基づく固定残業

代の支払いがどのような場合に有効であるといえるのか、裁判所の判断傾向は、現在、迷走状態にあるといっていいかも知れません。

　少なくとも、最高裁判所が、通常の労働時間の賃金にあたる部分と割増賃金部分とが判別することが必要であると述べておりテックジャパン事件・最判平成24年3月8日等、多くの下級審判決がこのような最高裁判所の判断を踏襲した判示をしていることからすれば、通常の労働時間の賃金にあたる部分と割増賃金部分とが明確に区分されていなければ、固定残業代制度に基づく固定残業代の支払いは有効とはいえないことになることで、裁判所の考え方は一致しているといってよいでしょう（これをもって「明確区分性の要件」が必要であると整理する考え方があります。）。

　ただ、現在、固定残業代制度に基づく固定残業代の支払いがどのような場合に有効であるといえるのかにつき、新たな判例の動きがあり、裁判例ごとにその判断手法や判断内容もまちまちであり、具体的にどのような場合に、固定残業代制度に基づく固定残業代の支払いが有効ではないと裁判所に判断されてしまうかについて、予測することが非常に困難な状態となっているのが実情です。

部長：当社では、月60時間分の固定残業代を支払うのですから、通常の労働時

間の賃金にあたる部分と割増賃金部分とが明確に区分されていることは、明らかなのではないですか？

山鼻：そうですよね。

ただ、そこが難しいところで、たとえば、「便宜的に毎月の給与の中にあらかじめ一定時間（例えば10時間分）の残業手当が算入されているものとして給与が支払われている事例もみられるが、その場合は、その旨が雇用契約上も明確にされていなければならないと同時に支給時に支給対象の時間外労働の時間数と残業手当の額が労働者に明示されていなければならないであろう。」と述べる最高裁判決（前掲テックジャパン事件）の補足意見（櫻井龍子裁判官）もあるところなのです。

この補足意見をどう読むかについては議論があるところです。この補足意見を使用者にとって最も厳しく読むならば、雇用契約書の中で、月何時間分の固定残業代を支払うかが明確にされているとともに、毎月の給与支給時に給与明細書上、支給対象の時間外労働の時間数と残業手当の額が労働者に明示されていなければ、固定残業代制度に基づく固定残業代の支払いは有効とはいえないという解釈も成り立ちうることになります。

部長：なるほど。

ところで、当社では、役職者には職務手当を支払いますが、「職務手当（残業時間○○時間分含む）」という

形での支給を考えています。このような支給方法に問題はないでしょうか？

山鼻：問題がないとは言い切れないです。

「職務手当（残業時間○○時間分含む）××円」という仕方で固定残業代が支払われている例はままあります。ただ、ひとたび裁判となると、これを固定残業代の支払いとして有効とはみてもらえない可能性があります。

たとえば、最近の裁判例では、辞令に「基本給30万円」、「役職手当6万円」、「ただし、時間外勤務手当は役職手当に含みます。」との記載があった事案において、「主任以上の職階の者に対して支払われる役職手当の中には、主任以上の職責に対する手当の分も含まれるはずであるが、これと区別して時間外労働に対して支払われる額やこれに対応する時間外労働時間数は特定明示されていない」ことを理由に、役職手当につき部分残業代としての有効性を認めなかった事例があります（ドリームエクスチェンジ事件・東京地判平成28年12月28日）。

しかも、多数の労働事件を扱った裁判官が執筆した解説書の中には、「定額手当の支給（定額手当制の手当）は、一見、明確区分性の問題はなさそうにも見えるが、その固定残業代とされた手当が、割増賃金の支払をするものである以上、当該手当に割増賃金支払に代わる手当としての性格がなければならないことは当然で

あり、割増賃金支払とは無関係な管理職であることの対価としての管理職手当、職責に対する対価としての職務手当、仕事の成果に対する歩合給などの性格が混入する場合には、割増賃金手当の部分とその他の性格をもつ部分との区別ができないこととなり、結局、明確区分性の要件に抵触し、部分残業代としての有効性が認められ（ない）」（佐々木宗啓・清水響・吉田徹・伊藤由紀子・遠藤東路・湯川克彦編著『類型別労働関係訴訟の実務』（青林書院2017年）129頁）との記載があるところです。

　この考え方に立つと、「職務手当（残業時間〇〇時間分含む）××円」という仕方で固定残業代が支払われている場合、その固定残業代の支払いは有効ではないと判断されてしまうことになるでしょう。

山鼻：ところで、月60時間分の固定残業代を従業員に支払うとのことですが、月60時間を上回る残業をした従業員への残業代の支払いについては、どのようにされる予定でしょうか？

部長：当然ながら、月60時間を超える残業をした従業員に対し、固定残業代部分を超えた支給をすることは考えていません。

　月60時間を超える残業をした従業員に対し、固定残業代部分を超えた支給をするのでは、固定残業代の意味がありません。だらだらと仕事をしないで、効率的な仕事をしようと努め、月60時間以内の残業にとどめ

る従業員との公平という観点もありますから。

山鼻：そもそも、月60時間を超える残業をした従業員に対し、固定残業代部分を超えた支給をしない取扱いは、労働基準法上認められず、違法な取扱いであるといわざるを得ません。

　しかも、このような取扱いをする固定残業代制度の導入は、リスクのある制度設計であるといえます。

部長：リスクがあるとおっしゃいますが、どういうことでしょうか？

山鼻：近時の裁判例の中には、固定残業代の有効要件として、当該固定残業代の額が労基法所定の額を下回るときは、その差額を当該賃金の支払時期に精算するという合意（いわゆる「精算の合意」）が存在することを求めるものもあります（イーライフ事件・東京地判平成25年2月28日、アクティリンク事件・東京地判平成24年8月28日等）。

　すべての裁判官が固定残業代の有効要件として精算の合意が必要であると考えているとは思えませんが、精算の合意が必要であるという考え方を貴社導入予定の制度設計にあてはめると、固定残業代の有効要件である精算の合意が存在しないということになり、固定残業代としての支払いがあったとは認めないという帰結になってしまいます。

　使用者にとっては、相当厳しい考え方といえるでしょう。

Q4　固定残業代制度に基づく固定残業代の支払いが無効と判断されたら、結果的にどのようになりますか？

残業代は一切支払われていないものとして取り扱われる

部長：しかし、仮に裁判になったとしても、労働基準法の規定にしたがって再計算し、算定された額と既払い金である固定残業代との差額を支払えば済むだけではないのでしょうか？　先生がおっしゃるほどリスクがある制度であるとは思えないのですが…

山鼻：いいえ、そういうことではありません。

裁判所によって固定残業代制度に基づく固定残業代の支払いが無効であると判断されてしまうと、残業代は一切支払われていないものとして取り扱われます。しかも、固定残業代部分をも割増賃金の計算基礎となる賃金に組み入れて再計算する必要が生じてしまうため、1時間あたりの単価が跳ね上がってしまうのです。

部長：ええっ（絶句）。

関係が悪化すれば
裁判を起こしてくる
従業員も生じる
でしょう。

ただ解せないのは、従業員は、月60時間分に相当する残業代が固定残業代として支払われていることは十分に承知しているはずです。月60時間を超えて残業していた場合ならまだ分かりますが、月60時間を下回った労働をしていた場合にも、残業代が未払いであると主張すること自体、不合理なように思えるのですが、いかがでしょうか？

山鼻：会社と従業員との関係性が良好であれば、残業代が未払いであると主張してくる従業員はいないのかも知れません。しかし、会社と従業員の関係がひとたび悪化すれば、たとえば退職した後になって、実は残業代が未払いであったとして裁判を起こしてくる従業員も発生してくるでしょう。

裁判所はあくまでも理屈で判断しますから、裁判所によって固定残業代制度に基づく固定残業代の支払いが無効と判断されてしまえば、会社は多額の残業代の支払いを余儀なくされてしまう帰結になってしまうのです。

Q5　どのような形の固定残業代制度を導入すればよいのでしょうか？

裁判所によって固定残業代が無効だと判断されない制度設計が必要

部長：では、結局、どのような形の固定残業代制度を導入すれば、リスクを回

避できるのでしょうか？

山鼻：現在の新たな判例の動きを踏まえ、裁判所によって固定残業代制度に基づく固定残業代の支払いが無効であると判断されてしまうリスクをできる限り回避するという観点から考えてみることとします。

　まず、「職務手当（残業時間○○時間分含む）」という形での固定残業代の支給はやめた方が無難であると考えます。

　また、従業員との間で取り交わす雇用契約書上、月何時間分の固定残業代を支払うことが明確にされていることが望ましいといえ、毎月従業員に発行する給与明細書には、何時間分の固定残業代を支払っているのかと、その固定残業代の金額がいくらであるのかを明記するのがよいでしょう（「明確区分性の要件」を満たすという観点）。

　さらに、固定残業代が予定している残業時間を超えた残業を行った従業員に対しては、きちんと超えた分の残業代を別途支払うという取扱いにすべきであるといえます（「精算の合意」の要件を満たすという観点）。

部長：そこまで厳しいことを求められると、そもそも、固定残業代制度を導入するメリットがさほどないように思いますが？

山鼻：これを言っては元も子もないですが、先ほどから説明している固定残業代制度が抱えるリスクや、裁判所がどのような判断をするかについての予測困難性、リスクを回避するために求められる要件の厳しさを踏まえると、そもそも、固定残業代制度を導入すること自体、取りやめた方がよいという考え方もあるかも知れません。

　もう1点気になることがあります。

　貴社では、固定残業代として一律月60時間分の残業代を支払うという制度を導入しようと考えているとのことですが、その月60時間というのは、長過ぎるのではないでしょうか？

1か月あたり60時間というのは長過ぎではありませんか？

部長：どういうことでしょうか？

山鼻：時間外労働および休日労働に関する労働基準法36条にいう協定を「三六協定」といいますが、三六協定で延長できる労働時間の目安となる時間は、1か月を例にとると45時間が上限とされています（平成10年12月28日労働省告示第154号「労働基準法36条第1項の協定で定める労働時間の延長の限度等に関する基準」）。

　また、厚生労働省が定める過労死

の労災認定基準では、発症前１か月間ないし６か月間にわたって１か月あたり概ね45時間を超えて時間外労働時間が長くなるほど、業務と発症との関連性が徐々に強まり、発症前１か月間におおむね100時間又は発症前２か月間ないし６か月間にわたって、１か月あたり概ね80時間を超える時間外労働が認められる場合は業務と発症との関連性が強いと評価されるとされています。

したがって、１か月あたり45時間を大幅に超えるような残業を予定している固定残業代制度そのものについて、裁判所により、公序良俗に反し無効であると判断されてしまうおそれすらあります。

裁判例の中には、83時間分相当のみなし残業手当について、「相当な長時間労働を強いる根拠となるものであって、公序良俗に違反するといわざるを得ず、これが原告と被告との間で合意されたということはできない。」と判断しているものもあるところです（穂波事件・岐阜地判平成27年10月22日）。

さらには、労働条件確認書により定額払いの時間外賃金として月額15万4400円の職務手当が労働者に支払われていた事案において、「ある合意が強行法規に反しているとしても、当該合意を強行法規に抵触しない意味内容に解することが可能であり、かつ、そのように解することが当事者の合理的意思に合致する場合には、

そのように限定解釈するのが相当であって、強行法規に反する合意を直ちに全面的に無効なものと解するのは相当でない」と指摘した上で、当該職務手当が95時間分の時間外賃金として合意されていると解釈することはできないとする一方、当該「職務手当は、45時間分の通常残業の対価として合意され、そのようなものとして支払われたものと認めるのが相当であ」ると判断している裁判例もあるところです（ザ・ウィンザー・ホテルズインターナショナル事件・札幌高判平成24年10月19日）。

事業主は労働者に対して安全配慮義務を負っているとされており（労働契約法５条）、労働者の健康維持の観点からは、恒常的に月60時間の残業を余儀なくされる労務環境そのものの見直しも必要となってくるのではないでしょうか？

☑ 本日のチェックポイント

● 　どのような場合に固定残業代制度に基づく固定残業代の支払いが有効ではないと裁判所に判断されてしまうかについて、予測することは非常に困難です。

● 　固定残業代制度に基づく固定残業代の支払いが無効と判断されてしまうと、残業代は一切支払われていないものとして取り扱われ、しかも、固定残業代部分をも割増賃金の計算基礎となる賃金に組み入れて再計算する必要が生じます。

● 　現在の新たな判例の動きを踏まえると、固定残業代制度を導入しようとする場合には、明確区分性の要件、精算の合意の要件を満たすか否かという観点から、制度設計を考える必要があります。

※　登場する人物名や団体名は、仮名であり実在する方とは一切関係ありません。

迫田宏治（さこだ・こうじ）【弁護士・さこだ法律事務所】

　平成17年10月 弁護士登録（札幌弁護士会）。日本労働法学会会員。平成27年5月より北海道紛争調整委員会委員（労働局のあっせん委員）。平成29年4月より2年間、北翔大学非常勤講師を務めた。

相談19

「事業場外労働のみなし制を採用したい」
～事業場外労働のみなし制の要件～

単に使用者が労働時間の把握を怠っているだけでは要件を充足しない

　労働時間の算定が困難な事業場外労働につき、その算定の便宜を図るべく事業場外労働のみなし制度が設けられている（労働基準法38条の2）。本来、同条にいう「労働時間を算定し難いとき」には当たらないにもかかわらず、事業場外労働のみなし制が適用されている企業や、また、事業場外で勤務した場合の労働時間を一律に所定労働時間で計算している企業は、相応数存在すると思われる。

　そこで、阪急トラベルサポート事件以降の下級審判例を中心に検討しつつ、事業場外労働のみなし制の正しい在り方を検討する。

執筆／弁護士・折田純一（田中・渡辺法律事務所）

プロローグ

　ここは、某地方都市に事務所を構えるUC法律事務所である。所長の藻岩弁護士（以下「**藻岩**」）は、労働法を専門としており、弁護士会内でも労働法に詳しいことで有名な弁護士である。

　本日は、コンサルティング業務を営むA社の室蘭部長（以下「**部長**」）がUC法律事務所を訪れ、法律相談をする予定となっている。

　どうやら営業職の労働時間に関する相談のようだが…。

Q1　事業場外労働のみなし制は、どのような場合に認められるのですか？

「労働時間を算定し難いとき」に
該当する場合に認められる

藻岩：はじめまして、弁護士の藻岩と申します。本日は労働時間についてのご相談と伺っていますが、どのようなお話でしょうか？

部長：弊社は、工務店を取引先とするコン

サルタントを主な業務とする会社で、営業職の従業員は、直行直帰をすることもあります。

このため、弊社では、事業場外労働のみなし制を導入して、営業職の従業員が営業回りで会社を不在にするときには、所定労働時間の8時間を勤務したものとみなして給料を支払っています。

これまでは従業員から文句を言われることなどなかったのですが、昨今働き方改革が話題になったこともあり、先日、営業職の従業員から、「今は携帯電話で逐一状況を把握できるのだから、会社は、従業員がどこで何をしているのかを把握できるはずで、当社では事業場外労働のみなし制は適用されないはずである。また、営業で外回りのときは1日8時間以上勤務しているのに、残業代が支払われないのはおかしいのではないか。」と疑問を呈されました。

そこで、弊社の従前の運用で問題ないのか心配になり、今回、先生の所に相談に伺ったという次第です。

藻岩：なるほど、事業場外労働のみなし制の問題ですか。なかなか難しい問題ですね。

これは、労働法全般の傾向ではあるのですが、個々の事実関係を総合的に検討して結論を導き出すことが多く、「この事実があるから結論はこうだ」ということが一概にはいえないことが多いのです。

事業場外労働のみなし制の適用の可否についても同様です。阪急トラ

ベルサポート事件（最判平成26年1月24日労判1088号5頁）は、海外ツアー旅行の添乗員に事業場外労働のみなし制の適用があるかが問題となった事案ですが、最高裁は、従業員の勤務の状況を具体的に把握することが困難であるといえるか否かという観点から「労働時間を算定し難いとき」に当たるか否かの判断をしており、従業員の勤務の状況を具体的に把握することが困難であるか否かの判断において、業務の性質、内容やその遂行の態様、状況等、Y社と添乗員との間の業務に関する指示及び報告の方法、内容やその実施の態様、状況という要素を検討しています。

本件でも、この判例が挙げている基準に従って検討するのが良いでしょう。

携帯電話で従業員と連絡をとれることはあくまでも要素の一つである

藻岩：なお、阪急トラベルサポート事件では、

① 本件添乗業務は、旅行日程について、その日時や目的地等を明らかにして定められることによって、業務の内容があらかじめ具体的に確定されており、添乗員が自ら決定できる事項の範囲及びその決定に係る選択の幅は限られていること

② 添乗員は、ツアーの最終日程表やこれに沿った手配状況を示したアイテナリーにより具体的な目的

地及びその場所において行うべき観光等の内容や手順等につき会社から示されているほか、添乗員用のマニュアルにより具体的な業務の内容を示され、マニュアルに従った業務を行うことを命じられていること

③　会社は、添乗員に対し、携帯電話を所持して常時電源を入れておき、ツアー参加者との間で契約上の問題やクレームが生じ得る旅行日程の変更が必要となる場合には、本件会社に報告して指示を受けることを求めていること

④　会社は、添乗員に対し、ツアーの終了後に、旅程の管理等の状況を具体的に把握することができる添乗日報によって、業務の遂行の状況等の詳細かつ正確な報告を求めており、その報告の内容の正確性は、ツアー参加者のアンケートを参照することや関係者に問合せをすることで確認することができること

——といった事情を挙げたうえで、「本件添乗業務について、本件会社は、添乗員との間で、あらかじめ定められた旅行日程に沿った旅程の管理等の業務を行うべきことを具体的に指示した上で、予定された旅行日程に途中で相応の変更を要する事態が生じた場合にはその時点で個別の指示をするものとされ、旅行日程の終了後は内容の正確性を確認し得る添乗日報によって業務の遂行の状況等につき詳細な報告を受けるものと

されているということができる。」と認定し、「本件添乗業務については、これに従事する添乗員の勤務の状況を具体的に把握することが困難であったとは認め難く、労働基準法38条の2第1項にいう「労働時間を算定し難いとき」に当たるとはいえない」と判示されています。

　御社の従業員からの指摘は、上記③の点を受けてのことだと思います。

部長：弊社でも営業職の従業員には携帯電話を持たせていますが、そうすると、弊社では事業場外労働のみなし制を採用することは出来ないのでしょうか？

藻岩：上述のとおり、阪急トラベルサポート事件は、上記③の点だけを理由に「労働時間を算定し難いとき」に当たるとはいえないと判断したわけではありません。

　私見になりますが、私は、阪急トラベルサポート事件は、ツアー添乗

事業場外労働のみなし制の問題は、個別の事情を細かく検討しなければ結論にたどり着くことができませんよ。

員という業務の内容上、基本的には予め定められた旅程に従うことになるという点を重視したものと考えています。

そして、③の事情は、会社は、携帯電話で添乗員と連絡をとることで、何らかの事情で旅程が変更になる場合でも旅程を把握することができるのであるから、旅程が変更されることがあるという事情を重視すべきではないことを述べているにとどまるものと理解しています。

阪急トラベルサポート事件をどのように理解するかという点については、様々な意見があるところだと思いますが、冒頭でも申し上げたとおり、事業場外労働のみなし制の問題は、個別の事情を細かく検討しなければ結論にたどり着くことができませんので、まずは、御社における営業職の従業員の勤務形態等を詳しく伺っていきましょう。

御社の営業職の従業員は、どのような態様で勤務しているのでしょうか？

単に使用者が労働時間の把握を怠っているだけでは要件を充足しない

部長：弊社では、営業職の従業員一人ひとりの個性にあった営業スタイルがあり、各営業職の従業員の創意工夫を尊重することを社の方針としています。

このため、実際に外回りに出る従業員の訪問スケジュールや内容を上司は具体的に把握しておらず、訪問

回数や訪問時間は営業職の従業員の裁量に任せています。

藻岩：営業先から電話やメールでの報告をするよう求めていますか？

部長：はい、個々の訪問を終えた都度、訪問の内容を電話やメールで報告するよう指示しています。

藻岩：報告というのは、どの程度の報告ですか？

部長：ごく簡単な報告で、訪問時の状況を網羅的にすべて記載するようなものではありません。

藻岩：営業職の従業員の上司が同行するということはありますか？

部長：いいえ、ありません。

藻岩：営業職の従業員でも事業場内で勤務することもありますよね。その際の労働時間の管理はどのように行っていますか？

部長：普段は、タイムカードを用いて時間管理を行っていますが、直行直帰を認めているため、営業職の従業員は、朝、タイムカードを打刻せず、そのまま営業先に向かってしまうこともあります。

藻岩：これまでのお話を聞く限りでは、御社はナック事件（東京地判平成30年1月5日労経速2345号3頁）に近い勤務形態のようですね。

ナック事件では、

①　原告は、営業担当社員として事業場（支店）から外出して複数の都道府県にまたがって顧客のもとを訪問する営業活動に従事することを主要な業務としていたこと

②　訪問のスケジュールは上司が具

体的に決定することはなく、チームを構成する原告ら営業担当社員が内勤社員とともに決定していたこと

③ 訪問のスケジュールの内容は内勤社員による把握やスケジュール管理ソフト入力である程度共有化されていたが、上司が詳細又は実際との異同を網羅的に把握したり、確認したりすることはなかったこと

④ 訪問の回数や時間は原告ら営業担当社員の裁量的な判断に任されていたこと

⑤ 個々の訪問を終えた後は、携帯電話の電子メールや電話で結果が報告されていたが、書面による出張報告書の内容は簡易で、訪問状況が網羅的かつ具体的に報告されていたわけではなく、特に原告に関しては、出張報告書に顧客のスタンプがあっても本当に訪問の事実があったことを客観的に保証する効果はなかったこと

⑥ 出張報告書の内容は、添付された交通費等の精算に関する領収書に日時の記載があれば移動の事実やそれに関連する日時は確認できるが、それ以外の内容の客観的な確認は困難であり、被告会社から訪問先の顧客に毎回照会することも現実的ではないこと

⑦ 上司は、原告ら営業担当社員に業務の予定やスケジュールの変更につき具体的に指示を出すことはあったが、原告ら営業担当社員の

業務全体と比較すると、その割合が大きいとはいえないこと

⑧ 原告ら営業担当社員の訪問に上司その他の監督者が同行することはなく、チームを組む内勤社員も原告の上司その他の監督者ではなかったこと

⑨ 被告会社は、原告が訪問の際、不当営業活動を繰り返していたことを相当期間把握できないままであったこと

――という事実を認定した上で、労働時間を算定し難い場合に当たると判断されています（なお、原告は、顧客に対し、虚偽の契約条件を説明し、被告会社の印鑑を悪用して作成した書面を提示するなどの不正な営業活動を行って、顧客との間で不正に契約を締結しながら、正当に契約が成立したかのように装って、被告会社から契約実績に応じた成績給を詐取し、業務上の混乱及び経済的損害を与えたとして懲戒解雇された被告会社の元従業員です。）。

部長：そうなんですね。そうすると、弊社でも事業場外労働のみなし制は採用することが出来るというわけですね？

藻岩：あくまでもナック事件では、労働時間を算定し難い場合に当たると判断されたに過ぎず、御社の場合でも絶対に大丈夫であるとまではいえません。

　　　ナック事件でも「携帯電話等の情報通信機器の活用や労働者からの詳細な自己申告の方法によれば労働時

間の算定が可能であっても事業場外労働のみなし制の適用のためには労働時間の算定が不可能であることまでは要さないから、その方法の実施（正確性の確認を含む。）に過重な経済的負担を要する、煩瑣に過ぎるといった合理的な理由があるときは「労働時間を算定し難いとき」に当たるが、そのような合理的な理由がないときは使用者が単に労働時間の算定を怠っているに過ぎないから、「労働時間を算定し難いとき」に当たらない」と判示されています。

今後、通信機器等がどのように発達していくかはわかりませんが、機器の発達により事業場外で勤務する従業員の労働時間を把握することが容易になっていけば、使用者が単に労働時間の算定を怠っているだけと判断される可能性もあるのではないでしょうか。

また、東京薬品事件（東京地判平成27年10月30日ジャーナル48号37頁）は、「営業日報には、営業先や納品先への到着時間は記載されていないが、その理由は、営業担当社員の評価は営業成績を基準として行っているため、到着時間を記載させる意味がないというものに過ぎず、営業日報に営業先への到着時刻を記載させるなどして、より具体的な報告を求めることが困難であったとは認められない」と判示しており、落合事件（東京地判平成27年9月18日ジャーナル45号2頁）は、「Yにおいては、外回り営業の担当者に直行直帰は許されていないことから、Yにおいて出退勤の時刻を管理することが可能である」と判示しています。

これらの裁判例からすると、営業日報に到着時間を記載させる、直行直帰を認めないという方法により時間管理が可能であるのだから、それを怠っているのは使用者の怠慢であるという見方も十分説得的ではないかと思います。

藻岩：いずれの裁判例も、使用者の怠慢によって時間管理が出来ないに過ぎない場合には「労働時間を算定し難いとき」には該当しないと理解していると思われます。

同制度の利用を検討するのであれば、本当に労働時間を把握することが困難であるのかにつき、今一度よく検討する必要があるのではないでしょうか。

労働者が実労働時間を立証すると付加金の支払を命じられることもある

藻岩：なお、事業場外労働のみなし制の適用が認められない場合、裁判所が実労働時間を認定し、時間外労働が生じていれば、時間外割増手当の支払を命じられることになります。

また、この場合、時間外割増手当が未払であったことになるため、付加金（労働基準法114条）の支払を命じられる可能性もあります。

もっとも、実労働時間がどれだけあったかということは、時間外割増等を請求する労働者側が立証しなければなりません。事業場外労働のみ

なし制の適用が問題となる場合には、タイムカードや業務日報といった客観的に実労働時間がわかるような資料がない場合も多いため、労働者側としても実労働時間の立証は難しいことがあります。

　この場合、労働者側としては、出退勤時のメールなどの間接事実を積み上げることで、実労働時間を立証していくことになるでしょう。

> **Q2**　事業場外労働のみなし制を採用する際に注意しなければならないことには、どのようなことがありますか？

事業場外労働に要する時間次第では時間外手当を支払う必要がある

部長：わかりやすい説明をありがとうございます。

　弊社でも改めて営業職の従業員の労働時間を把握することが本当に困難であるのかを検討したいと思います。ところで、弊社では事業場外労働のみなし制が適用になる場合は、労働時間は8時間として給与計算を行っていますが、こちらは今のままの運用で問題ありませんか？

藻岩：労働基準法38条の2第1項本文は、「所定労働時間労働したものとみなす。」と規定しているのですが、同項但書で、「当該業務を遂行するためには通常所定労働時間を超えて労働することが必要となる場合においては、当該業務に関しては、厚生労働省令で定めるところにより、当該業務の遂行に通常必要とされる時間労働したものとみなす。」と規定しているのです。すなわち、事業場外で従業員が労働する場合で、当該勤務に通常必要となる時間（以下、「通常必要時間」といいます。）が所定労働時間を超える場合には、通常必要時間勤務したものとみなすことになり、したがって、法定労働時間を超過した部分については、時間外手当を支払わなければなりません。

通常必要時間は、経験上の平均値を基に算定する

部長：そうだったのですね。ただ、労働時間の算定が難しいからこそ事業場外労働のみなし制を採用しているのであって、通常必要時間を算定することは難しいと思うのですが、通常必要時間はどのようにして算定すればよいのでしょうか？

藻岩：事業場外労働のみなし制は、実労働時間を算定することが困難である場合に適用されるものですので、当然、実労働時間を算定することはできません。

　したがって、経験上の平均値を通常必要時間として算定することになると思います。

部長：なるほど…。難しそうですが、会社に戻ったら従業員へのヒアリングを行うなどして、平均的な実労働時間を算定してみます。

　通常必要時間に関して、他に何か

気を付けておくべきことはありますか？

過半数代表者は、民主的な手続を経て選任される必要がある

藻岩：過半数労働組合（過半数労働組合がない場合には、労働者の過半数を代表する者）との間で通常必要時間に関して労使協定を締結することで、協定で定められた時間を通常必要時間とみなすことができます（労働基準法38条の2第2項）。

　御社には、過半数労働組合はありますか？

部長：労働組合は組織されていますが、従業員の過半数までは加入していないと思います。

　この場合は労働者の過半数を代表する者との間で労使協定を締結すればよいのですね？

藻岩：そうなりますが、ここでも注意が必要です。

　まず、労使協定を締結する過半数代表者は、管理監督者（労働基準法41条2号）に該当せず、労働基準法の定める協定を締結する者を選出することを明らかにして実施される投票、挙手等の方法による手続により選出されることが必要とされています（同法施行規則6条の2）。

　この規定は、事業場の労働者を代表して当該事項の協定を締結するにふさわしい者を過半数代表者として選出しようとする趣旨に基づくものと解されるので、代表者は、労働者の過半数において当該対象者の選任

を支持していることが明確になる手続によって選出された者であって、かつ、使用者の意向によって選出された者でないことが必要です。

　先に例に示したナック事件は、事業場外労働のみなし制は採用できるとしましたが、

① 　過半数代表者を選任した際の書面には、何に関する従業員代表であるかの説明がないこと

② 　同書面の、従業員代表となる「○○さん」の部分は、支店長等の意向に基づいて回覧開始前に氏名が既に記入されていたこと

③ 　①、②の手続のほかは、従業員に対して、過半数代表者への立候補や推薦を募る明確な手続がとられていないこと

——を理由に、労使協定による労働時間の定めが存在しないとされてしまいました（なお、控訴審・東京高判平成30年6月21日労経速2369号28頁）では、支店に所属する従業員の過半数の署名押印がされており、労使協定は有効に締結されたものと認定されています。）。

　なお、労使協定による労働時間の定めが存在しないと判断された場合、裁判所が通常必要時間を認定し、裁判所が認定した通常必要時間の方が（有効性を否定された）労使協定で定められた労働時間よりも大きければ、差額の時間外労働手当の支払を命じられることになるほか、付加金（労働基準法114条）の支払を命じられる可能性もあります。

部長：会社が適当に計算した通常必要時間に賛成してくれそうな従業員を会社の方で選定し、過半数代表者だということは出来ないということですね。

労使協定の有効性が否定されないように気を付けます。

本日は、色々な点をお教えいただきありがとうございました。

☑ **本日のチェックポイント**

● 事業場外労働のみなし制を採用するためには「労働時間を算定し難いとき」に該当する必要があり、業務の性質、内容やその遂行の態様、状況等、会社と従業員との間の業務に関する指示及び報告の方法、内容やその実施の態様、状況という要素を検討する必要があります。

● 単に使用者が労働時間の把握を怠っているにすぎない場合には、「労働時間を算定し難いとき」には該当しません。

● 事業場外労働に要する時間が所定労働時間を超える場合には、通常必要時間労働したものとみなされ、時間外手当の支払義務が生じることになります。

● 労使協定を締結することで通常必要時間を定めることが出来ますが、過半数代表者は、労働基準法の定める協定を締結する者を選出することを明らかにして実施される投票、挙手等の方法による手続により選出されることが必要であり、また、使用者の意向によって選出された者でないことが必要です。

※ 登場する人物名や団体名は、仮名であり実在する方とは一切関係ありません。

折田純一（おりた・じゅんいち）【弁護士・田中・渡辺法律事務所】
　平成27年 早稲田大学大学院法務研究科修了、平成28年12月 弁護士登録。UC労働判例研究会に所属。

相談
20

「従業員に残業させたいのですが」
～時間外労働・休日労働の問題～

残業命じるには適正な手続が必要
三六協定なければ刑事罰の対象に

　「残業」や「休日出勤」という言葉を聞いたことがないという社会人はいないであろう。このようにすっかり定着している「残業」や「休日出勤」だが、労働法の世界においては「時間外労働」、「休日労働」といい、使用者は当然に労働者に時間外労働や休日労働を命じることができるわけではない。

　そこで、使用者が労働者に時間外労働や休日労働を命じるために採るべき手続、効果、手続を採らなかった場合の効果やペナルティ、命じることができる時間外労働及び休日労働の限界、働き方改革関連法に盛り込まれた時間外労働時間及び休日労働時間についての新たな基準——などについて検討する。

執筆／弁護士・横山浩之（北海道合同法律事務所）

プロローグ

　ここは、某地方都市に事務所を構えるUC法律事務所である。

　所長の藻岩弁護士（以下「藻岩」）は、労働法を専門としており、弁護士会内でも労働法に詳しいことで有名な弁護士である。

　本日は、大学時代の友人の**甲山**が会社（D社）を設立したということでUC法律事務所を訪れ、法律相談をする予定となっている。どうやら従業員の残業に関する相談のようであるが…。

Q1　従業員に残業を命じるために手続きが必要なのですか？

第一歩は「三六協定」の締結・届出

甲山：今日は、時間を取ってくれてありがとう。

　この前話をしたとおり、昨年勤めていた会社を辞めてD社を設立したんだ。まだ従業員20人くらいの小さな会社だが、これからどんどん規模を大きくしていこうと思っていてね、従業員たちにはバリバリ働いてもら

おうと思っているんだ。

　従業員たちにも、仕事が第一、当然残業や休日出勤もたくさんあることを伝えているんだが、何か注意した方がいいことはあるかな？

藻岩：やる気満々だね。ただ、水を差すようで悪いが、当然のように従業員たちに時間外労働や休日労働を命じられるわけではないんだ。

　労働基準法（以下「労基法」と略記。）という使用者が遵守しなくてはいけない法律があるんだが、労基法32条では、労働時間は1日8時間、週40時間まで（以下「法定労働時間」という。）と定められていて、これを超えて従業員に時間外労働を命じことはできないというのが原則なんだ。

　また、労基法35条では、使用者は週に1休日、4週で4休日（以下「法定休日」という。）を与えなくてはいけないことを定めていて、法定休日に労働を命じることはできないというのが原則なんだ。

　これに反して労働する内容の契約を従業員との間で結んだとしても、労基法13条で労基法の規定に反する契約は無効になってしまうから、どっちにしても法定労働時間を超える労働や休日労働をさせることはできないんだ。

　なお、ここで説明した「法定休日」とは、労基法35条で法定されている週休日のことで、会社の就業規則等で休日とされているもの（「所定休日」という。）とは異なり、あくまで

も「法定休日」に労働させた場合でなければ休日労働の割増賃金は不要である点には注意が必要だね。

甲山：おいおい、ちょっと待ってくれよ。冗談じゃない。残業や休日出勤させられないんじゃ仕事にならないよ。従業員に残業させている会社なんてごまんとあるだろう。あれはどういうことだい？

藻岩：今言ったのは、労基法上の原則の話だよ。甲山が今言ったとおり、従業員に時間外労働や休日労働をさせている会社はたくさんある。時間外労働や休日労働をさせるためには、いくつかの手続を採る必要があって、その第一歩は、「三六協定」というものを締結して労働基準監督署長に届出をする必要があるんだ（労基法36条1項）。

甲山：サブロク？　何だそれは？　どこかで聞いたような気もするが…。

　すまんが、詳しく説明してくれ。

Q2　「三六協定」って何ですか？

「三六協定」を締結しないまま残業や休日労働をさせたら刑事罰の対象に

藻岩：簡単にいうと、労基法36条1項で、法定労働時間を超えて従業員を働かせることや、休日にも従業員を働かせることができるという内容の協定を締結して労働基準監督署に届出をすれば、時間外労働や休日労働させ

ることができることになっているん
だ。もちろん、これ以外にも必要な
手続はあるけどね。

　「三六協定」は、使用者が労働者
を法定労働時間を超えて労働させた
場合の刑事罰を免責する効果しかな
く、実際に労働者に時間外労働、休
日労働をさせるためには、別途、契
約上の根拠が必要になるのだけど、
それは後で詳しく説明することにし
よう。

　労基法36条で規定されている協定
だから、「サブロク協定」や「サンロ
ク協定」などと呼ばれているんだ。

甲山：なるほど。だったら、うちは従業員
を雇用する際に、全員にたくさん残
業や休日出勤をしてもらうことを入
社初日に言ってあるから、大丈夫
じゃないか？

Q3　過半数代表者にうってつけの従業員Aがいるので彼に協力してもらえばいいのでしょうか？

協定を締結する代表者は、民主的な手続を経て選ばれている必要がある

藻岩：いや、三六協定は、締結方法や締結
できる当事者が決まっているんだ。
会社に、「労働者の過半数で組織する
労働組合がある場合においてはその
労働組合」（以下「労働組合」とい
う。）、労働組合がない場合には「労
働者の過半数を代表する者」（以下

「過半数代表者」という。）との間で、
法定労働時間を超えて働かせること
ができることや、休日においても働
かせることができることについて、
書面で協定を結ぶ必要があるんだ（労
基法36条1項）。「労働者」と書いて
あるのは、とりあえず従業員と同じ
意味だと思ってくれ。

　それから、D社は、今はまだ1つ
の場所でみんなで仕事をしていると
思うけど、三六協定は、事業場ごと
に締結する必要があるんだ。例えば、
この先、D社がいくつかの事業場を
もつようになった場合、各事業場ご
とに三六協定を結ばないといけない
ということだね。

甲山：うちの会社には組合はないから「過
半数代表者」ってやつになるんだな。
それだったら、ちょうどいい従業員
がいるんだ。基本的にどの従業員も
俺の言うことは聞くだろうけど、そ
の中でも1人、すぐに協力してくれ
そうなAという従業員がいるんだ。
こっちで協定書を作って、Aにサイ
ンしてもらえばいいのかな？

藻岩：甲山はあいかわらずせっかちだね。
「過半数代表者」というのは、誰でも
いいということではないよ。文字通
り、従業員の過半数を代表する人で
ある必要があるから、従業員の中で、
三六協定を締結する代表者として民
主的な手続を経て選ばれている必要
があるんだよ。もちろん、会社の役
員などは、そもそも「労働者」に該
当しないからだめだよ。

こういった民主的な手続を経ないで会社が指名した労働者を「過半数代表者」として三六協定を結んでも、協定の効果はないから意味はないね。

この点については、既にリーディングケースとされている最高裁の判例があるから、簡単に紹介しておこう。この判例は、会社が三六協定を締結していることを理由として従業員に残業命令を出したところ、当該従業員が残業命令を拒否したことからこれを理由に会社が当該従業員を解雇した事案なんだ。当該従業員は、三六協定自体が無効であることを理由に、残業命令に従う義務はなかったとして解雇の有効性を争ったんだ。この会社では、確かに三六協定自体は締結されていたんだが、従業員側の代表者が、会社の役員も含めた会社の全従業員が加入していた「友の会」（会員相互の親睦を図る目的で設立された組織）の代表者に過ぎなかったんだ。

最高裁は、過半数代表者の選出には、①当該事業場の労働者にとって、選出される者が労働者の過半数を代表して三六協定を締結することの適否を判断する機会が与えられていること、②当該事業場の労働者の過半数が選出された者を支持していると認められるような民主的な手続が採られていること——が必要であるという解釈を示したんだ。

その上で、「友の会」は会員相互の親睦を図ることを目的とする組織で

あって労働組合には該当せず、その代表者が過半数代表者にも該当しない以上、①②を満たさないとして、締結された三六協定は無効であるとの判断した原審の判断を維持したんだ（トーコロー事件・最判平成13年6月22日労判808号11頁）。

ここでいう「民主的な手続」とは、例えば、選挙等の方法により、過半数代表者を誰にするかという点について、当該事業場の個々の従業員の意向が反映される方法で過半数代表者の選出を行うことを意味しているんだ。

甲山：わかったよ。締結できる当事者が決まっているんだな。それじゃあ、協定の中では、具体的にはどんなことを定める必要があるんだ？

Q4　三六協定ではどんなことを定めなくてはいけないのですか？

事由はできる限り具体的に定める

藻岩：三六協定届の記載事項としては、①時間外又は休日労働をさせる必要がある具体的事由、②業務の種類、③労働者数、④一定の期間についての延長することができる時間数又は労働させることができる法定休日の日数、⑤（三六協定の）有効期間——の5つが重要だ（労基法施行規則16条1項、2項）。

これらが全部入っている協定を「労働組合」又は「過半数代表者」と締結して、労働基準監督署に届け出る必要があるんだ。

労働者の数が、その三六協定を締結した当時から大幅に人数に変動が生じた場合には、新たに締結し直す必要があるね。

甲山：①や②はどんなことを書けばいいんだい？ 例えば、「①時間外又は休日労働をさせる必要がある具体的事由」って言われても、残業が必要になる理由なんてそのときそのときで違うだろうから、最初に具体的に書けって言われても困るよ。

藻岩：「①時間外又は休日労働をさせる必要がある具体的事由」については、できる限り具体的に定めることとされているんだ。

例えば、「納期の切迫や業務の集中がする一時的な業務量の増加に対応するため」とか、「決算期の申告業務等のために一時的に業務量が増加する場合に対応するため」といった定め方をしているケースが多く、この程度具体的に記載しないとだめだね。あまりに抽象的な事由を記載すると、恒常的に時間外又は休日労働をさせることができるような定め方になってしまい、届出の際に労働基準監督署から是正を求められる場合があるので、気を付ける必要があるね。

また、「②業務の種類」については、「労働基準法第36条第1項の協定で定める労働時間の延長及び休日の労働について留意すべき事項等に関する指針」（平成30年9月7日厚生労働省告示第323号）において、「業務の区分を細分化することにより当該業務の範囲を明確にしなければならない」とされているんだ。

簡単に言うと、1つの事業場の中でも業務内容の異なる職種が複数あるはずだから、その職種ごとに区分して、どの職種について時間外労働や休日労働が必要かを書き分ける必要があるということだね。

甲山：そうなのか。書き方は何となくわかったが、なんか面倒だな。こんな面倒な手続、ほんとにみんなもやっているのかい？

Q5　三六協定を締結しないで残業させた場合はどうなりますか？

6か月以下の懲役又は30万円以下の罰金という刑事罰が

藻岩：さっき簡単に触れたけど、「三六協定」を締結しないで労働者に時間外又は休日労働をさせた場合、労基法32条の法定労働時間を超えて、又は労基法35条で休日とされている日に労働させたことになるから、非常に重いペナルティが科されることになっているんだ。

三六協定を締結しないで従業員に時間外労働や休日労働をさせた場合には、6か月以下の懲役又は30万円

以下の罰金という刑事罰が科されることになっているんだよ（労基法119条1号）。

労基法32条及び35条違反のペナルティは刑事罰だから、絶対に守らないといけないルールだよ。三六協定は、この刑事罰を免除する効果があるんだ（「免罰的効力」という。）。

労働者に時間外又は休日労働をさせるのであれば、「三六協定」の締結は不可欠だと肝に銘じておいてくれ。

甲山：わかった。そこは肝に銘じておくよ。要するに、三六協定さえきちんと締結すれば、従業員を残業させられるってことだろ？

Q6 三六協定のほかに、従業員に残業命令を出すために必要なことはありますか？

時間外労働や休日労働をさせることが契約内容になっている必要が

藻岩：いや、三六協定を締結するだけではだめなんだ。今説明したとおり、三六協定は、法定労働時間を超えて従業員に労働させた場合や休日に労働させた場合の刑事罰を免除するという効果しかないから、それだけで従業員に時間外労働や休日労働を命じられるわけではないんだよ。

従業員に時間外労働命令や休日労働命令を出すためには、三六協定を締結して届出をすることに加えて、就業規則において同様の内容の定めを置くなどして、時間外労働や休日労働をさせることが使用者と従業員との契約内容になっている必要があるんだ。

この点についても、既にリーディングケースとなる最高裁判例が出されている。

中身を要約すると、会社が三六協定を締結して労働基準監督署長に届け出た場合に、その事業場に適用される就業規則において締結した三六協定の範囲内で一定の業務上の事由があれば労働契約に定める労働時間を延長して労働させることができる旨定めているときは、その規定の内容が合理的なものである限り、就業規則の規定の適用を受ける労働者は残業命令に従う義務があることを示しているんだ（日立製作所残業拒否事件・最判平成3年11月28日民集45巻8号1270頁）。

甲山：え、三六協定だけでも面倒なのに、契約内容になっていないとだめなのか。

残業させたり休日に仕事させるのって、そんなに大変なんだな。

こんなに面倒な手続をしなくてはならないんだから、きっちり手続をして、問題なく従業員たちにはたっぷり残業してもらえるようにするぞ。

さっき、「④一定の期間についての延長することができる時間数又は労働させることができる法定休日の日数」っていうのを定めないといけな

いって言っていたよね。

　きちんと定めれば、何時間でもいいんだろう？

Q7　延長できる労働時間に制限はありますか？

限度時間を超える特別条項付協定は具体的かつ限定的に定める

藻岩：そうはいかないよ。甲山、労働基準法は、基本的に法定労働時間を原則として考えているから、時間外労働や休日労働にはとても厳しく作られているんだよ。

　働き方改革関連法による労基法改正前から三六協定で延長できる時間外労働にも限界があって、基本的に、一週間で15時間、2週間で27時間、4週間で43時間、1か月で45時間、2か月で81時間、3か月で120時間、1年で360時間（以下、「限度時間」と言います。）を超えない範囲で定めるように要請されていたんだ。

　この限度時間を超えて時間外労働をさせるためには、「限度時間を超えて労働時間を延長しなければならない特別の事情」を三六協定において定めておく必要があったんだ。

三六協定で延長できる時間や休日労働の限度に新たな基準が

　三六協定で延長できる労働時間や休日労働の限度について、法改正の内容も説明しておこう。

　具体的には、三六協定で定める延長時間の限度（限度時間）が、原則、月45時間、年360時間（1年単位の変形労働時間制の対象期間として3か月を超える期間を定めて労働させる場合にあっては、1か月について42時間及び1年について320時間）とされたんだ。つまり、告示で定められていた限度基準が、法律に格上げされたような格好になるわけだね。

　加えて、三六協定には、時間外・休日労働の対象となる労働者の範囲、協定の対象期間（ただし、1年間が上限）、時間外労働又は休日労働をさせることができる場合、当該期間における1日、1か月、1年のそれぞれの延長できる時間又は労働させることができる休日の日数などを定めることとされたんだ。

　また、この限度時間規制の例外として、通常予見することができない業務量の大幅な増加等に伴い臨時的に原則の限度時間を超えて労働させる必要がある場合は、月100時間未満、年720時間以下の延長時間を定めることができることとされたんだ。ただし、限度時間を超えることができる月数は、6か月以内の月数に限定されているよ。

　さらに、三六協定に基づく時間外及び休日労働の時間数について遵守すべき要件が定められたんだ。具体的には、1か月の時間外及び休日労働は100時間未満、対象期間の初日か

ら1か月ごとに区分した各期間に当該各期間の直前の1か月、2か月、3か月、4か月、5か月の期間を加えたそれぞれの期間の時間外及び休日労働の1か月平均が80時間以下とする要件などが設けられたんだ。

　今説明した改正にかかる部分は、平成31年4月1日から（ただし、中小企業の場合には、令和2年4月1日から）施行されているので、現時点ですでに適用されていること、建設事業、自動車の運転業務、医師については、改正法施行から5年間は適用が猶予されること、新技術・新商品の研究開発業務は、引き続き適用除外とされるが、医師の面接指導等の措置を設けなくてはならないことなどには注意してくれ。

甲山：改正の点は、注意しておくよ。この限度時間を超える時間外労働時間を三六協定で定めた場合はどうなるんだい？　やっぱり、無効になるのかな？

> **Q8**　三六協定で、限度時間を超える労働時間を定めることは、できますか？

**超えた時間は刑事罰が免除されない
その部分には労基法違反が成立する**

藻岩：いや。少し難しい話になるけど、この限度基準は、絶対的な基準ではなく、これに反する協定を無効にする効果（「強行的効力」という。）まで

はないと考えられているんだ。だから、限度時間を超える三六協定が直ちに無効になるわけではないよ（平成11年3月31日基発169号）。

　ただし、従業員に時間外労働命令を出すことができるか、という点から見た場合には、慎重に考える必要があるよ。さっき言ったとおり、実際に従業員に時間外労働命令を出すためには、三六協定だけじゃなくて契約内容になっている必要があるんだが、限度時間を大幅に超える三六協定を締結し、同じ内容で従業員と合意を結んでも、かかる合意が無効になる危険性があるよ。

　例えば、三六協定で限度時間を超える月90時間まで労働時間を延長できる旨の三六協定を締結して、個々の従業員とも同じ内容の合意をした場合、限度時間を大幅に超過していることが、合意の有効性を否定する1つの事情になることは十分に考えられるよ。合意の有効性が否定された場合には、従業員は時間外労働命

働き方改革関連法には、時間外労働と休日労働に関する新たな基準が盛り込まれたんだ。

令に従う義務はないことになる。

　ちなみに、さっきの説明した今回の改正との関係で言うと、遵守すべき要件（1か月の時間外及び休日労働は100時間未満、対象期間の初日から1か月ごとに区分した各期間に当該各期間の直前の1か月、2か月、3か月、4か月、5か月の期間を加えたそれぞれの期間の時間外及び休日労働の1か月平均は80時間以下とする要件など）に適合しない三六協定は無効となり、罰則の対象となることになったんだ。

甲山：残業の規制って、とても厳しいんだな。正直ここまで厳しいものだとは思っていなかったよ。三六協定で定めた延長できる時間を超えて従業員に残業をさせたら、やっぱりまずいんだよね？

藻岩：わかってきたようだね。もちろん、できないよ。まず、三六協定で定めた延長できる時間を超えて残業させたら、超えた時間については刑事罰が免除されないから、その部分には労基法違反が成立するよ。延長できる時間を超えて働かせることができることを労働者と合意をしても無効なので（労基法13条）、従業員は残業を断ることができるし、断ったことで何らかの懲戒処分をすることもできないしね。

　最高裁は、労基法32条違反の場合には厳しい判断をしていて、1か月の中で、三六協定で定めた延長時間を超えて従業員を残業させた場合、

延長時間を超えて残業をさせた週から、1週間ごとに1つの労働基準法32条違反の犯罪が成立すると考えているんだ（最判平成21年7月16日刑集63巻6号641頁）。そもそも三六協定の締結を怠っている会社であれば、少しでも残業させた週が常に労基法32条違反になってしまうことになるね。

甲山：とりあえず、残業させるための手続については、一応分かったよ。説明してもらった手続をきちんと踏んで従業員を残業させた場合、賃金にも影響が出るんだよね？

Q9　従業員に時間外労働や休日労働をさせた場合、賃金に影響はありますか？

時間外労働25%増し、60時間超は50%増しの賃金を支払う必要が

藻岩：そのとおり。

　法定労働時間を超えて従業員を労働させた場合には、割増賃金といって、時間外ではない通常の時間の1時間当たりの賃金（以下「基礎賃金」という）に労基法37条で定められる割合に従って、一定の割合（割増賃金率）を上乗せして、支払わなくてはいけないことになっているんだ。

　少し詳しくいうと、時間外労働の場合には、基礎賃金の1.25倍以上、深夜労働の場合には1.25倍以上、休日

労働の場合には1.35倍以上、時間外労働と深夜労働が重なった場合には1.5倍以上、休日労働と深夜労働が重なった場合には1.6倍以上、そして時間外労働が月60時間を超えた場合には1.5倍以上、深夜労働と月60時間を超えた時間外労働が重なった場合には1.75倍以上を支払わなくてはいけないんだ。

次の表（189ページ参考参照）を見てもらうとわかりやすいだろう。労働時間と賃金の問題については、相談17「どこからが労働時間かわからない」（153～160ページ参照）で説明しているので、詳細はそっちを見ておいてくれ。

なお、現在のところ、時間外労働が月60時間を超えた場合に適用される割増賃金率（50％、基礎賃金の1.5倍以上を支払うこと）については、中小企業への適用が猶予されているが（労基法138条）、今回の改正で、令和5年4月1日からは、その適用猶予が廃止されることになったから注意してくれよ。

甲山：残業させる手続だけでも結構面倒なのに、残業させられることになってもこんなに上乗せして払わなくてはいけないのか。

でも、今説明してくれた労基法37条を見ると、三六協定を締結した場合の割増賃金の規定になっているじゃないか。

三六協定を締結しないで従業員を残業させてはいけないことはさっき聞いたけど、仮に従業員が命令に従って残業してくれた場合には、三六協定を結んでないから割増賃金も支払わなくて良いんじゃないのかい？

三六協定を締結していなくても割増賃金は当然支払わなくてはいけない

藻岩：そうはいかないよ。確かに、労基法37条は三六協定を締結した場合を念頭においた規定になっているが、三六協定を締結した場合であっても割増賃金を払わなくてはいけない以上、三六協定を締結していない場合であっても、当然割増賃金は支払わなくてはいけないよ（最判昭和35年7月14日刑集14巻9号1139頁など）。

甲山：なるほど。確かに、きちんと三六協定を締結した会社は割増賃金を支払わなくてはいけないのに、三六協定の締結を怠った会社は払わなくて良いなんて常識的に考えてもおかしいもんな。

藻岩：要するに、これまで説明してきたように、従業員に時間外労働や休日労働をさせるのであれば、組合や民主的な手続を経て選出された過半数代表者と三六協定を締結し、時間外労働や休日労働ができるように就業規則を整えるなどして労働契約の内容にした上で、きちんとタイムカードを置くなどして従業員の労働時間を把握し、定められた割増賃金を支払うことが必要になる、ということだね。

甲山：今日はありがとう。おかげで三六協定のことが良く分かったよ。

　　　早速会社に戻って、説明してくれた手続を採るようにするよ。

藻岩：是非そうしてくれ。間違っても、「ブラック企業」などと叩かれることのないようにしてくれよ。

＜参考＞時間外労働、休日労働、深夜労働と割増賃金率

時間外労働（月60時間未満）	○				○		
時間外労働（月60時間超 ※）		○				○	
深夜労働			○		○	○	○
休日労働				○			○
割増賃金率（％）	25%	50%	25%	35%	50%	75%	60%

※　中小企業における月60時間超の時間外労働への割増賃金率（50%）の適用は、令和 5 年 3 月末まで猶予されている。

✓ 本日のチェックポイント

● 原則として、１日８時間、１週40時間を超えて労働者を働かせることはできません。

● 三六協定は、事業場ごとに、「労働組合」又は「過半数代表者」と、「書面」で締結しないといけません。

● 三六協定を締結しないで、従業員に残業をさせると、刑事罰の対象になります。

● 三六協定で定めた延長できる時間を超えて残業させた場合、刑事罰は免除されず、従業員も残業命令に従う必要はありません。

● 三六協定を締結していない場合であっても、時間外労働等をさせた場合には、労基法37条が定める割増賃金を支払わないといけません。

● 働き方改革関連法の施行により、労基法が改正され、三六協定で延長できる延長時間の限度や休日労働の限度について、法文上に新たな基準が設けられました。
　この部分は、平成31年の４月１日（中小企業については、令和２年４月１日）から施行されていますので、注意してください。

※　登場する人物名や団体名は、仮名であり実在する方とは一切関係ありません。

横山浩之（よこやま・ひろゆき）【弁護士・北海道合同法律事務所】

平成27年 北海道大学法科大学院修了、平成28年12月 弁護士登録。北海道大学労働判例研究会、UC労働判例研究会に所属。

「店長は当然、管理監督者ですよね？」
～管理監督者該当性の問題～

管理監督者に該当させるには
名前ではなく実質が必要

　使用者は、労働者が所定時間を超えて労働をした場合や休日に労働をした場合は、割増賃金を支払わなければならない。

　しかし、労働基準法41条各号で定められている労働者については、労働時間や休日に関する規定が適用されず、割増賃金を支払う必要はない。

　そこで本稿では、労働基準法41条各号の労働者のうち、管理監督者について、どのような労働者が管理監督者に該当するのか、要素を整理して検討していく。

執筆／弁護士・岩本拓士（札幌総合法律事務所）

プロローグ

　ここは、某地方都市に事務所を構えるＵＣ法律事務所である。

　所長の藻岩弁護士（以下「藻岩」）は、労働法を専門としており、弁護士会内でも労働法に詳しいことで有名な弁護士である。

　本日は、顧問先である外食産業Ａ社の円山部長（以下「部長」）が、ＵＣ法律事務所を訪れて法律相談をする予定となっている。

　どうやら「管理監督者」について、相談したいようであるが…。

Q1　管理監督者には割増賃金を支払わなくて良いというのは、本当ですか？

時間外・休日労働の割増賃金は払わないが、深夜労働の割増賃金は払う

藻岩：本日はご来所いただきありがとうございます。管理監督者についてご相談をされたいとのことでしたが、どうされたのですか？

部長：先生もご存じのとおり、弊社では外食チェーン店を大規模に経営してお

り、従業員もアルバイトを含めますとかなりの人数がいます。しかしながら、昨今の社会情勢により弊社は大打撃を受けており、経営改革の一環として、人件費の見直しを行うことになったのです。そのなかで、「管理監督者」には残業代を支払わなくて良いという話を耳にしたので、先生に詳しくお話を聞きたいと思ったのです。先生、「管理監督者」には残業代を支払わなくて良いというのは、本当なのでしょうか?

藻岩：確かに、労働基準法41条2号に規定されている所謂「管理監督者」に該当する労働者（以下、単に「管理監督者」といいます。）は、労働基準法上の労働時間、休憩及び休日に関する規定が適用されません。そのため、管理監督者には、時間外労働や、休日に労働をしたことによる割増賃金は支払わなくても良いということになります。ただし、深夜労働による割増賃金は支払わなければならないと考えられていますので、注意が必要です（ことぶき事件・最判平成21年12月18日）。

部長：それでは、弊社の従業員全員を管理監督者にしてしまえば、残業代を支払わなくて済むということになるのでしょうか?

藻岩：労働基準法で定める管理監督者に該当するというためには、後で説明する基準に当てはまる必要があります。使用者側が当該労働者を管理職の役職に任命した場合や、管理監督者で

あると指定した場合であっても、後で説明する基準を満たさないのであれば、労働基準法で定める管理監督者とはなりません。管理監督者とされた労働者は、労働時間、休憩、休日の規制が適用されないという大きな不利益を被ることになりますので、その労働者が本当に管理監督者に該当するかは、基準に照らして厳格に判断されています。

また、実際には管理監督者の基準を満たさないのに、管理監督者として扱ってしまった場合、「名ばかり管理職」という問題として、後でまとめて残業代を支払わなければならないことにもなります。このようなことを避けるため、安易に「管理監督者」と扱うことは、厳に控えるべきです。

部長：なるほど、分かりました。それではどのような労働者が、管理監督者と認められるのでしょうか?

Q2　どのような労働者が、管理監督者に該当するのか教えてください。

職務内容、権限、責任、勤務態様、賃金等の待遇などの要素により判断

藻岩：管理監督者に該当するかの判断基準については、多数の判例や解釈例規（昭和22年9月13日発基17号、昭和63年3月14日基発150号、平成20年9月

9 日基発第0909001号など）におい
て、表現は異なりますがほぼ共通す
る考え方が示されています。

　具体的には、裁判例では、「労基法
上の管理監督者に該当するかどうか
については、①当該労働者が実質的
に経営者と一体的な立場にあるとい
えるだけの重要な職務と責任、権限
を付与されているか、②自己の裁量
で労働時間を管理することが許容さ
れているか、③給与等に照らし管理
監督者としての地位や職責にふさわ
しい待遇がなされているかという観
点から判断すべきである。」などと示
されています（コナミスポーツクラ
ブ事件（第一審）・東京地判平成29年
10月 6 日）。

部長：少し抽象的で分かりづらいですね…。
　　　具体的にはどのような労働者が該当
　　　するのでしょうか？

藻岩：それでは、過去に管理監督者に該当
　　　するかが争われた判例を基に、説明
　　　をしていきましょうか。

店長であっても管理監督者とは
限らない

部長：どの会社もそうだとは思いますが、
　　　役職が上がるにつれて職務内容も変
　　　わりますし、職務上の権限や責任も
　　　重要なものとなります。どのような
　　　職務内容や権限が、該当するので
　　　しょうか？

藻岩：裁判例においては、「職務内容、責
　　　任と権限」について、一般業務の有
　　　無、従業員の採用・解雇権限、部下

の人事考課への関与、労務管理権限、
部下への指揮命令権、経営に関する
会議への出席、取引に関する決裁権
限、上役の指揮命令の有無・程度な
ど、多様な要素が考慮されています。

　この部分は、職種や会社の規模、
経営実態に左右されますので、幅広
く様々な事情を考慮する必要があり
ます。

　具体例をあげますと、ダイワリ
ゾート事件（東京地判平成30年 7 月
27日）では、従業員83名中25名が属
するレストラン部門の料理長であっ
た原告について、レストラン部門に
おいて原告に指揮命令をする者はい
ないこと、レストラン部門の新規採
用、人事考課、従業員のシフトの承
認、備品の購入及び仕入業者等との
取引に関する稟議書の決裁を担って
いたこと、代表取締役が出席する経
営会議にレストラン部門を代表して
出席していたこと、業務内容として
調理などの一般業務を行うことはほ
とんどなかったことなどを理由とし
て、管理監督者性を認めています。

　また、セントラルスポーツ事件（京
都地判平成24年 4 月17日）では、ス
ポーツクラブのエリアディレクター
である原告について、エリアディレ
クターは従業員1290名中23名しかい
ないこと、5 ～ 6 件のスポーツクラ
ブを監督していたこと、人材の登用
について一定の裁量を有していたこ
と、相当数の従業員の人事考課へ関
与していたこと、従業員の昇格・異

動についても相当程度関与していること、企業全体の経営事項を決定する会議へ出席していたこと、各スポーツクラブの長を収集して会議を行い指示などを行っていたこと、雑務を行うことはなかったことなどを理由として管理監督者性を認めています。

　他方、管理監督者性を否定した裁判例として、日比谷Bar事件（東京地判平成30年9月28日）では、店長職の労働者について、従業員のシフト作成、アルバイトの面接、予算案の作成、PLの作成といった店舗の労務管理に直接ないし間接に関わる職責を果たしているが、アルバイトの採用、解雇等に関する実質的な権限がないこと、店長の具体的な労務内容が他の従業員とは異なりもっぱら労務管理に関する業務に従事していたとは認められず、かえって、店長も他の従業員と同様の業務に従事していたことなどを理由として、管理監督者性を否定しています。

部長：店長であっても管理監督者とならないことがあるのですね。

　弊社においても、多数の店舗を展開しており、無関係ではありませんね。弊社では、100を超える店舗を展開しているため、一店舗の店長が会社全体の経営へ関わってくることはほとんどありません。さきほどの裁判例ですと、店舗内や担当部署の権限のみを検討しているように思えるのですが、どのように考えればいい

のでしょうか？

藻岩：企業全体の経営への関与が必要なのかについては、企業全体の経営への関与を必要とする裁判例（日本マクドナルド事件・東京地判平成20年1月28日）と、少なくとも企業のある部門への関与で足りるとする裁判例（アント・キャピタル・パートナーズ事件・東京地判平成26年2月28日）などがあります。

　また、平成20年9月9日基発第0909001号の通達では、チェーン展開している小売業、飲食業等の「店舗」において管理監督者性が否定される具体的な判断要素が示されており、必ずしも企業全体の経営への関与は必要ではないと思われます。その解釈例規では、店舗に所属するアルバイト・パートの採用・解雇権限、部下の人事考課への関与、店舗における勤務割表の作成または所定時間外労働の命令を行う権限のいずれかがない場合は、管理監督者ではないと示されています。

部長：ということは、企業全体の経営にはかかわらない店長であっても、管理監督者になることがあり得るということですね。

藻岩：その通りです。しかしながら、企業全体の経営に直接は関わっていないにも関わらず管理監督者性を認めるわけですから、その判断は厳しくならざるを得ません。この点の判断については、担当する組織部分について経営者の分身として経営者に変

わって管理を行う立場にあることを求める見解や、ある部門全体を統括する立場にあることを求める見解があります。

前掲日本マクドナルド事件では、店長職について、企業全体に関わっていく社員の採用権限がないこと、店舗の営業時間の設定に従わざるを得ないこと、店舗で独自のメニューを開発したり、原材料の仕入れ先を自由に選定したり、商品の価格を設定するということは予定されていないこと、経営方針を決定するような会議には出席していないことなどを理由として管理監督者性を否定しています。

また、コナミスポーツクラブ事件（東京高判平成30年11月22日）では、店長職の労働者について、支店において提供する商品及びサービスの内容の決定、営業時間の変更について決定権限がないこと、アルバイトの採用や解雇、販売促進活動の実施、出捐を伴う設備の修繕や備品の購入等の決定権限がないこと、頻繁な報告や指導が行われ、運営モデル等に極力沿った労務管理が要請されるなど、支店の運営管理に関する支店長の裁量は、相当程度制限されていたこと、企業の経営に関わる会議に参加していないことなどから、管理監督者に該当しないと判断されています。

部長：管理監督者性が否定されている裁判例の方が多いのでしょうか？

藻岩：多くの裁判例で管理監督者性が否定されているのは事実です。このことに関しては、菅野和夫教授が「労働法（第12版）」（2019年・弘文堂）において、以下のとおり説明されています。

「概括的にいえば、高度成長期までの管理職は、文字通り指揮命令ラインの管理職であって、経営者と一体的立場でほぼ管理監督業務に専念し、時間管理を受けず、地位にふさわしい待遇を受けていたといえよう。これが、立法時の「管理監督者」の行政判断基準が妥当してきた基盤であったと考えられる。しかし、その後、企業は、人員構成の変化（高齢化）によるポスト不足に対応してまずはスタッフ職を含め「管理職」を増加させ、次いで、1990年代以降の長期業績低迷下、正社員採用を抑制しつつ中間管理職をプレイング・マネージャー化させてきた。また、チェーン店やフランチャイズなどサービス・流通業の組織的変化のなか、正社員1、2名やパートないしアルバイト数人の小型店舗の店長などの「管理監督者」も増加した。他方、労基法の管理監督者（41条2号）については、1987年労基法大改正の際にスタッフ管理職増加に対応する通達は出されたものの、その後は立法上、行政上の見直しはなされず、裁判例も、基本的に労基法制定当初の行政基準を踏襲して判断している状況にある。これが多くの裁判事件

において管理監督者性が否定されている背景といえよう。」

　このことからしますと、現在の企業形態や労働環境の下で管理監督者を利用することは、困難と考えられます。

自らの労働時間の裁量が必要

部長：労働時間の裁量とは、どのようなものでしょうか？　働くも休むも自由で、休憩しても何をしても良いということですか？

藻岩：基本的にはそういうことです。ただし、労務を提供しなくて良いということではありませんので、休んでばかりで全く結果を出していない場合は、人事上の措置として降格や解雇などを行うことで規律を図ることになります。この場合、それぞれの措置に応じて、それらの措置が適法か判断されることとなります。例えば、解雇をしようとするなら、解雇制限の問題をクリアする必要があります。これらの措置を行う上では、管理監督者の性質からしますと、働いている時間が短いということは理由にはならず、期待された労務が提供されていないことに理由を求めることとなるでしょう。

部長：そうはいっても、弊社のように店舗経営を任せたい場合、開店時と閉店時には店舗にいてくれないと困ります。この時間だけは店舗にいるものと義務付けることは、できないので

しょうか？

藻岩：それはなかなか微妙な問題ですね。

　解釈例規によると、①遅刻、早退等により不利益な取扱いがされる場合、②営業時間中は店舗に常駐しなければならないなどにより長時間労働を余儀なくされている場合のように、実際には労働時間に関する裁量がほとんどないと認められる場合、③管理監督者としての職務も行うが、会社から配布されたマニュアルに従った業務に従事しているなど労働時間の規制を受ける部下と同様の勤務態様が労働時間の大半を占めている場合——には、管理監督者とは認められないとされています。

　そのため、店舗にいなければならない時間が開店時、閉店時だけであり、それ以外の時間は自由といった場合であれば、管理監督者であることを否定されないと思います。開店時と閉店時に店舗にいなければならないことにより、事実上、店舗に常駐することになる場合は、管理監督者であることが否定されますので、実際の運用としても注意が必要です。

部長：働き方改革の一環として、タイムカードにより労働時間を把握しているのですが、このような法令による義務として労働時間を管理している場合であっても、管理監督者であることを否定する事情となってしまうのでしょうか？

藻岩：労働安全衛生法66条の8の3に規定された労働時間把握義務との関係で

すね。使用者が管理監督者の労働時間を把握するだけにとどまらず、それ以上に、労働時間に関する指示を行なった場合は、管理監督者性を否定する事情となりうると考えます。

例えば、使用者がタイムカード等により管理監督者とされる労働者の労働時間を記録しているだけならば良いと思いますが、その記録された労働時間を基にして、管理監督者とされる労働者に対して、月の労働時間を10時間減らせなどと指示を行うと、管理監督者を否定する要素になります。ただし、どの程度の指示があれば管理監督者性が否定されるのかは判然としません。

部長：でも、その人が働きすぎている場合は、そのように指示することもやむを得ないと思うのですが。

藻岩：確かに、労働安全衛生法66条の8第5項では、医師による面接指導の結果に基づいて聴いた医師の意見を勘案し労働時間の短縮等の措置を講じなければならないと定められています。このような労働安全衛生法上の健康配慮措置であれば、法律に基づいたやむを得ないものですので、管理監督者性を否定する根拠とはならないと思われます。一方で、事業者が独自に労働者の健康状態を判断して労働時間の指示をした場合は、労働者の実際の健康状態などから、労働時間の指示が相当だったのかを判断することになるのではないかと思われます。

給与の多寡だけでなく比較も重要

部長：管理監督者にふさわしい待遇とは、どの程度の待遇なのでしょうか？ この金額であれば大丈夫という基準はありますか？

藻岩：明確な基準はありませんが、解釈例規によると、実際の労働時間を基に算定した割増賃金が支払われていた場合の給与額と実際の給与額との対比、当該企業の一般労働者の年収との対比、実際の労働時間を基に換算した時間単価の賃金額と他の労働者との対比などの視点が重要となります。

過去の裁判例では、管理監督者と認められた者の収入が、月額60万円（ピュアルネッサンス事件・東京地判平成24年5月16日）、月額69万8110円〜84万3110円（INSOU西日本事件・大阪地判平成27年12月25日）と一般的に考えても高額な事案が多いことにも注意が必要です。

部長：過去の裁判例では、高額な給与の支払いがなされていた事案が多いのですね。

藻岩：そのとおりです。今回説明したとおり、管理監督者と認められるための要件は厳格です。しかし、残念ながら、適切でない利用方法が多々見受けられるところです。仮に、管理監督者としていた労働者が、後々管理監督者ではないと判断されてしまった場合、その労働者の賃金を基礎と

した割増賃金を支払わなければならないことになるだけでなく、その未払い割増賃金と同額の付加金の支払い命令（労働基準法114条）や、罰則（労働基準法第119条：6箇月以下の懲役又は30万円以下の罰金）を受ける可能性があります。また、多くの場合、そのような労働者の賃金は一般従業員よりは割高であり、時間外労働も長時間行っていますので、未払いの割増賃金は高額になりやすいといえます。このようなリスクを避けるためにも、安易に管理監督者を利用することは避けるべきと考えます。

部長：分かりました。本日はありがとうございました。弊社でも慎重に検討したいと思います。

☑ 本日のチェックポイント

● 「管理監督者」に該当する労働者には、時間外労働及び休日労働による割増賃金を支払う必要はありませんが、深夜労働による割増賃金は支払わなければなりません。

● 「管理監督者」に該当するかは、①職務内容、権限及び責任の重大性、②勤務態様、③賃金等の待遇──から判断されます。

● 後に「管理監督者性」が否定された場合は、高額な未払割増賃金及び付加金の支払いを命じられる可能性並びに罰則を受ける可能性があります。

※ 登場する人物名や団体名は、仮名であり実在する方とは一切関係ありません。

岩本拓士（いわもと・たくひと）【弁護士・札幌総合法律事務所】

　平成28年3月 北海道大学法科大学院修了、平成29年12月 弁護士登録。令和2年1月から現在まで札幌総合法律事務所にて執務。札幌弁護士会に所属。

相談 22 「繁忙期にアルバイトから年休申請が」
～年次有給休暇の問題～

アルバイトも労働者である以上 年休の権利は認められる

　学生アルバイトから年次有給休暇（以下「年休」）取得の申請を受けた使用者が、「年休は認めず、年休申請をするのであれば解雇する」と主張している。

　未だに誤解されることがあるが、アルバイトやパートでも労働者である以上、一定要件を満たすことで、年休を取得することができる。

　また、年休の利用目的は自由であり、使用者が時季変更権を行使できる場面は限定的であるなど、年休取得に関するルールを知っておくことは、労働者を雇用する使用者にとっては必要不可欠である。

　トラブルを未然に防ぐためにも、年休の法制度をおさえておきたい。

執筆／弁護士・上田絵理（道央法律事務所）

プロローグ

　ここは、某地方都市に事務所を構えるUC法律事務所である。

　所長の藻岩弁護士（以下「**藻岩**」）は、労働法を専門としており、弁護士会内でも労働法に詳しいことで有名な弁護士である。

　本日は、パン屋を営む熊社長（以下「**社長**」）がUC法律事務所を訪れ、法律相談をする予定となっている。どうやらアルバイトの方から年休の申請をされたことについての相談のようだが…。

Q1 アルバイトに年休を取得する 権利はあるのでしょうか？

年休の権利はアルバイトにも
当然与えられる

藻岩：はじめまして。今回はどういったご相談でいらっしゃったのでしょうか？

社長：私は、10年前に妻と2人でパン屋をはじめたのですが、昨年開発した白熊パンがありがたいことに人気が出ました。

機械も導入し、半年前に事業規模を拡大し、正社員とアルバイトを複数名雇い入れました。

そうしたところ、先日、学生アルバイトから年休の申請がありました。試験が近づいていて忙しいとのことなのですが、人手が必要だからこそアルバイトを雇い入れましたので、忙しい時期にアルバイトに年休をとられると業務に支障が生じてしまい困っています。

アルバイトに年休を取得する権利なんて、あるんでしょうか？

そんなことを訴えてくるアルバイトであれば、解雇したいとも思っているのですが。

藻岩：あらら、それは、まず基本的なところからおさえておかなければいけませんね。

年休の権利は、正社員に限らず、パート、アルバイト、派遣社員等にも当然に与えられるものなんですよ。

社長：え、そうなのですか…。

藻岩：誤解されることがあるのですが、労働者であれば皆、年休を取得できるのです。

社長：それでは、うちの学生アルバイトも年休を申請できるのでしょうか？

藻岩：労働者が年休を取得する権利は、雇入れの日から6か月間継続勤務し、全労働日の8割以上出勤した労働者に、法律上当然に発生します（労働基準法39条1項）。

ですので、半年前に雇い入れられた正社員やアルバイトの方には年休の権利は発生しているかと思います。

社長：年休は、何日間取得できるのですか？

藻岩：年休の日数ですが、週5日以上または週の労働時間が30時間以上の労働者は、具体的には継続して勤務した期間に対し下記の<表1>の日数の年休が発生します。

社長：うちで雇っている学生アルバイトは、

<表1>通常の労働者（週5日以上または週の労働時間が30時間以上の労働者）に対する年次有給休暇の付与日数

継続勤務年　数	6か月～	1年6か月～	2年6か月～	3年6か月～	4年6か月～	5年6か月～	6年6か月～
付与日数	10日	11日	12日	14日	16日	18日	20日

週３日で、週の労働時間は12時間程度です。

藻岩：週所定労働日数が４日以下または年間所定労働日数216日以下であって、週の所定労働時間が30時間未満の労働者については、その所定労働日数に比例した日数が付与されます。具体的な日数は、下記の＜表２＞のとおりです。これを「比例付与」といいます。ですので、その学生アルバイトの方には５日間の年休が発生していますね。

年休の利用目的は自由で年休を行使する場合に使用者の承認は不要

社長：そうですか。

私の時代には、大学の時にはそんなにまじめに授業だって受けていな

かったし、大学での試験が近づいていることを理由にバイトを休むなんて、ちょっと理解できなくて。

藻岩：時代は変わってきているかもしれませんね（笑）。

年休の利用の目的は自由です（白石営林署事件・最判昭和48年３月２日）。そのため、試験の準備であっても、サークル活動や旅行でも、自由な目的で活用することが可能です。また、学生をアルバイトとして雇用する場合、使用者も学業の妨げにならないように配慮する必要もありますね。

社長：そうですか。

けれど、特に、繁忙期にも対応できるように人手不足を補うためにアルバイトを雇っていますので、人手

＜表２＞週所定労働日数が４日以下または年間所定労働日数 216 日以下であって週の
所定労働時間が30時間未満の労働者に対する年次有給休暇の比例付与日数

週所定労働日数	１年間の所定労働日数	雇入れ日から起算した継続勤務期間						
		６か月〜	１年６か月〜	２年６か月〜	３年６か月〜	４年６か月〜	５年６か月〜	６年６か月〜
４日	169日〜216日	7日	8日	9日	10日	12日	13日	15日
３日	121日〜168日	5日	6日	6日	8日	9日	10日	11日
２日	73日〜120日	3日	4日	4日	5日	6日	6日	7日
１日	48日〜 72日	1日	2日	2日	2日	3日	3日	3日

が足りないときに休まれると困るんですよね。

藻岩：そうですね。ただ、年休を行使する場合に、使用者の承認は不要です。そのため、労働者がある時季を指定して年休を取得したいと申し出た場合、原則として使用者はその時季に年休を与える義務があります。

Q2 年休を取りたいと言われた日は、もう受け入れるしかないのですか？

繁忙期でも年休の申請に対応できる体制づくりは必要

社長：じゃあ、アルバイトの方が年休を取りたいと言われた日は、もう受け入れるしかないんですか？

藻岩：年休の申請に対して、その時季に「有給休暇を与えることが事業の正常な運営を妨げる場合」には、使用者は時季変更権を行使して労働者の請求を拒否することができることになっています（労働基準法39条5項）。

　　　ただし、この使用者が時季変更権を行使できる場面というのは限定的だとされていて、代わりのアルバイトを配置しようとすればできるのに、この配置を怠るような場合には、使用者は時季変更権を行使することはできないと考えられています。

社長：それでは、繁忙期という事だけを理由に年休は取らせない、ということ

はできないということなのですね？

藻岩：そうですね、繁忙期でも、年休の申請に対応できる体制づくりは必要があるでしょう。

　　　ただし、たとえば、労働者の間でインフルエンザが流行し、数名がインフルエンザで出勤できず、急きょぎりぎりの人員で対応せざるを得なくなっているといった状況で、他の労働者から年休の申請があったという場合には、使用者から時季を変更してもらうよう指示をするということは許されるかと思います。

社長：そうですよね、不測の事態はありますしね。

Q3 年休を買い上げることで対応する方法はいかがでしょうか？

使用者が事前に買い上げることはできない

社長：それでは、年休の買い上げ、という話も耳にしたことがあるのですが、年休に相当する賃金を支払っておいて、労働者からの権利行使をされないような対応をするという方策は考えられないのでしょうか？

藻岩：年休の権利は、2年以内に行使しないと消滅してしまいますので（労働基準法115条）、時効にかかり消滅した年休を事後的に買い上げることや、退職時に未消化分の年休を買い上げるというケースもあります。

しかし、年休は休む権利であり換金することが目的ではありませんので、使用者が事前に買い上げることはできず、年休分を事前に支払っておくという方法は認められません。

Q 4　急に年休の申請をされると困るのですが…。

「2日前位までに年休の申し出をして欲しい」と協力を求めておく

社長：いろいろと教えていただいたのですが、うちのように規模も小さいところでは、急に年休の申請をされると困るんですよね。

藻岩：そうですね、中小規模の会社では人員に余裕がなく、人員体制が十分に確保できない場合はありますよね。

無用な混乱を避けるためにも、アルバイトの方たちにも年休が付与されるということは理解した上で、事前に労働者の皆さんと、年休取得をするにあたっては2日前位までには年休の申し出をして欲しい、といったことを伝えて協力を求めておくことも一方策かもしれません。

社長：そうですね、アルバイトの方には年休の権利はないものと思い込んでいましたので、事前に予定を確認するということはしていませんでしたが、確かに、予定が入る時期について事前に教えておいてもらえれば、こちらも対応策を考えておくことはでき

ますね。

藻岩：また、アルバイトの方は対象にはなりませんが、年休の付与日数が10日以上である労働者を対象に、年休のうち年5日を超える日数については、計画的に年休を設定する方法もあるんですよ。

社長：その「方法」とは何ですか？

計画年休制度の導入の検討も

藻岩：「計画年休制度」というのですが、事業場における労使協定に基づき、5日を超える日数につき年休を計画的に付与する制度でして、1987年の労働基準法改正の際に年休取得率の向上のためのひとつの施策として認められるようになったものなんです（労働基準法39条6項）。

社長：正社員の方に対しては、そういった対応方法もあるのですね。

藻岩：そうですね、年休を計画的に消化してもらうためにも、導入の検討もされたらいいかと思います。

年休取得者に解雇や賃金減額等の不利益な取扱いをしないように

藻岩：また、アルバイトの方が年休の申請をしたことに対し解雇もお考えとのことでしたが、アルバイトの方に年休権があることに加え、使用者は、年休を取得した労働者に対し、賃金減額等の不利益な取扱いをしないようにしなければならない、とされていること（労働基準法136条）にも注

意してください。

　これは努力義務なのですが、不利益取扱いの趣旨・内容によっては、法が年休権を保障した趣旨を実質的に失わせるものとして、公序に反し無効とされる場合があるとされています。

　裁判例においては、年休を欠勤日として昇給上の要件たる出勤率を算定した措置や、賞与の算定における欠勤日扱いとした措置がそれぞれ無効とされています。

社長：そうでしたか、いやー、今回はアルバイトの学生の年休申請には理由がないと考えていましたので、それを理由に解雇もできるかと思っていましたが、事前にご相談にうかがえてよかったです。

　正社員やアルバイトの方とも年休の取得に関して協議をしてみたいと思います。先生、また悩んだ場合に相談に来てもいいですか？

藻岩：もちろんです。また何か悩まれたら、今回のように解雇などする前にご相談にきてくださいね。

☑ 本日のチェックポイント

● 　正社員だけではなく、アルバイト、パート、派遣社員も労働者である以上、年休の権利は認められます。

● 　年休の申請に対して使用者が時季を変更できるのは、年休を認めることが事業の正常な運営を妨げるという限定的な場合です。代わりの労働者を配置しようとすればできるのに、この配置を怠るような場合には、使用者は年休の時季を変更することはできません。

● 　使用者は、年休を取得した労働者に対して、解雇や賃金減額等の不利益な取扱いをしてはいけません。

※　登場する人物名や団体名は、仮名であり実在する方とは一切関係ありません。

上田絵理（うえだ・えり）【弁護士・道央法律事務所】
　平成18年3月 北海道法科大学院修了、平成19年12月 弁護士登録。NPO法人「職場の権利教育ネットワーク」理事、日本労働弁護団常任幹事、日本労働法学会所属。

相談
23

「年次有給休暇を取らせていますか？」
〜年次有給休暇の取扱いに関する問題〜

年次有給休暇の取得は
法律上認められた権利である

　労働者は、一定の要件を満たすことによって年次有給休暇を取得する権利を得ることになり、年次有給休暇の日数についても、労働基準法上明確に取り決められている。

　そのため、使用者が一方的に労働者の年次有給休暇取得を制限することはできず、そのような行為があった場合には使用者の責任が問われる可能性がある。

　そこで、ここでは、年次有給休暇に関する労働基準法の仕組みを紹介し、使用者が年次有給休暇取得を制限した場合に、どのような責任を問われる可能性があるのかを検討する。

執筆／弁護士・髙塚慎一郎（アンビシャス総合法律事務所）

═══ プロローグ ═══

　ここは、某地方都市に事務所を構えるＣＥ法律事務所である。

　所長の空知弁護士（以下「**空知**」）は、多くの労働事件を手がけ、弁護士会内でも労働法に詳しいことで有名な弁護士である。

　本日は、後志社のＳ社長（以下「**社長**」）が来所し、法律相談をする予定となっている。どうやら「年次有給休暇」が問題となる相談のようであるが…。

Q1　労働基準法は、年次有給休暇について、どのように定めているのでしょうか？

労働基準法は、勤続年数に応じて取得日数を定めている

社長：先生、本日は私の経営している会社のことでご相談したいことがあります。

空知：はい、相談内容はどのようなものでしょうか？

社長：実は、先日、当社の従業員から「有

給休暇を取りたいので、残りの有給休暇の日数を確認させてほしい」と言われました。ちなみに、この従業員は当社に長く勤めている正社員です。

当社では、これまでは、従業員から申請があった場合に、特に業務に支障がなければ年次有給休暇を取得させるという取扱いをしていたため、従業員の年次有給休暇の日数を把握していません。

そもそも、年次有給休暇の取得や日数については、法律ではどのように定められているのでしょうか？

空知：それはいけませんね。使用者は、①労働者が採用日から起算して6カ月間継続的に勤務し、②全労働日の8割以上出勤した場合には、その労働者に対して、10労働日の年次有給休暇を与えなければなりません（労働基準法39条1項）。そして、その後も継続して勤務した労働者に対しては、以下の表のとおり年次有給休暇の日数が上積みされることとなります（労働基準法39条2項）。

なお、アルバイトとして働いている人などの、いわゆるパートタイム労働者のうち、労働する日数が週に4日以下に設定されている労働者については、正社員とは異なる取扱い

がされますので、この点も注意が必要です（労働基準法39条3項）。

社長：そんなに細かく決まっているのですね。①6カ月間の「継続勤務」というのは、具体的にはどのように判断すれば良いのでしょうか？

空知：「継続勤務」については、形式的にではなく、実質的に判断されることとなります。そのため、もともとアルバイトとして働いていた人が、その後、正社員として採用された場合も、通じて「継続勤務」していると判断されることになると考えられます。

社長：当社には、休職中の従業員もいるのですが、従業員が休職している場合も、「継続勤務」になり得るのでしょうか？

空知：はい。基本的には従業員が会社に継続的に在籍していれば休職をしていても「継続勤務」しているものと判断されることとなります。

社長：②全労働日の8割以上の出勤も必要になるということですが、地震や台風などによって従業員が出勤できなかった日は、労働日に含まれるのでしょうか？

空知：自然災害などの不可抗力によって従業員が働くことができないような日は、労働日には含まれません。また、

● 年次有給休暇の付与日数

勤続年数	6か月	1年6か月	2年6か月	3年6か月	4年6か月	5年6か月	6年6か月
年次有給休暇の付与日数	10日	11日	12日	14日	16日	18日	20日

もともと働くはずであったのに、会社側の不祥事などによって従業員が働けない状態になってしまった場合には、そのような日も労働日には含まれないこととなります。

社長：労働日をカウントするのもなかなか難しそうですね…。

Q2　年次有給休暇の申請には、応じなければならないのでしょうか？

原則として申請に応じなければならない

社長：先ほどの従業員は、年次有給休暇の日数の確認の他に、「〇月△日に有給休暇を取得したい」とも言っていたのですが、そもそも、従業員が年次有給休暇の日時を一方的に指定することはできるのでしょうか？

空知：労働基準法は、使用者は、年次有給休暇を労働者の請求する時季に与えなければならないと定めており（労働基準法39条5項本文）、労働者には、年次有給休暇の時季を自由に指定することができる権利があります。この権利を「時季指定権」といい、使用者は、原則として労働者の指定した時季に年次有給休暇を与えなければなりません。

社長：そうですか。ですが、会社としても、その日に休まれてしまうと、業務に支障が出てしまうこともあるのです。そのような場合にも、従業員の指定

した時季に年次有給休暇を取得させなければならないのでしょうか？

空知：いいえ。必ずしも従業員の指定した時季に年次有給休暇を取得させなければならないわけではありません。

労働者の時季指定権に対して、使用者には「時季変更権」という権利が認められています。これは、使用者が労働者の指定した年次有給休暇の時季を変えることができる権利です。

社長：それならば、時季変更権を行使すれば、会社が自由に従業員の年次有給休暇を決定できますね？

空知：それはちがいます。使用者が自由に労働者の指定した年次有給休暇の時季を変えることができるならば、結局、労働者が年次有給休暇の時季を指定することができないことになってしまいます。そのため、使用者が時季変更権を行使できるのは、労働者が指定した時季に年次有給休暇を取得することが、「事業の正常な運営を妨げる場合」に限られているのです（労働基準法39条5項但書）。

社長：「事業の正常な運営を妨げる場合」ですか。具体的には、どのような場合に認められるのですか？

空知：具体的には、ある労働者が年次有給休暇の日を指定した場合に、①指定された日にその労働者が労働することが、その労働者の所属する係や課の運営のために不可欠であること、②会社がその労働者の代わりの人員を確保することが困難なことの両方が必要になります。

たとえば、Aさんが〇月×日に年

次有給休暇の取得を申請した場合、Aさんが〇月×日に労働することが、Aさんの所属する係・課の運営にとって不可欠でないのであれば、会社が時季変更権を行使して、年次有給休暇の日を変更することはできません。また、〇月×日に、Aさんの労働が必要であっても、BさんがAさんに代わって働くことで、Aさんの穴埋めができるのであれば、会社が時季変更権を行使することはできません。

社長：時季変更権を行使することができる場面はかなり限られているのですね。

空知：また、2019年4月に施行された改正労働基準法により、年10日以上の有給休暇が付与される労働者に対して、年次有給休暇を付与した日（基準日）から1年以内に、有給休暇の日数のうち年5日については、使用者が時季を指定して取得させることが義務付けられることとなりました（労働基準法39条7項）。

なお、労働基準法の改正に伴って、厚生労働省労働基準局　平成31年4月「改正労働基準法に関するQ＆A」というものが出されており、有給休暇に関する取扱いも多数記載されています。

これによれば、使用者は、年次有給休暇の時季指定を行うに際、対象となる労働者の範囲や、時季指定の方法等について就業規則で定めることが求められます。また、使用者は、5日を超える日数について労働者の年次有給休暇の時季を指定すること

ができません。

使用者の時季指定に関することで、取扱いに迷うようなことがあったら参考にしてみて下さい。

社長：そんなものがあるんですね。今日先生に相談に来ておいてよかったなあ。

Q3　年次有給休暇の利用目的を制限することは、できるのでしょうか？

年次有給休暇の利用目的を制限することはできない。

社長：そういえば、以前、従業員が「有給休暇中に競馬や競輪に行って大負けした」と言っているところを聞いたことがあります。

競馬や競輪に行くのがダメというわけではありませんが、従業員が年次有給休暇を取得してギャンブルをすることになんとなく抵抗があります。年次有給休暇の利用目的によって年次有給休暇の取得を制限することはできないのでしょうか？

空知：年次有給休暇の利用目的について、林野庁白石営林署事件（最判昭和48年3月2日）は、「年次休暇の利用目的は労基法の関知しないところであり、休暇をどのように利用するかは、使用者の干渉を許さない労働者の自由である」として、年次有給休暇をどのように利用するかは労働者の自由であり、使用者がこれを制限することはできないと判断しています。

そのため、労働者が年次有給休暇を利用して、競馬や競輪に行こうとしているのだとしても、使用者が労働者の年次有給休暇の利用目的に照らして、年次有給休暇の取得を制限することはできません。

Q4　年次有給休暇の買取は、可能でしょうか？

原則として年次有給休暇を買い取ることはできない

社長：当社では、これまでに従業員が年次有給休暇を取得すること自体が少なかったので、現状、従業員が行使できる年次有給休暇の日数はそれなりに残っていると思うのですが、年次有給休暇の取得によって、万が一にも業務に支障が出ると困ります。

　　　幸い、当社は、今期かなりの利益が出ているので、従業員から年次有給休暇を買い取って、年次有給休暇の取得日数を減らしたいのですが、年次有給休暇を買い取ることはできるのでしょうか？

空知：労働基準法は、労働者の年次有給休暇取得の権利を保障しています（労働基準法39条）。

　　　使用者が年次有給休暇を買い取ることを認めると、労働者の福祉向上を図った労働基準法の意味がなくなってしまいます。そのため、使用者が年次有給休暇の買い上げを予約して、その日数分について、労働者

の請求した年次有給休暇の取得を認めないという取扱いをすることは、労働基準法39条に違反すると考えられています（昭和30年11月30日　基収4718号）。

　　　ただし、使用者が労働基準法に定められた年次有給休暇の日数以上に、独自の年次有給休暇を定めている場合には、労働基準法に定められた日数を超える部分を買い取ることができます（昭和23年3月31日　基発513号）。

Q5　年次有給休暇の取得を妨害すると、どうなるのでしょうか？

損害賠償責任を負う可能性がある

社長：先生、先ほどお伝えした年次有給休暇の取得を希望している従業員は、あまり勤務態度が良くないのです。そのような従業員が率先して年次有給休暇を取得しようとすることに納得がいきません。従業員の年次有給休暇の取得を阻止することはできるのでしょうか？

空知：使用者が労働者の年次有給休暇の取得を妨害してしまうと、使用者は、その労働者に対して損害賠償責任を負う可能性があり、実際に使用者の損害賠償責任が認められたという裁判例も出ています。

社長：損害賠償ですか！？　どのような裁判例があるのでしょうか？

空知：たとえば、日能研関西ほか事件（大阪高判平成24年4月6日）では、労働者が年次有給休暇の取得を申請したのですが、上司が「今月末にはリフレッシュ休暇をとる上に、○月△日まで有給（原文ママ）をとるのでは、非常に心象（原文ママ）が悪いと思いますが。どうしてもとらないといけない理由があるのでしょうか。」「こんなに休んで仕事がまわるなら、会社にとって必要ない人間じゃないのかと、必ず上はそう言うよ。その時、僕は否定しないよ。」などと言ったことで、労働者が年次有給休暇の申請を取下げるに至ったという事案について、裁判所は、上司の行為について、使用者の責任を認め、使用者の労働者に対する損害賠償責任を認定しました。

社長：実際の事例を聞くと、なんとなくイメージがわきますね。

空知：他にも、全日本空輸（大阪航空支店）事件（大阪地判平成10年9月30日）は、労働者の年次有給休暇の申請に対して、使用者が時季変更権を行使した事案について、裁判所は、使用者の時季変更権の行使が、先ほど説明した「事業の正常な運営を妨げる場合」には当たらないとして、使用者の責任を認め、使用者の労働者に対する損害賠償責任を認定しました。

社長：時季変更権の行使によって損害賠償責任を負うことがあるのですね。

空知：これらの裁判例は、労働者の年次有給休暇の申請、つまり時季指定権の行使に対する使用者側の対応が問題となったケースでしたが、最近では、出水商事事件（東京地判平成27年2月18日）は、労働者が年次有給休暇を申請する前の妨害行為という、これまであまり問題とされていなかったケースについて、使用者の損害賠償責任を認める判断をしています。

社長：確かに、先ほどの裁判例は、年次有給休暇の申請に対して上司が文句を言ったというものと、年次有給休暇の申請に対して時季変更権が行使されたという事案でしたね。その出水商事事件というのは、どのような内容だったのですか？

空知：この会社では、年次有給休暇の残日数を給与明細に記載するという取扱いがされていたのですが、使用者が給与明細の年次有給休暇残日数を0日と記載して労働者に交付したり、年次有給休暇の残日数を6日間に限定し、併せて、年次有給休暇の取得が認められるのは冠婚葬祭や病気休暇に限られるという通知を行いました。労働者は、使用者の行為によって年次有給休暇を取得する権利が侵害されたとして、使用者に対して損害賠償請求を行いました。

　裁判所は、上記の使用者の行為によって、労働者が自分たちの年次有給休暇日数が少ないと誤信したり、取得理由が限定されていると誤信してしまうおそれがあり、年次有給休暇の取得行為が委縮されるとして、使用者の損害賠償責任を認め、使用者の妨害行為によって労働者が被った精神的苦痛について、使用者が慰

謝料を支払うべきであると判断しています。

社長：たしかに、会社からそのような通知を受ければ、従業員は、そもそも年次有給休暇の取得申請自体が、できなくなってしまうかもしれませんね。

空知：これらの裁判例を踏まえると、使用者としては、労働者の年次有給休暇の申請前後のいずれにおいても、慎重に取扱いを行う必要があるでしょうね。

　また、先ほどもお話ししましたが、労働基準法の改正により、使用者が時季を指定して労働者の有給休暇を取得させる義務を負うことになりましたので、そのような義務に違反した場合の使用者の責任が問題になることもあると考えられます。

社長：わかりました。今後は、年次有給休暇の取扱いについては、慎重に進めていきたいと思います。

　本日は、どうもありがとうございました。

☑ 本日のチェックポイント

● 　労働者の年次有給休暇については、労働基準法に要件や日数が詳細に規定されています。

● 　労働者の時季指定権の行使に対し、利用者は「事業の正常な運営を妨げる場合」にのみ、時季変更権を行使することができます。

● 　年次有給休暇の取得妨害をすると、損害賠償責任を負う可能性があります。

※　登場する人物名や団体名は、仮名であり実在する方とは一切関係ありません。

高塚慎一郎（たかつか・しんいちろう）【弁護士・アンビシャス総合法律事務所】

　平成25年 北海道大学法科大学院修了、平成28年12月 弁護士登録。札幌弁護士会に所属。使用者側の労働問題や事業承継に関する業務を多く取り扱っている。

第6章　紛争予防のアドバイス

　労働紛争につながり得る問題や懸念が全くない企業は稀であり、労働者の我慢や上司の対処能力などの様々な要因から労働紛争が顕在化せずに済んでいるケースは多い。

　しかし、ひとたび紛争が顕在化してしまえば、その対応には多くの時間と労力を費やさざるを得ない。そのため、紛争が発生しないような予防策は、紛争発生後の対応策以上に重要といえる。

　本章では、弁護士として数多くの労働事件を担当し、大学の法学部においても労働法の教育・研究を行っている淺野高宏氏が、自らの経験を踏まえて、紛争の予防、平時の適正な労務管理の重要性などを主眼に解説する。

解説 平時の適正な労務管理の重要性と弁護士への相談

日頃から会社の実情をよく知る弁護士に何事も相談できる体制を

執筆／北海学園大学法学部教授・弁護士・淺野高宏（ユナイテッド・コモンズ法律事務所）

1 平時の適正な労務管理の重要性

現在は様々な要因から紛争が顕在化せずに済んでいるだけかもしれない

労働者と使用者との間の雇用関係をめぐる紛争には、様々なものがあります。たとえば、仕事の内容や割り当て、職場内や取引先との人間関係に関する不満や苦情といった日常的な問題から賃金（月例賃金のみならず賞与や退職金、時間外・休日労働手当なども含みます）の減額や不支給の問題、懲戒処分、退職や解雇、さらにはセクハラ・パワハラ、職場環境をめぐる問題など多種多様な問題が存在しています。

多くの企業では紛争のもととなる問題や懸念が全くないということは稀であり、様々な要因（労働者が我慢している場合もあるでしょうし、上司の問題察知能力や対処能力が高くインフォーマルな形で巧く処理されていることもあるでしょう）から現在のところは紛争が顕在化せずに済んでいると

いうことの方が多いのが実情でしょう。

紛争が顕在化してしまえば多くの時間と労力を費やさざるを得ない

ただし、ひとたび紛争が顕在化してしまうと、その対応には多くの時間と労力を費やさざるを得なくなってしまいます。のみならず、労働事件の処理は、解決基準となる法律（その内容については今後説明していきます）の規定内容が抽象的であることや判例（同種事案の裁判所における解決例のことを「裁判例」といい、このうち特に先例として意義があるものを「判例」といいます）の正しい理解がなければ判断を誤ってしまうことも少なくないため専門性が要求されます。

ですから弁護士の中には、「労働事件は苦手だ」と敬遠する人もいるほどです。いわんや、初めて労働紛争に直面した企業経営者はどのように対応してよいかわからないのが普通であり、非常に困惑された状態で弁護士に相談される方が多いといえます。

また、過去に労働紛争を経験した企業で

あっても発生する紛争はまさにケースバイケースの対応を迫られることが多いため、弁護士などの専門家に相談しながら処理しなければ、適切な対応が出来ないことが多いわけです。

弁護士が敗戦処理投手のような仕事しか出来ないことも

一般的には、紛争になってからが弁護士の登場場面であると思われがちです。ところが既に紛争が発生してしまってからでは、弁護士に相談しても「後の祭り」ということは、少なからず存在します。なぜなら、事件の勝敗は具体的な事案の内容が最も大切であり、黒のものを白であると言いくるめることは弁護士のなし得るところではないからです。

したがって、せっかく相談に来られても、いわば敗戦処理投手のような仕事しか出来ないのでお引き受けしかねるという事案すらあるわけです。

既に紛争化した事案の処理において、弁護士の腕次第で勝敗の結論が異なりうるのは、事案の内容から見て勝敗確率が5分5分と思われるようなものくらいでしょう。

ですから、最初から勝ち目のない事件を依頼して、敗訴したことを弁護士や判断者である裁判官のせいにするというのは、褒められた態度とは言えません。

むしろ、たとえば従業員の解雇や賃金の減額を検討しているような場合には、事前に弁護士に相談し、正しい法的手順を踏んで慎重に対応していくことこそ重要と言えます。

また、小手先の対応で法律の抜け穴をか

いくぐるような手法をとろうとすると、いざ裁判となった場合に不当性が際だってしまい、かえって裁判所の心証を悪くすることにもなります。

発生してしまった紛争を解決するためには早めに信頼できる弁護士を

ですから、企業経営者が労働事件で苦労しないためには、労働事件に精通した弁護士に普段から何事も相談して適正妥当な対応をとるということが、最も重要なポイントになるわけです。

本来であれば単発の相談ではなく、日頃から会社の実情をよく知る弁護士に何事も相談できる体制をとっておくことがベストです。そのためには、顧問契約を交わして労働契約や就業規則、労働協約等の内容を精査してもらい、さらには日頃の労働者への注意指導のあり方などについても相談しておくとよいでしょう。

弁護士と顧問契約をするなどと聞けば、相当高額な金額の顧問料の負担を想定するかもしれませんが、案外、巷で言われているよりもリーズナブルな価格で多くの対応をしてもらえることも多いのが実情ではないかと思います。

なお、行政（都道府県労働局、労働基準監督署、労働委員会など）の窓口に相談する方法もありますが、事案が複雑であればあるほど、こうした行政サービスの一環である無料相談だけに頼ることには限界があります。特にいったん発生してしまった紛争を解決するためには、費用にこだわるのではなく、早めに信頼できる弁護士を見つけた方がよいといえます。

2 弁護士に相談する際の事前の準備

事実関係を説明し、何をして欲しいのかを明確に

　もっとも顧問弁護士を抱えるほど相談はないし、顧問料負担はやはり重いと感じる中小企業も少なくありません。では、そのような会社は、いざ労働紛争に発展しかねない案件が生じた場合、どのように弁護士を活用すればよいのでしょうか。

　相談者も日常業務があるわけで、業務の合間を縫ってようやくスケジュールを調整し法律相談に来てくれるわけですから、出来る限り有意義な打ち合わせをしたいというのが弁護士の本音でもありますし、相談者の希望にも沿うと言えます。滑り出しがよいと後の手続きがスムーズに流れることが多いですし、弁護士にとっても依頼者に的確なアドバイスができ満足してもらえることは何にも代え難い喜びです。

　弁護士からみて、初回相談時に依頼者にはどのような準備をしてきてもらいたいかというと、次のようなことがあげられます。

　弁護士が依頼者と相談をする目的は、第1に事実関係が何であるかを知ることです。事実関係を知るというのは、単にどんな事実が起きたのかということだけでなく、現在まで依頼者によってとられた措置と相手方の反応や応答、証拠はどこにどのようなものがあるのかといった状況なども含めて十分に把握する必要があります。

　そこで、できれば相談者には、相談にあたって、事実がどうであったのかということ

を簡単に時系列で箇条書き形式などで整理してもらい、これに対して相手がどのように主張しているかを説明できるようにしてもらえると大変相談がスムーズに進みます。また、弁護士の事件予測を正確にするために、可能な限り自分にとって不利なこともあわせて説明してもらうことが大切です。それから、どのような事実があったのかということと、それについて自分がどう感じたかということは、区別して整理することが事実関係をわかりやすくまとめる上でのポイントとなります。

　相談の第2の目的は、相談者が何をして欲しいのか（依頼事項）を明確にすることです。トラブルの解決の仕方はかならずしも一通りではなく、弁護士は依頼者が置かれている状況や依頼者の希望を考慮しながら、もっとも妥当な解決を模索していきます。ですから、トラブルを自分としてはどう解決したいのかをはっきりさせておくというのは、とても大切なことです。逆に困ってしまうのは、「先生が一番いいと思うような方法でやってください」と、全て弁護士任せにされてしまうことです。

弁護士はアドバイザーでしかない

　弁護士はあくまでアドバイザーでしかなく、企業経営を委されているわけではありません。ご自分の会社の従業員との関係をどのようにしていきたいのかを考えるというのは、まさに企業経営者こそが適切に判断しうることといえましょう。

　弁護士は、そうした方策をとることが法的にみて適切妥当か、その実現のための適

切な手順を踏むにはどうすればよいかを助言する立場に過ぎないわけです。お互いの役割を理解しながら、信頼関係のもとに二人三脚で最善の方策を練り上げていくというのが理想と言えます。仮に「私の判断に従ってくれれば御社は絶対大丈夫、大船に乗った気持ちでいてください」などという弁護士がいれば、よく注意したほうがよいかもしれません（おそらく、そんな弁護士はいないと思いますが）。

3　弁護士はどうやって事件処理の見通しを立てるのか

どれだけ正確に事実を聞き取り重要な証拠をもれなく収集できたかによる

法律相談を受けた場合、相談者の主要な関心事は、果たして自分の言い分は裁判になった場合、認めてもらえるのか、つまり裁判で勝てるかどうかを教えて欲しいということだろうと思います。

なかには、自分（社長）の思い（気持ち）を聞いてもらえただけで良かったなどとおっしゃる方も稀にいらっしゃいますが、鬱憤のガス抜きだけでわざわざ相談料を払って弁護士に相談する方は多くありません。

そこで、大切になるのが弁護士の事件の見立てです。

弁護士は、相談者からの事情聴取と相談者が持参した証拠、紛争の社会的背景などから事実関係を把握して、法律の知識やこれまでの判例、さらには自分の事件処理の経験などから事件の見通しを立てて、結果を予測していきます。

法律や判例の知識などを駆使することは弁護士が得意とするところですので、信頼して任せてくださればよいのですが、事実関係の把握や証拠の有無などは相談者からどれだけ正確に事実を聞き取り、重要な証拠をもれなく収集できたかによります。

したがって、弁護士が事実を間違って把握したり、大事な証拠を見落としたり、あるいは証拠の評価を間違ってしまうと事件の見通しが狂ってしまい、勝てる裁判も負けてしまうということはいくらでもあるわけです。

淺野高宏（あさの・たかひろ）
【北海学園大学法学部教授・弁護士・ユナイテッド・コモンズ法律事務所】

平成14年　弁護士登録。北海道大学客員准教授を経て平成29年4月より現職。北海道労働局紛争調整委員会あっせん委員、NPO法人「職場の権利教育ネットワーク」理事、元札幌簡易裁判所民事調停官（非常勤裁判官）。現在、北海学園大学法学部において教鞭をとりながら、弁護士としても労働事件を中心に担当している。平成26年にはNHKの雇用問題を扱った特別番組に2度出演した。主な著作に「18歳から考えるワークルール」（共著・法律文化社）、「働くことを考える変貌する労働時間法理」（共著・法律文化社）、「学生のためのワークルール入門」（共著・旬報社）など。

傾いた天秤　―結びに代えて―

はじめに

　ユナイテッド・コモンズ法律事務所が主宰する労働法研究会の研究成果がこのように上梓されたことを心から喜ぶものである。メンバーは、主宰者の淺野高宏先生を除くと登録間もない弁護士達が大部分である。その若手主体の研究会に同事務所の顧問格の道幸哲也君（大教授に向って君と呼ぶのは気が引けるが、1968〜69年の大学紛争時代から変わらぬ友情をもって接してもらった者として、彼の生き方に共振と尊敬を込め道幸君と呼ぶことを許されたい。）の指導宜しきを得て、倦まず弛まず研究会を続けてこられたことは、驚きであり、賞賛に価いする。私も何回か発表させていただいた。この研究会での議論は、おそらく大学の研究会でのレベルに比べても遜色ないものと思われる（あるとすれば、比較法的視点が弱いことぐらいであろう）。弁護士の習いとして、ともすれば毎日の業務に追われ、惰性に流されがちであるが、活を入れているのは、道幸君である。研究会での議論は楽しいものであるが、それを一層楽しくしているのは、研究会終了後の鍋パーティーである。酒を飲みながら交わすテーマは、研究会での議論の延長のこともあれば、メンバーが直面している法律上の難題のこともあり（体のいい法律相談。だが、若手には貴重なOJTの機会となっている）、森羅万象に及ぶ。この楽しさが、研究会を続けさせる因となっているのかも知れない。老兵としては、これからもこの研究会が自由闊達な議論を続け、メンバー達が能力・力量をボトムアップし、弁護士として大成されることを切望する次第である。

　ところで、我々実務家は何のために判例研究をするのか。成文法があっても、それを肉付けするのは判例であり、その蓄積が生ける法である。生ける法を知ることなく具体的事件において法の解釈適用を適正に行うことはできない。弁護士が依頼者に提供する法的サービスを十分なものたらしめるためには、成文法がどうなっているのかだけでなく、その判例による運用をよく研究し精通していなければならない。紛争の着陸点を予測するためである。ABAのModel Rules of Professional Conductは、弁護士は有能で（competent）、迅速で（prompt）、誠実で（diligent）なければならないと定めているが、その有能さは、まず十分な法的知識を要求している[1]。そして、次に、その知識を縦横に駆使するスキルを要求している。まずもって生ける法を知ることが大事である。法の解釈適用を主業とする弁護士にとって、観念的で概念的な法は役に立たないとまでは言わないが、十分でない。また、法の具体的適用の場における有能さは、判例を知っているだけでは足りない。定型的な法解釈、法的価値判断が求められる場合は、稀で

---

[1] 田中宏「弁護士のマインド」（2009年・弘文堂・22頁）。

かえって少ない。派生的な事象をどう解釈に組み入れるのか。判例は、どう言っているのか。その背景となっている裁判官たちの考え方は、どんなものか。これらを知らずして、実務では有能な代理人となれない。知るだけでは足りないのである。派生的な事象を考え、法をどう解釈するのかの癖を身に付けることが重要である。他方、同じ裁判規範の下で、裁判官はどう考えどう判断するのかの予測も劣らず重要である。それができなければ、裁判の帰趨の見通しも立たない（訴訟戦略が立てられない）。我国では、先例拘束性が認められておらず、裁判官は、先例に従うことなく、先例と相違した法的価値判断を示すこともある。しかし、判例違反は、上告理由（刑事）や上告受理申立理由（民事）となっていることや私が受けた研修所教育の中で、最判の事実上の拘束性を強調する裁判官教官もおられた。「その事件が将来最高裁に係属したならば最高裁が下すであろう法解釈」を考えよと教えられた。その呪縛というか心理的締め付け効果は大きかった（今はどう教えられているのか分らない）。任官した裁判官たちが、最判に従うこと、最判を意識することが栄達に繋がると考えるのも自然であった。本来独立しているべき裁判官の判断が目に見えないところで統制されていたのである。独立と統制の兼ね合いの中で、裁判の結果を予測しなければならない。そのためには、どんな事実が定型的で、どんな事実が派生的なのかを日頃から研究しておかなければならない。その訓練の場が判例研究会なのである。Inns of Courtにおいて先例のmaterial factは何かをdistinguishするスキルを教えているのと似ている。

　民事判決が新様式になってからは、事実摘示が簡略化され過ぎている（現在、多くの弁護士は判決が新様式になったことすら知らない）。判決の前提となる事実は、判決に摘示された事実の通りであるのか。それとも、裁判官の判断に合うよう事実が都合よく構成されていないか。特に、裁判官の結論に不都合な事実は、無視ないし過小評価されていないか。逆に言えば、さしたる証拠もなく都合の良い事実が認定されているのではないか。判例研究では、これらの点が検証できない。傾いた天秤の下で、事実認定や法解釈が傾くことがある。ジェローム・フランクが夙に指摘しているように、R（Rule）×F（Fact）＝D（Decision）ではなく、D＝R×Fなのである。「法規範がいかに確定していようとも、判決は裁判所の事実認定によって意のままに左右されるのである」[2]。つまり、傾いた天秤の下でDが先にあって、Dに合わせてFの認定が行われるのである。判決を鵜呑みにしてはいけない。代理人の協力が得られるならば、双方の準備書面をお借りして、どんな事実が主張されていたのか。どんな証拠が提出されていたのか。裁判官による事実摘示が適切であったかを確認できれば尚良い。

傾いた天秤

1　裁判が公平に行われるべきことは言うまでもない。テミスの持った天秤は、どんな時でも誰に対しても平ら（衡平）でなければならない。裁判官の天秤が傾いていれば、救済されるべきものも救済されない。

　　天秤が傾けば偏ったFの認定ばかりか、偏ったRの解釈適用が行われる。その典型的な労

2）ジェローム・フランク・裁かれる裁判所・1960年・弘文堂・24頁。

働事件の例を紹介する。それが本稿の目的である。

　はじめにで述べたように、この研究会のメンバーは60期代の若い弁護士が大部分である。今から30年余り前に国鉄（日本国有鉄道）という公社組織があった。その国鉄は、1987（昭和62）年３月31日をもって消滅し、六つの株式会社（JR北海道などの旅客会社）と一つの貨物輸送株式会社（JR貨物）に分割された。いわゆる国鉄の分割民営化である。

　この研究会のメンバーの大半は国鉄そのものを知らない。そして、分割民営化のプロセスは余程の物好きでもなければ知ることはない。その組織改革（既存の公社組織から新設の株式会社への移行）に当り、労働者の所属する組合による採用差別が行われた。採用は、個々の労働者について行われたが、その労働者が所属する組合によって、大きな差別があった。これが採用差別の問題であり、労働組合法７条１、３号の該当性が問題となった。しかし、司法的救済は与えられなかった。天秤が傾いていたのである。まず裁判所は、Dありきであった。そのDに合わせて、R（国鉄改革法）の解釈適用があった。天秤の傾きは、判決文には出てこなくとも、政治の意向を忖度していることが覗える。しかし、頭のいい裁判官達は、そんなことは曖にも出さない。屁理屈をつけて天秤を傾けたのである。JR採用差別事件は、そんな事件である。判例研究に当たっては、裁判官の天秤が傾いていることも意識のどこかに留めて置かなければならない。そのうえで、裁判官の思考の構造について分析を加えなければならない。これこそが、判例研究の目的である。

2　私は、この原稿を書くに当って、
①　政府は、分割民営化のゴールと手続きをどう考えていたのか（中曽根弘康・天地有情・1996年・文藝春秋）
②　当事者の国鉄当局は、分割民営化をどう受け止め、どう行動していたのか（ア　葛西敬之・未完の国鉄改革・2001年・東洋経済社、イ　松田昌士・なせばなる民営化・2002年・生産性出版、ウ　山之内秀一郎・JRはなぜ変われたのか・2008年・毎日新聞社）
③　労働組合は、どう考え、どう行動したか（ア　秋山謙祐・語られなかった敗者の国鉄改革・2009年・情報センター出版局、イ　六本木敏・人として生きる・1988年・教育史料出版会、ウ　二瓶久勝・国鉄闘争の真実・2012年・スペース伽耶、エ　松崎明・秘録・2001年・同時代社）
④　社会はどう受け止めていたのか（ア　加藤仁・国鉄崩壊・1986年・講談社、イ　牧久・昭和解体・2017年・講談社）
を知るため、上記の本を読み込んだ。

　①の中曽根元総理は、国鉄の民営化に執着していた。後に述べるように中曽根氏は、国労をまず弱体化し、国労が有力組合である総評（日本労働組合総評会）を弱体化し、総評が支持母体となっている社会党を弱体化させようとしていた。そのため、第二次臨時行政改革調査会（臨調）を立ち上げ、国鉄、電電公社、日本専売公社（いわゆる三公社）の分割民営化を図った。三公社は、中曽根氏の思惑通り、民営化された。②の葛西（後にJR東海社長）・松田（後にJR東日本社長）の両氏は、井手正敬氏（後にJR西日本の社長）とともに国鉄改革３人組と呼ばれた改革派に属する。両氏のア・イを読むと、いかに国鉄当局が分割民営化（特

に分割）に抵抗していたかが分かる。ウの山之内氏も国鉄マンであり、民営化によりJR東日本の副社長に就任。民営化の前の国鉄の赤字は単年度で1兆8800億円（1日当り51億5000万円）、累積で37兆円であった[3]が、JR東日本、JR東海、JR西日本、JR九州は上場を果たし、株主に配当するまでに至っている（勿論法人税を納めたあとの利益から配当を行っている）。赤字から黒字への転換の経営を述べている。③のアは、国労の企画部長だった秋山氏。同イは、1986年10月の修善寺大会で秋山氏ら執行部を辞任に追い込んだ六本木氏。同ウは、国労の外からの応援団二瓶氏。他方、同エの松崎氏は、国労と一線を画した動労の委員長（JR東日本労組の初代委員長）であった。動労は国労と袂を別ち当局に協力するようになったが、松崎氏はどんな考えから国労と対立するようになったのか。そしてどう行動したのか。④のア・イは、社会やメディアは分割民営化と国労をどう見ていたのかを知る好著である。

3　私は、JRの採用差別は、国家が主導した不当労働行為と考えるが、何故、国家が主導する不当労働行為が行われたのに、差別された組合と組合員に司法救済が与えられなかったのか不思議であった。断っておくが、私は国労が組織的に行っていた職務規律違反（順法闘争という名の違法な争議行為、闇給与、闇超過勤務手当、ポカ休、酒を飲んでの乗車勤務など）[4]を擁護するつもりは全くない。私は、国労が組織的に行っていた職務規律違反の数々に怒りを覚えていた。国労は、最大のステークホルダーである利用者の迷惑を考えていなかった。利用者の怒りが爆発して暴動（1973.3上尾駅事件、1973.4首都圏国電暴動）まで起きていた。しかし、そのことと国労の組合員が差別されることなく新会社へ移行する手続が行われたかどうかは別である。今般、①地労委の救済命令（JR北海道につきH1.1.12。北海道労働委員会だけでなく、全国で採用差別について17件もの労働委員会に対する救済申立がなされ、全ての地労委で救済命令が出ている。）[5]、②中労委の再審査における救済命令（H5.12.15）[6]、そしてJRの使用者性を否定して不当労働行為を認めず救済命令を取消した③東京地裁の二つの判決（H10.5.28）[7]、④東高判（H12.12.14）[8]、そして⑤最高裁判決（H15.12.22）[9]。また、新会社への採用に差別があったとして慰藉料を認めた⑥東地判（いわゆる難波判決・H17.9.15）[10]と⑦東高判（H21.3.25）[11]及び最高裁における政治和解（H22.6.28）、（総額199億円の支払で和解、裁判の取下げ）を読み込み、裁判所の天秤が傾いていたことを思い知らされた。特に、①地労委の救済命令は、丁寧に国鉄とJRの実質的同一性を認定して、JRの使用者性を認めている（各地の地労委も北海道と同様実質的同一性を認めている。）。②中労委の命令は、実質的同一性に触れず、改革法の解釈からJRに不当労働行為の法主体性を認め、採用差別は不当労働行為と認定している。③東地判、④東高判、⑤最判は、新旧両社の同一

3）前出②のウ17頁。
4）前出2の④ア214頁。
5）別冊中央労働時報1071－3。
6）労判641－14。
7）民事11部判決・判時1644－50。民事19部判決・判時1644－73。
8）労判801－37。
9）判時1847－8。
10）判時1906－10。
11）判時2053－127。

性の有無に踏み込まず、法律論で決着を付けている。東地判は、同じ日に民事11部と19部から各々判決が出されているが、19部判決は、三菱樹脂事件の最判（S48・12・12、判時724－18）まで引用して、新会社には、採用の自由があるとまで述べている。この理屈は、④の東高判でも使われていた。新会社への組織改編に伴う移行が、新規雇用と同じだというのである。組織改編による移行が新規雇用と同じ訳がない。形式的に新会社へ移行しただけなのに、どうして新規雇用と同じだとなるのか。裁判官は、採用差別に目を瞑ったのである。この感覚は、どこから来たのだろうか。⑤最高裁第一小法廷での意見は、3対2であった。また、⑥難波判決とその⑦高裁判決は、採用差別の実態に踏み込み、不法行為責任を認めているが、③④⑤事件では、法解釈の小手先だけで判決している。何故実態判断に踏み込めなかったのだろうか。①〜⑦の概要は、5及び6で詳述する。

4　公社である国鉄を民営化するとしても、必要な人員は、新会社に移行しなければならない。また、定員との関係で移行できない余剰人員も出る。余剰人員とされた職員はどうなるのか。体のいい集団首切りである。公社とJRの経営実体に変りがなければ、旧会社と新会社は、同一であり、旧会社の社員が新会社に移行するに当って、所属組合により採用差別があれば、不当労働行為となる筈である。当然差別された組合は、地労委に救済の申立をするだろう。裁判所も不当労働行為と認めるならば、分割民営化はできても、国労潰しの目的は達することができない。では、採用差別を行っても、不当労働行為とならない奇策はあるのか。それを考えた切れ者がいた。たまたま国鉄に出向していたA裁判官（21期・当時総裁室法務課調査役）がトリックを考えた。それは、民営化の前に国鉄の全職員に辞表を出させる。その上で、再就職を希望するか、どのJRを希望するのかを確認する。そしてJR各社の採用の人選を行うのは、スポットで任命された設立委員とする（この設立委員の法的地位や設立委員と国鉄の関係は、大変微妙である）。但し、設立委員は、人選の能力がないので、国鉄に採用名簿を作成させる。設立委員がその名簿をもとに採用、不採用を決め、JRはその結果を承継する。従って、JRは人選にタッチしない（末尾にその仕組と改革法23条を添付する）。仮に、国鉄や設立委員の人選行為に不当労働行為と認められる行為があったとしても、JRは関与していないので、使用者性がないというものであった（前出2の②のアの261頁）（前出2の④のイの422頁）。この裁判官の構想は、驚きをもって迎えられ、それは国鉄改革法23条となって結実した。労働省も内閣法制局もこの法案にOKを出した。この奇策は、国労にとって「究極の悪知恵」だった[12]。改革法23条があっても、地労委が示したように不当労働行為と認める司法判断もあり得た。政府と当局は賭けに出たのである。そして、全国18の地労委では全敗したものの裁判所では全勝し賭けに勝ったのである。政府と当局は、裁判所での勝利（ただし最高裁は、辛勝）を予想していただろうと思う。たとえ労働委員会で敗訴しても、裁判所では、ひっくり返せると踏んでいたと思う。そうでなければ、こんな奇策を思いついても、法案化する筈がない。特に、裁判所を覆っている空気から、下級審では、A氏の形式論理のトリックが通用すると考えていたと思われる。5で詳述するが、その通りになった。この全敗・全勝によっ

12）前掲2の④イ424頁。

て、労働委員会の権威や信頼は、回復し難い程失われた。情けないのは、社会党であった。見え見えの組合差別をカモフラージュする法案が提案されているのに、効果的なパンチが繰り出せない。そればかりではない。衆議院の特別委員会の採決で反対したのは共産党だけで、社会党は採決の時退場している[13]。いざ鎌倉の大事な決戦場で敵前逃亡しているのである。組合によって採用差別は行わないという附帯決議をとるのが精一杯であった。当局にとって、附帯決議など「屁の突っ張り」にもならない。社会党消滅の種は、社会党自身が蒔いたのである。国鉄改革法が成立して、4カ月半後にJR各社が発足した。なお、奇策を考え出した裁判官は、後に、高松高裁の長官となり、退官後、弁護士登録を行い、JR東海の常勤監査役に迎えられた。「国鉄改革3人組」の葛西敬之氏は、JR東海の社長として、A氏の論功に報いたのである。

5　救済命令と取消判決の要約とコメント

(1)　北海道労働委員会救済命令（H1.1.12）について

ア　国鉄とJR（承継法人）は、法人格を異にしたとはいえ、事業内容、資産、施設、役職員、労働条件の承継ないし継続などから見て、国鉄とJRは実質的に同一性を有する。改革法23条では、採用者の決定は、設立委員が行う旨定めているが、その実態は、国鉄が、国鉄職員のみを対象として国鉄の作成した管理調書などに基づいて選別しており、設立委員は、その選別結果を追認したに過ぎない（実質的同一性）。営業譲渡や偽装解散の形態をとる不当労働行為事件や法人格否認の法理の適用が争いになった事件では、実質的同一性を判断基準としている。その意味では、地労委の判断方法は真っ当な判断方法である。したがって、JRは、使用者としての責任を免れ難く、被申立人適格を有する。このように、設立委員をクッションに使った奇策は、通らなかった。

イ　組合ごとの大量観察を行うと、国鉄が行った選別には、組合員間差別があり、実質的には整理解雇的措置である。

ウ　国労と他の組合では、顕著な外形的差別がある。にもかかわらず、被申立人（JR）は、その理由を明らかにしていない。

エ　国鉄当局の管理者は、国労組合員に対する嫌悪を明らかにしていたし、国鉄当局からの脱退工作もあった。

オ　（結論）

国労組合員を他の組合員と差別して行った不当労働行為である。JRの不採用は、労組法7条1号・3号の不当労働行為である。

カ　なお、審査手続きの中で、JR各社は、被申立人資格がないと主張したのみで、個別立証を行わず欠席した。

(2)　中労委命令（H5.12.15）について

ア　中労委の命令は、(1)の北海道地方労働員会の救済命令に対する再審査の申立のみならず、全ての地労委の救済命令に対する再審査申立に対する判断である。

13）前掲2の④イ472頁。

イ　(1)で述べたように、(1)の地労委の救済命令は、国鉄と新設のJR各社の実質的同一性を認めたのに対して、中労委は、国鉄改革法上、国鉄・設立委員・JRは別個の法主体であり、国鉄とJR新会社の間には同一性がないとした[14]。しかし、設立委員と国鉄の関係において、国鉄は設立委員の補助機関の地位にある。したがって、国鉄の行為の責任は結果的に設立委員に帰属する。そして、改革法23条5項により、設立委員の行為は、JRの行為となり、JRの使用者性を認めたのである。但し、帰責性と使用者性は、完全に一致するのか疑問は残る。

ウ　そして、国労組合員が当局の切り崩しにより大量に脱退していたこと、国鉄本社の幹部などが国労に対する不利益取扱を示唆する発言があったこと、現場の管理者は、人事評価において国労組合役員や組合員であることを理由に低い評価を行い、他方、国労を脱退して他組合に加入した組合員などを有利に取り扱っていた例が認められたこと、採用率において国労と鉄道労連（鉄労・動労・全施労に国労を脱退した組合員で結成した真国労の4組合で組織した連合体を指す）との格差が顕著であったこと、そのことについてJRから合理的疎明がなかったことなどから、労組法7条1号、3号の不当労働行為に当たると判断している。

　　ただ、一部の組合員については、成績上位者を差し置いて救済対象とするのは、不合理であるので、不利益取扱の成立が否定されている。

　　このように地労委・中労委とも、設立委員が人選を行い、JRは関与していないという奇策を封じたのである。

(3)　東地判H10. 5. 28（民事11部判決）判時1644-50

ア　労組法7条の使用者は、一般的に労働契約上の雇用主をいうものであるが、（中略）、雇用主以外の事業者であっても、その労働者の基本的労働条件について雇用主と部分的とはいえ同視できる程度に現実的かつ具体的に支配決定することができる地位にある場合には、その限りにおいて、右事業主は、同条の使用者にあたるものと解される。しかし、設立委員は、採用候補者の具体的選定及びこれに基づく名簿作成の過程を現実的かつ具体的に支配、決定することができる地位になかったものと認められる。したがって、設立委員は、使用者とは認められない。

　　よって、国鉄の行った名簿作りに不当労働行為に該当する行為があったとしても、労組法7条の使用者としての責任は、専ら国鉄が行ったものであり、設立委員、ひいてはJRがその責任を負うべきではない。この判断は、専ら改革法23条の解釈である。

イ　また、設立委員の権限は、改革法によって特別に付与されその範囲も法定されているので、国鉄は、設立委員の補助機関の地位にあったという中労委の見解は、採用できない。

エ　また、JRと国鉄の間に実質的同一性の法理が適用される理由はない。

オ(ア)　設立委員は、有力財界人が就任していた。したがって、名ばかりのポストであり、実

---

14)　この構成は、いずれ取消訴訟に移行した時に国鉄改革法を無視できないので、苦肉のそれであるという評釈がある（荒木誠二・国労組合員のJR不採用事件中労委命令の検討・ジュリスト1045-87）。

務的選定能力がない。国鉄が設立委員に代わって選定するしかないのに、判決は、補助機関ではないという。その理由は、手続きの一部を国鉄に委ねたに過ぎないからだという。委ねた手続きの中に不当労働行為という違法な行為があれば、設立委員そのものの責任ではないのか。また、国鉄が設立委員の補助機関であることは、国会審議の政府答弁でも何度も説明されていた[15]。立法者意思は、裁判官によって無視された。

(イ) 何故実質的同一性の法理は適用されないのか。新旧両社の実質的同一性を検証せずして、どうして、承継会社の責任の有無を判断できるのか。この点について、判決は、実質的同一性の法理は、組合壊滅の目的その他違法又は不当な目的に出た場合に適用することを想定している。改革法の立法目的が違法又は不当な目的で行われているとは言えない。したがって実質的同一性の法理が適用される理由はない。こんな理屈はありか。凡そ国会が立法するときに「違法又は不当な」目的で立法するか。また、実質的同一性に疑問があるというが、どこに疑問があるのか。それすら明らかにしていない。

(ウ) 結局、この判決は、国鉄が戦犯であるが、JRは国鉄の瑕疵を承継しない。国鉄はすでに清算事業団になっている。文句があるならそちらへというのである。このようにして中労委の救済命令は取消された。R（国鉄改革法）の解釈適用だけで判決の結論を書いており、Fに踏み込んでいない。天秤が傾いていた。A氏の奇策のとおりとなった。A氏がほくそ笑んでいる顔が目に浮かぶ。

(4) 東高判H12.12.14　労判801-37　控訴棄却

ア (3)よりも詳しく国鉄改革法の目的を説き、国鉄と国鉄職員の労働関係はJRに引き継がれず、JRの職員は、設立員が新規に募集することとした。そして、設立委員は、国鉄が作成した名簿の中から採否を決めることができる（実際には、全員名簿のとおり採用されている）が、記載のない者を採用する権限はない。一審と同様の判断である。国鉄は、設立委員の補助ないし代行と解することはできない。設立委員には、国鉄による人選の過程を現実的かつ具体的に支配決定する地位になかった。したがって、不当労働行為の責任が帰属する使用者とは認められない。菅野和夫教授の「近い将来において労働契約を締結する可能性のある者」も使用者に含まれるという考え[16]は一蹴されている。また、実質的同一性については、「直ちに適用されるというものではない」としているが、JRが職員を採用するに当たっては、「企業の採用の自由が広く認められている」ので、黄犬契約以外は不当労働行為が成立する余地はないというのである。19部判決のやき写しである。

イ 採用差別の実態については、一切言及がなかった。設立委員には使用者性がないし、JRは、誰を採用するか自由だというのである。Fに立ち入らずRの解釈で結論を出している。この仕組みを考えたA氏でも、ここまで、裁判所が念入りにカバーしてくれるとは思っていなかったであろう。

---

15) 西谷敏・国鉄改革とJRの使用者責任・ジュリスト1143-88頁。
16) 菅野和夫・労働法（第8版）625頁。なお、筆者の手元に当時の版がないので、第8版を引用した。

⑸　最判H15.12.23　判時1847-8

　　上告棄却（中労委の救済命令の取消の確定）

　ア　（多数意見）

　　改革法23条は、国鉄が採用候補者の選定及び名簿の作成にあたり、組合差別をした場合には、専ら国鉄に責任を負わせることとしたと解さるを得ず、設立委員ひいてはJRは、使用者としての責任を負うものではない。

　イ　（少数意見）

　　㈠　国鉄は、設立委員の提示した基準に従い、名簿の作成作業をおこなった。設立委員会における実際の作業も国鉄職員によって行われた。これらの作業は各々独立の意味を持つものではなく、一連の一体的なものであって、23条により国鉄と設立委員の権限が定められているからと言って、その法的効果も分断されたものと解することは、余りにも形式論に過ぎる。国会審議でも国鉄は、設立委員の補助者であるとされている。採用過程において、国鉄に不当労働行為があった時は、設立委員ひいてはJRは「使用者」として不当労働行為責任を負う。

　　㈡　雇主は、労働者を採用するに当り、採用の自由を有するが、営業譲渡とか新会社を設立して旧会社の主たる資産を譲り受け、労働者を承継するなどの事情がある場合には、採用の事由が制限されることもある。

　ウ　最判は、3対2であった。

　　多数意見は、横尾和子（元労働省OB）、甲斐中辰夫（元検察官）、泉德治、少数意見は深澤武久（弁護士出身）と島田仁郎であった。多数意見は、原審、原々審と同じく、Rの解釈適用で勝負をつけている。私は、紛争の実態を直視する限り、少数意見が的を得ているし、多数意見は、形式論に過ぎていると思う。泉氏は、少数者の権利を救う判決や意見を書いてこられた（週刊金曜日・1172号（2018.2.16））。泉氏は、「一歩前に出る司法」（2017年・日本評論社・228頁）の中でこの判決に触れているが、歯切れが悪い。泉氏は、天秤の傾きを直すことができた。どうして多数意見に同調したのだろうか。「もう一歩」踏み出すことができたならば、1930年代のアメリカ連邦最高裁のニュー・ディール違憲判決に匹敵する判決になったかも知れない。但し、大法廷に回付された公算も大きい。その場合の判決は、予測できない。もっと天秤は傾いたかも知れない。

6　難波判決をめぐって

⑴　東地判H17・9・15　判時1906-10

　　本件は、5の⑸の最判が出る以前の平成14年に、JRに採用されず、清算事業団を解雇された国労組合員が、主位的請求として地位確認を求め、予備的請求として違法な不利益取扱は不法行為であるとして損害賠償を求めた事例である。

　ア　本件解雇は、3年間の再就職促進を目的とした再就職促進法の失効に伴う解雇であり、合理的理由がある。主位的請求・棄却。

　イ　原告らが国労組合員であり、統計資料（国労と他組合の組合員のJR採用率の違い、格差）及び国鉄当局の国労と組合員の対応から国鉄当局は、国労組合員を嫌悪し、名簿に

記載しなかったことは、労組法7条が禁止する不利益取扱であると推認される。なお、被告は、原告らの勤務評定上不利益を受けることを相当とする個別事情を明らかにしていない。しがたって、上記推認を覆すことができない。また、国鉄幹部の反組合的言動から不当労働行為意思を認定し、この不利益取扱は不法行為であり、損害として慰藉料500万円を認容した。また、JR各社に採用されたかどうかは証明がないので、採用を前提とする逸失利益などは認めなかった。期待権の侵害も認めなかった。

ウ　イで述べたように、5の(3)(4)(5)では、全く触れられていなかった組合差別（不利益取扱）の実態（F）を認めたものである。難波判決は、Fに踏み込んでいるが、5の(3)(4)(5)はFを敬遠している。難波判決において可能であったなら、5の(3)(4)(5)において不可能な筈がない。政治への忖度がFへの接近を困難にしているのである。名簿の不記載は、昭和61年のことである。判決まで18年に及ぶ組合員の生活難やストレスなどが、不利益取扱に起因していることを考えると、500万円の慰藉料は相当だったのかという疑問が残る。

(2)　東高判H21.3.25　判時2053-127

この判決は、名簿に載っていれば、JRに採用される相当程度の可能性がある（現に名簿に載った者は全員採用されている。）として、第一審と同じく1人当たり500万円の慰藉料を認め、加えて1人当たり50万円の弁護士費用を上乗せした。その他の論点は、傾いた天秤との関係では、格別、述べる意味はないので、省略する。後に最高裁で政治的和解により和解金が1人当たり2200万円、総額199億円となったことは、民主党政権下であったからこそ可能だったと思う。

7　結局、5の(3)(4)(5)は、JRになっても国労の存在は認めない、否、JRになったからこそ国労の存在は認めないという政治判断（中曽根・2の①510頁以下）が先行し、それを慮って、見え見えの不当労働行為を黙認している。(3)(4)(5)は、不当労働行為の有無を判断する前にJRは「使用者」性がないとして国労を切り捨てた。A裁判官の思惑通りであった。最も簡単な判断である。この判断は、政治に迎合した判断である。天秤は、始めから傾いていたのである。しかし、裁判官たちは天秤が傾いても痛痒を感じない。出世にも影響しない。逆に、不当労働行為と認め、組合員の復職を命じたならば、国策を否定する裁判官とみられ将来の出世の保証はない。裁判所は、裁判官個人の良心を越えて天秤を傾かせているのである。また、6の(1)の難波判決は、雇用関係は終了したと認めた上で、慰藉料での金銭解決を図ったのではないか。国労がかつてのように力を持たないのなら、慰藉料ぐらい認めてもよいと判断したのではないか。最高裁での和解では、弁護団の尽力もあってか、和解金が4倍にもなった。国鉄（清算事業団）の承継団体（鉄道・運輸機構）は、総額199億円もの和解金を払ったが、それは国労を潰すための経費と考えれば安いものである。応援団の二瓶氏は、2の③のウで、難波判決の慰藉料500万円を「勝った勝った」と絶賛しているが、権力にとって国労を解体するという目的が達成されるのであれば、慰藉料など安いものであることに気付いていない。2で述べたとおり、中曽根元総理は、国鉄の分割民営化の狙いは、国労を解体し、国労が主軸組合である総評を解体し、社会党を弱体化することにあったと認めている（前掲・504頁）。元

総理は、2の①の天地有情だけでなく、アエラのインタビュー記事（1996・12・30号、2017・4、5号など）でも、何度も同旨の発言を繰り返していた。国労は、1985（昭和60）年18万7000人強の日本最大の労働組合であった。その国労を弱体化し、総評を解体する。その結果、社会党を弱体化させ、55年体制にピリオドを打つ。これが分割民営化の窮極の目的であった。その通りになった。彼の政治的野心に裁判官達が天秤を傾けて協力したのである。総評は解体され、社会党もなくなった。今や対抗勢力のなくなった自民党の一人天下である。

8 国労の対応は、どうだったか。2の③のア～エを読んで思ったことは、国労は、空気が読めていなかった。動労を指導した松崎氏の方が、組合員の雇用を維持した点では賢明だった。組合員の雇用をどう確保するのか。そのためには、どんな行動が求められるのか。権力は何を考え、どんな手を打ってくるのか。それに対抗するには何が必要か。臨調答申（5年以内の分割民営化の提言）→国鉄再建監理委員会の設置と最終報告（S62.4.1から民営化する報告）→衆参同時選挙での自民党の圧勝（社会党の凋落）という流れのなかで、絶対反対の方針の見直しが必要であった。ところが国労は悲惨なくらい無策であった。当時の国労企画部長は、当局との解決点を探っていたが、昭和61年10月修善寺大会で強硬派に敗れ、辞任に追い込まれた（2の③のア268頁以下）。六本木氏は、修善寺大会で、新たに委員長に選任され、斗争至上主義を掲げ絶対反対を貫いた（2の③のイ63頁以下）。③のア・イを読んでつくづく思うのは、所与の政治状況（直前の衆参同時選挙で自民党が大勝し分割民営化は既定路線であり不可避であった）の中で、どうすれば国民の支持を得られる運動を展開できるか。どうすれば組合員にとって最悪の事態を回避できるのか、そのためには何をすべきか。将来を見通し、どう行動するかを考える能力は、組合の指導者に不可欠である。その空気が読めない人が指導者になった時、悲劇が生まれる。案の定、国労は孤立化して玉砕した。1047名もの組合員を路頭に迷わせた。国労は、平成11年3月の大会で、国鉄改革法を容認する方針を決定した。しかし、その時は、死屍累々であった。誰の責任なのか。かつて日本を「必敗の戦争」（半藤一利）に導いた指導者と相似している。先を読める指導者であることは、どんな組織においても妥当する。

9 昨年12月23日、最高裁は袴田事件[17]の第二次再審開始決定申立事件の特別抗告について東京高裁に差し戻す決定をした。袴田さんの逮捕から約1年後に「みそ」のタンクから犯人のものとされる衣類が見つかった。衣類に付着した血痕は赤みがかっていた。1年間もみそのタンクに浸かっていたのに赤みが残るのか。それを高裁に調べ直すよう差し戻したのである。東京高裁では、改めて鑑定をやり直すであろう。相当時間を要することは確実である。現在84歳の袴田さんは、存命中に雪冤を晴らせないかも知れない。第一次再審請求の特別抗告審での最高裁調査官は、渡部保夫氏であった。渡部氏は、私の刑裁修習の指導官で優れた著作が多数ある[18]。同時期やはり最高裁調査官であった木谷明氏は、渡部氏から、「木谷さん、こ

17）袴田事件については、高杉晋吾「袴田事件・冤罪の構造」（2014年・合同出版）、秋山賢三「裁判官はなぜ誤るのか」（2002年・岩波書店）93頁以下、里見繁「冤罪をつくる検察、それを支える裁判所」（2010年・インパクト出版会）153頁以下。

の事件は有罪です。もしこれが無罪だったら、私は首を差し出しますよ」と言われたという[19]。渡部氏程練達な裁判官をもってしても、天秤が傾くこともあるのだなと思い知らされた。ただし、木谷氏の記述は、証拠開示が制限されている中での「天秤を平らに保つことは難しい」という趣旨である。

　もう一つ天秤が傾いていたエピソードを紹介する。松川事件という大冤罪事件があった[20]。被告人のうち、一審で死刑5人、無期懲役5人、懲役15年から3年6月までの有期懲役10人という大変な列車転覆致死事件であった。控訴審で被告人が「どうか公正な裁判をお願いします」と最終陳述を行った（刑訴規則211条）が、裁判長は、「裁判は公正なものに決っとる」と答えたという[21]。被告人は、天秤を平らにして証拠を読めば、無罪しかないと訴えたのである。ところが、その裁判長は、4名を死刑、3名を無期懲役などに処した。この控訴審判決は、最高裁で破棄され、差し戻し審で全員無罪となった。「公平なものに決っとる」と答えながら死刑を宣告した裁判長の天秤は、完全に傾いていた。

おわりに

　天秤が傾いた判決は、JRの採用差別事件や袴田・松川事件だけではない。実は多数のトンデモ判決がある。逐一紹介することはできないが、日本の裁判の構造的欠陥（裁判官の属人的欠陥に止まらない制度的欠陥）といっても良い。この小論によって読者の皆さんが、日本の司法制度に構造的欠陥があることを考えるきっかけになれば幸いである[22]。

　最後に、この小論は、研究会の研究成果からずれたものになったことをお詫びする。研究会が更に5年、10年と続いて、メンバー達が本書のように、続いてその成果を世に発信し続けることを願うものである。勿論、道幸君の健在が前提である。

---

18) 渡部保夫氏の人柄や業績については、「刑事裁判ものがたり」（初出1997年。2014年日弁連法務研究財団から復刻されている）の末尾に木谷明氏の解説がある。著作は、「刑事裁判の光と陰―有罪率99％の意味するもの」（大野正男との共編・有斐閣・1989年）、「病める裁判」（伊佐千尋との共著・文藝春秋・1989年）、「無罪の発見―証拠の分析と判断基準―」（勁草書房・1992年）、「刑事裁判を見る眼」（岩波書店、岩波現代文庫・2002年）など多数。
19) 季刊刑事弁護79-91。
20) ①福島地判Ｓ26・1・12・裁判所時報75-2、②仙台高判Ｓ29・2・23・判時16-1、③最判大法廷Ｓ34・8・10・判時194-10、④仙台高判Ｓ36・8・8・判時267-7。
21) 青木英五郎「日本の刑事裁判」（1979年・岩波書店）172頁。
22) 裁判官が何故誤判するのかについては、日弁連「誤判原因に迫る」（2009年・現代人文社）や小田中聰樹他編「誤判救済と刑事司法の課題」（2000年・日本評論社）などのいくつもの大部な著作があるが、まずは、秋山賢三「裁判官はなぜ誤るのか」（2002年・岩波新書）と木谷明「無罪を見抜く」（2013年・岩波現代文庫）を読んでもらいたい。いずれも筆者は元裁判官で、体験のなかから、真実発見のツールを見つけ出そうとしている。両書を読むと誤判の構造に気づくだろうと思われる。

序文，監修

道幸哲也（どうこう・てつなり）【北海道大学名誉教授】

　昭和45年3月　北海道大学法学部卒業、昭和47年3月　北海道大学大学院法学研究科修士課程（民事法）修了、小樽商科大学商学部での教員勤務を経て、昭和60年6月　北海道大学法学部教授、平成23年3月　北海道大学を定年退職、平成23年4月　放送大学教養学部教授、北海道大学名誉教授、平成28年3月　放送大学を定年退職。日本労働法学会代表理事（平成17年〜平成19年）、北海道労働委員会会長、北海道地方最低賃金審議会会長（平成28年度まで）、NPO法人「職場の権利教育ネットワーク」代表理事を務める。

相談01，16

倉茂尚寛（くらしげ・なおひろ）【弁護士・ユナイテッド・コモンズ法律事務所】

　平成22年3月　新潟大学法学部卒業、平成25年3月　北海道大学法科大学院修了、平成26年12月　弁護士登録。札幌弁護士会、日本労働法学会、北海道大学労働判例研究会、UC労働判例研究会、労働法学会に所属。

相談02，06

庄子浩平（しょうじ・こうへい）【弁護士・ユナイテッド・コモンズ法律事務所】

　平成25年3月　北海道大学法学部卒業、平成27年3月　北海道大学法科大学院既修者コース修了、平成28年12月　弁護士登録。札幌弁護士会、日本労働法学会、北海道大学労働判例研究会、札幌弁護士会「雇用と労働に関する委員会」に所属。

相談03，10，20

横山浩之（よこやま・ひろゆき）【弁護士・北海道合同法律事務所】

　平成27年　北海道大学法科大学院修了、平成28年12月　弁護士登録。北海道大学労働判例研究会、UC労働判例研究会に所属。

相談04

大山　洵（おおやま・じゅん）【弁護士・高田英明法律事務所】

　平成22年3月　北海道大学法学部卒業、平成24年3月　北海道大学法学研究科法科大学院既修者コース修了、平成27年12月　弁護士登録。札幌弁護士会に所属。

相談05

伊藤昇平（いとう・しょうへい）【弁護士・佐藤・小川法律事務所】

　平成24年3月　京都大学総合人間学部卒業、平成26年3月　京都大学法科大学院修了。平成27年12月　弁護士登録（札幌弁護士会）。経済産業大臣認定経営革新等支援機関、札幌弁護士会「雇用と労働に関する委員会」、UC労働判例研究会に所属。

相談07，11，18

迫田宏治（さこだ・こうじ）【弁護士・さこだ法律事務所】

　平成17年10月　弁護士登録（札幌弁護士会）。日本労働法学会会員。平成27年5月より北海道紛争調整委員会委員（労働局のあっせん委員）。平成29年4月より2年間、北翔大学非常勤講師を務めた。

相談08

桑島良彰（くわしま・よしあき）【弁護士・札幌いぶき法律事務所】

　平成22年　上智大学法科大学院修了、平成24年12月　弁護士登録。札幌弁護士会「雇用と労働に関する委員会」、日本労働法学会、北海道大学労働判例研究会、UC労働判例研究会に所属。

相談09

高橋和征（たかはし・かずまさ）【弁護士・弁護士法人　矢吹法律事務所】

　平成17年3月　北海道大学法学部卒業、平成19年9月　弁護士登録（札幌弁護士会）。日本弁護士連合会労働法制委員会（平成27年〜）、北海道中小企業家同友会（平成23年〜）に所属。

相談12，14

雨貝義麿（あまがい・よしまろ）【弁護士・弁護士法人 平松剛法律事務所】

　平成23年３月 北海道大学法科大学院修了、平成28年12月 弁護士登録、平成29年１月から現在まで弁護士法人 平松剛法律事務所札幌事務所にて執務。札幌弁護士会「雇用と労働に関する委員会」、北海道大学労働判例研究会、UC労働判例研究会に所属。

相談13

栗原望（くりはら・のぞみ）【弁護士・栗原法律事務所】

　平成21年 北海学園大学法科大学院修了、平成22年12月 弁護士登録。UC労働判例研究会に所属。

相談15

高田英明（たかだ・ひであき）【弁護士・高田英明法律事務所】

　平成18年３月 北海学園大学法学部政治学科卒業、平成26年３月 北海学園大学大学院法務研究科既修者コース修了、平成28年１月 弁護士登録。札幌弁護士会、日本労働法学会、北海道大学労働判例研究会、札幌弁護士会「雇用と労働に関する委員会」に所属。

相談17，第６章

淺野高宏（あさの・たかひろ）【北海学園大学法学部教授・弁護士・ユナイテッド・コモンズ法律事務所】

　平成14年 弁護士登録。北海道大学客員准教授を経て平成29年４月より現職。北海道労働局紛争調整委員会あっせん委員、NPO法人「職場の権利教育ネットワーク」理事、元札幌簡易裁判所民事調停官（非常勤裁判官）。現在、北海学園大学法学部において教鞭をとりながら、弁護士としても労働事件を中心に担当している。平成26年にはNHKの雇用問題を扱った特別番組に２度出演した。主な著作に「18歳から考えるワークルール」（共著・法律文化社）、「働くことを考える変貌する労働時間法理」（共著・法律文化社）、「学生のためのワークルール入門」（共著・旬報社）など。

相談19

折田純一（おりた・じゅんいち）【弁護士・田中・渡辺法律事務所】

　平成27年 早稲田大学大学院法務研究科修了、平成28年12月 弁護士登録。UC労働判例研究会に所属。

相談21

岩本拓士（いわもと・たくひと）【弁護士・札幌総合法律事務所】

　平成28年３月 北海道大学法科大学院修了、平成29年12月 弁護士登録。令和２年１月から現在まで札幌総合法律事務所にて執務。札幌弁護士会に所属。

相談22

上田絵理（うえだ・えり）【弁護士・道央法律事務所】

　平成18年３月 北海道法科大学院修了、平成19年12月 弁護士登録。NPO法人「職場の権利教育ネットワーク理事」、日本労働弁護団常任幹事、日本労働法学会所属。

相談23

髙塚慎一郎（たかつか・しんいちろう）【弁護士・アンビシャス総合法律事務所】

　平成25年 北海道大学法科大学院修了、平成28年12月 弁護士登録。札幌弁護士会に所属。使用者側の労働問題や事業承継に関する業務を多く取り扱っている。

傾いた天秤　―結びに代えて―

田中　宏（たなか・ひろし）

　昭和46年 北海道大学法学部卒業、昭和50年 弁護士登録。平成13年 札幌弁護士会会長、平成16年 日弁連副会長、平成17年～平成19年 北海道紛争調整委員会会長。

【監修者紹介】

道幸 哲也（どうこう　てつなり）

北海道大学名誉教授

　昭和45年3月 北海道大学法学部卒業、昭和47年3月 北海道大学大学院法学研究科修士課程（民事法）修了、小樽商科大学商学部での教員勤務を経て、昭和60年6月 北海道大学法学部教授、平成23年3月 北海道大学を定年退職、平成23年4月 放送大学教養学部教授、北海道大学名誉教授、平成28年3月 放送大学を定年退職。日本労働法学会代表理事（平成17年～平成19年）、北海道労働委員会会長、北海道地方最低賃金審議会会長（平成28年度まで）、NPO法人「職場の権利教育ネットワーク」代表理事を務める。

《知っておくべき職場のルール》シリーズ

人事・労務管理の「相談です！ 弁護士さん」I ─契約・労働条件編─

　令和3年11月12日　初版発行

著　　者	UC労働判例研究会	
監修者	道 幸 哲 也	
編集企画	株式会社　企業通信社	

〒170-0004 東京都豊島区北大塚2-9-7
TEL 03-3917-1135
FAX 03-3917-1137

発 行 人	藤 澤 直 明	
発 行 所	株式会社　労働調査会	

〒170-0004 東京都豊島区北大塚2-4-5
TEL 03-3915-6401
FAX 03-3918-8618
http://www.chosakai.co.jp/

ISBN978-4-86319-883-8 C2032

落丁・乱丁はお取り替え致します。
本書の一部あるいは全部を無断で複写複製することは、法律で認められた場合を除き、著作権の侵害となります。